MÉMOIRES SUR ED. RICHER.

MÉMOIRES

SUR LA VIE ET LES OUVRAGES

D'ÉD. RICHER,

EN PARTIE ÉCRITS PAR LUI-MÊME

ET PUBLIÉS PAR F. PIET.

NANTES,

DE L'IMPRIMERIE DE MELLINET, ÉDITEUR.

A PARIS,

CHEZ F. DENN, A LA LIBRAIRIE D'ÉDUCATION, 5,

RUE PAVÉE-SAINT-ANDRÉ-DES-ARCS.

———

1836.

MÉMOIRES

SUR LA VIE ET SUR LES OUVRAGES

D'ÉDOUARD RICHER.

<hr>

LIVRE PREMIER.

I.

ÉDOUARD RICHER est né à Noirmoutier, le 12 juin 1792, du second mariage de M. François-Christophe Richer, négociant, avec Melle Jeanne-Catherine-Françoise-Bénigne Viaud.

M. Richer, capitaine de la première compagnie des canonniers gardes-côtes de l'île, perdit la vie dans un combat qui eut lieu à Barbâtre, le 12 octobre 1793, entre les troupes du général Charette et celles de la république. Le poste de la Bassotière, qu'il commandait, fut tourné. Resté seul en face de l'ennemi, avec quatre braves comme lui, il s'obstine à se défendre ; on lui crie de se rendre, que ses jours seront respectés ; il ne se montre que plus ardent à combattre. Il est atteint d'une balle dans les reins, et cette blessure, en diminuant ses forces, ne ralentit pas son courage, il continue de faire feu ; enfin, assailli par une nouvelle décharge de mousqueterie, il expire percé de coups.

Ainsi périt le père d'Edouard. Cet homme, aussi recommandable par la fermeté de son caractère que par sa probité, excita de vifs regrets que le temps n'a pas encore affaiblis. En vain dira-t-on qu'une mort si belle était digne d'une meilleure cause. Dans les guerres civiles, chacun croit servir la plus juste, ou très-souvent n'est pas maître de la choisir. D'ailleurs l'héroïsme dans l'amour de la patrie consiste moins dans le choix d'un parti que dans le sentiment noble et généreux qui nous dispose à mourir pour celui que nous avons embrassé, et tant que les hommes accorderont quelque estime aux vertus guerrières, le trépas de M. Richer n'en sera pas moins au nombre des plus glorieux.

Madame Richer, élevée par un oncle, ecclésiastique fort instruit, était une femme aimable, éminemment distinguée par une piété sans bigoterie, une finesse d'esprit sans prétentions, et par un style épistolaire remarquable. Personne ne sut mieux qu'elle allier le sérieux de ses devoirs à la gaieté et aux plaisirs de société. Restée veuve avec six enfants, trois du premier lit de son

époux, et trois du sien, elle prodigua à tous indistinctement la même tendresse et les mêmes soins, s'occupa
exclusivement de leur éducation et de leur bonheur.

Edouard était l'aîné de ses deux fils : né d'un père et
d'une mère d'une santé très-faible, il hérita d'eux d'une
complexion plus faible encore, circonstance qui détermina la nature de ses goûts et de ses occupations. Une
vivacité extrême, ordinaire aux phtysiques, s'associa
chez lui à un amour des jouissances paisibles, qui le
porta de bonne heure à l'étude, de préférence aux distractions des sens. Jusqu'à l'âge de 9 ans il resta à la
maison maternelle, où il partagea son temps entre de
fréquents exercices de dévotion sous l'œil de sa mère
et la lecture de quelques livres qu'il avait appris à lire
assez couramment dès ses premières années. Néanmoins il avait un de ces caractères qu'il est très-
difficile de manier. Dès sa plus tendre enfance, il
montra cet amour de l'indépendance, cette fierté d'une
âme forte, qui depuis ne se sont jamais démentis. D'une
impétuosité fougueuse dans ses jeux, il était irascible
et supportait peu la contradiction, un ton exigeant et
impérieux le révoltait toujours ; il refusait tout à la volonté et à la menace ; mais le raisonnement et les bons
procédés le rendaient docile, affectueux et gai, et jamais
il ne résistait aux prières et aux caresses de sa mère.

En 1801, elle l'envoya au collége de La Flèche où
il commença ses études et se montra plus disposé à s'associer à quelques-uns des malins tours que complotaient
ses compagnons qu'à faire de grands efforts pour des
devoirs suivis et soutenus.

II.

La Convention nationale avait rendu un décret par lequel elle avait déclaré adopter les enfants Richer, et jusque-là Mme Richer n'avait fait aucune démarche pour tirer avantage de cette loi; mais, en 1803, sous le gouvernement consulaire, désireuse d'en profiter, elle sollicita et obtint sans peine, pour Edouard, une place au Prytannée. Il quitta La Flèche et fut conduit à Saint-Cyr, où il fit quelques progrès dans l'étude de l'Histoire et de la Géographie.

Toutefois, la discipline militaire, à laquelle les élèves de cette école étaient soumis, convenait peu à son caractère; incapable de se plier à l'obéissance qu'elle exige, il s'en indignait parfois au point de s'emporter contre ses maîtres et de les frapper; aussi son insubordination lui valait-elle de fréquents séjours en prison. Dans un voyage que je fis à Paris en 1807, j'allai le voir. La prison de l'école était placée dans une des cours d'entrée et ressemblait assez à une de ces grandes cages qui servent à renfermer les animaux d'une ménagerie. Je remarquai qu'un élève en parcourait à grands pas l'intérieur; je m'en approchai, et je m'entendis aussitôt appeler par mon nom. Le prisonnier était Édouard! Il m'avait reconnu à travers les barreaux. Après m'avoir témoigné le plaisir qu'il ressentait de ma visite, et lorsque j'eus satisfait à toutes ses questions sur sa famille, sur son pays, il se plaignit amèrement de l'injustice de ses chefs. « C'est, me dit-il, leur partialité révoltante qui m'indi- » gne; je ne puis la supporter en silence, mais dussé-je

» mourir ici, je continuerai de leur dire ce que je pense
» d'eux et de leur conduite à mon égard. » Je lui promis
de solliciter sa grâce; mais ce ne fut pas sans peine que
je parvins à l'obtenir; ses notes, sous le rapport de l'in-
docilité, étaient excessivement défavorables. C'est encore
ici le cas de dire que ceux dont les prévisions relatives
à l'avenir d'un enfant se fondent sur sa soumission et
sur les places qu'il occupe dans sa classe, n'auraient
jamais soupçonné qu'Édouard pût devenir un jour un
écrivain distingué

Le dégoût inspiré par un exil trop prolongé et la perte
de son indépendance, donnèrent aux idées du jeune
élève une direction différente de celle qu'elles avaient
paru devoir prendre. Le travail lui étant commandé, il
lui devint d'un poids insupportable. Le désir de savoir
qui avait été excité chez lui par sa première éducation
s'éteignit tout-à-fait; il resta indifférent à toute espèce de
progrès et ne chercha qu'à passer, sans trop de gêne, le
temps fixé pour ses études, ce qui ne l'empêchait pas de
presser vivement sa mère de le retirer de Saint-Cyr.
Mme Richer, que la guerre avait privée d'un époux, était
peu disposée à permettre que son fils embrassât la carrière des armes. Elle se rendit facilement à ses désirs et
le fit placer à la *Pension Dabat*, place de l'Estrapade,
à Paris.

L'idée d'une indépendance absolue et le dégoût que lui
inspiraient les études auxquelles, jusqu'alors, on l'avait
forcé de plier son attention dans les grands collèges où
il avait été renfermé, le disposèrent à abuser du peu
de liberté dont on le laissait jouir dans ce pensionnat, et

plusieurs fois il trouva le moyen de se soustraire des jours entiers à d'ennuyeux devoirs, de s'échapper et d'aller explorer les places et les promenades de la capitale.

Mme Richer, instruite de l'inutilité des dépenses qu'elle faisait pour son éducation, fatiguée d'ailleurs des lettres réitérées qu'il lui écrivait pour qu'elle le fît revenir à la maison paternelle, ne voulut pas, toutefois, céder à ses volontés, mais consentit à le rapprocher d'elle, le fit venir à Nantes au mois de septemblre 1808, et le mit à la pension Latour, où les élèves avaient encore plus de liberté que chez M. Dabat. Son obstination ne céda pas à cette condescendance de sa mère, et, après six mois d'un temps plus complétement perdu que jamais, toujours tourmenté par la pensée de revoir son pays, il s'évada de la pension Latour et arriva à Noirmoutier en mai 1809.

III.

Huit années d'abscence avaient peu modifié son caractère; il était toujours vif, résolu, opiniâtre et plein de cet amour-propre qu'on excuse chez les jeunes gens, parce qu'il est en eux ce que la sève est à l'arbre, un principe vivifiant et salutaire : cette passion cependant ne le rendait point inaccessible à la raison, et sa bonne mère en savait trop bien manier le langage pour qu'il ne s'y montrât pas attentif. A cette époque, il ne lui restait de son éducation entière que quelques mots latins, quelques lettres de l'alphabet grec, un peu d'anglais, l'arithmétique, la géométrie et l'algèbre jusqu'aux équations

du second degré, et quelques connaissances historiques et géographiques qu'il tenait de M. Azaïs, son
professeur à l'école de Saint-Cyr. Ce n'était point assez
pour réussir et faire fortune dans le monde. Édouard le
sentait, en convenait lui-même, et comme si pour
mettre à profit son intelligence et le désir de s'instruire,
il n'avait attendu que le moment où il cesserait d'être
sous la férule de ses maîtres, je le vis dès-lors s'échauffer
de la passion de l'étude. Pendant le peu de temps qu'il
passa chez sa mère, il venait me voir tous les jours,
m'accablait de questions sur les sciences physiques et
naturelles, comparait ses idées acquises à celles que je
lui communiquais, les jugeait, et chaque proposition
qu'il en déduisait était pour lui une découverte qui le
faisait bondir de joie.

Le Prytanée lui avait inspiré un éloignement invinci-
ble pour les colléges, et Mme Richer se vit obligée de renoncer au projet qu'elle avait eu de le placer au Lycée
de Nantes pour y achever ses études. — Toutefois,
comme elle le destinait au commerce, profession pour
laquelle le latin et le grec ne sont pas absolument nécessaires, elle le renvoya dans cette ville et le confia à
M. David, maître de pension, connu par sa patience et
sa douceur envers ses élèves. Édouard, qu'on pouvait
plus facilement conduire avec un fil de soie qu'avec un
câble, toujours docile quand on paraissait ne rien exiger de lui, profita de ses leçons, lut beaucoup et accrut
en peu de temps son instruction.

Ce ne fut pas, néanmoins, pendant les premières semaines que ses progrès furent sensibles. Encore sous

l'influence qui l'avait dirigé jusque-là, il ne trouva pas grands attraits aux règles de trois et à la tenue des livres ; la lecture des romans de Ducray-Duménil et de Pigault-Lebrun leur était préférée, mais on ne le forçait pas à s'occuper de choses qui lui répugnaient ; c'était un coursier qui n'était plus aiguillonné et qui prenait librement l'allure qui lui était naturelle. Plein du désir de connaître, il ne tarda pas à sentir le besoin de s'imposer des occupations plus graves et plus utiles, et, c'est alors, que, n'écoutant que ses goûts intellectuels, il commença de lui-même avec ardeur cette nouvelle éducation qui fit de la pensée son élément moral.

IV.

La première lettre qu'il m'écrivit, est de la fin de 1809. Il touchait à sa dix-septième année. La manière dont il me parlait de ses études prouvait déjà combien il en approfondissait le sujet et avec quel succès il saurait par la suite en utiliser l'usage raisonné.

Ce fut à cette époque que les premiers symptômes de son penchant pour la poësie se manifestèrent. Son pays natal, ce théâtre de ses premiers plaisirs, de ses premières sensations enflamma son jeune cerveau. Il peignit les lieux et les événements qui l'avaient plus particulièrement impressioné : le spectacle de la mer, des accidents qui se succèdent à sa surface, cette vie de calme et de contemplation théorique dont il appréciait déjà le charme.

« J'ai pris le goût de la poésie, me mandait-il, je viens de traduire en vers français cinq cents vers des

Nuits d'Young , plusieurs scènes de la tragédie du Caton d'Adisson , ainsi que quelques fragments du *Deserted Village,* de Goldmith , mais c'est une confidence que je vous fais. Je fus si mécontent de ces premiers essais de traduction, que je me donnerai bien de garde de vous les faire connaître. Je me borne à vous adresser une pièce intitulée *Épitre à mon Pays,* non que je la trouve meilleure que mes traductions, mais parce que sa médiocrité trouve son excuse dans le sujet et qu'elle exprime des idées et des sentiments qui me sont propres. »

Je relis cette épitre et j'y trouve quelques vers que l'auteur n'aurait pas désavoués dans un temps où il en faisait de meilleurs. En revoyant le toit paternel il s'écrie :

« . . . . . . O mon père ! ô regret douloureux !
Pourquoi t'ai-je perdu dans un âge si tendre !
Pourquoi suis-je réduit à gémir sur ta cendre !
Un jour, je m'en souviens, tu me pris dans tes bras ,
Me pressas sur ton sein... tu marchais aux combats.
L'effroi , le désespoir d'une épouse fidelle
Te conjuraient en vain de rester auprès d'elle.
Tu nous quittes, et moi..., faible jouet du sort,
Je souriais... Malheureux !... Tu courais à la mort. »

Ailleurs, il se suppose de retour dans son île , il jouit d'avance des heureuses inspirations et du calme qu'elle promet à ses travaux littéraires. Quoi , dit-il :

Je pourrais à loisir sur ces rochers déserts
Admirer la nature et la peindre en mes vers !
Quoi , livré tout entier au charme de l'étude
Rien ne viendrait troubler ma solitude !
A des plaisirs si purs , etc, , etc.

M. J. Chénier a dit:

> Trois mille ans ont passé sur la cendre d'Homère,
> Et depuis trois mille ans Homère respecté
> Est jeune encor de gloire et d'immortalité.

Aussi Homère avait-il été le premier objet des études poétiques de Richer. Ces tableaux animés de la nature, ces mœurs antiques, ces images touchantes d'hospitalité et d'humanité qui abondent dans ses poëmes immortels avaient vivement frappé son imagination et excité son enthousiasme. Voici comme il s'exprimait en parlant du père de la poésie :

« O le grand poète qu'Homère! que tous les autres poètes sont petits près de lui! je ne puis me lasser de le lire et de le relire. Il y a dans cette poésie antique une naïve simplicité bien supérieure à cette gravité dédaigneuse qu'affectent les modernes. Là, chaque chose est exprimée par son nom. Nulle périphrase pour désigner les objets. La poésie française marche à pas comptés, sans se permettre le moindre écart. C'est toujours un monde idéal qu'elle peint. Elle n'ose descendre aux détails de la vie domestique, et cependant il règne bien du charme dans la peinture vraie et en même temps ornée de ces habitudes journalières qui nous reportent dans la vie ordinaire. (1) »

V.

Rien n'égalait l'activité de son esprit. La passion de

---

(1) Depuis il a reproduit quelques idées sur le même sujet. Voyez l'ouvrage intitulé *Mes pensées*. (Page 262.)

l'étude le dominait seule ; tantôt elle semblait le dévorer comme un vautour ; tantôt elle le tenait dans une espèce d'enchantement et de fascinations momentanées. A la vérité, son imagination avait plus d'ardeur que de fixité, elle s'élançait dans toutes les carrières offertes à son essor. On le voyait accompagner M. Hectot dans ses excursions botaniques, MM. Gaillard et Waudouer dans leurs courses entomologiques, suivre le cours de minéralogie de M. Dubuisson.

Entre autres connaissances, son hôte, M. David, possédait celle de trouver les noms des étoiles et des constellations à l'aide de la méthode des alignements, il prit plaisir à occuper ses yeux du spectacle du ciel. M. De lyvoys dont la poésie et la littérature faisaient les délices, encouragea et fortifia son goût pour les lettres. Il continua d'étudier la langue anglaise, prit des leçons d'italien qu'il lisait assez facilement, mais qu'il abandonna, parce qu'il le trouva trop prolixe. Il renonça aux lectures frivoles, et n'en fit plus que de sérieuses.

« Cet effet, me dit-il plus tard, fut produit en moi par la lecture des *Etudes de la Nature de Bernardin de St.-Pierre*. M. Delyvoys m'avait prêté cet ouvrage, et il fait vraiment époque dans ma vie. Je me retirais pour le lire sous les saules qui bordent la Loire au-dessous des prairies de Chantenay. Je le lus plusieurs fois de suite, et dès lors seulement il me sembla qu'un livre pouvait retracer avec vérité les émotions naturelles au cœur humain. Jusque-là je n'avais trouvé dans les livres que du faux, du boursoufflé ou du niais. »

Cette épreuve lui inspira le désir de se procurer une

bibliothèque, et le voilà consacrant toutes ses épargnes à l'achat de livres en tout genre. Il ne tarda pas à reconnaître la folie d'une telle prétention. Quand on considère seulement la masse immense de livres qui se publie en France chaque année, il y a de quoi effrayer le particulier le plus riche, et rebuter le lecteur le plus intrépide. On peut d'ailleurs comparer tant d'ouvrages sur tant de sujets divers et opposés à des milliers de voix discordantes qui vous étourdissent et vous fatiguent.

« Ce goût de livres m'asservit plusieurs années de suite, me mandait-il, il y a peu de temps. Je l'ai extirpé chez moi aussitôt que je me suis aperçu que les dépenses qu'il entraînait compromettaient mon indépendance ; je sentis que ma bibliothèque serait toujours incomplète, que, si cinquante volumes choisis peuvent suffire à celui qui veut lire, dix mille sont comme rien pour l'homme instruit qui veut consulter ; vingt mille même n'offrent pas la moitié de ce qui est nécessaire pour completer la réunion des auteurs qui ont écrit sur une seule branche des connaissances humaines. Je me suis guéri de cette passion qui est aussi folle que l'avarice, aussi vaniteuse que la manie des collections ; et depuis, j'ai même porté l'indifférence pour les livres jusqu'à recevoir avec un vrai déplaisir ceux qu'on m'offrait dans l'intention de m'être agréable. Il me semblait que de tels cadeaux étaient des sujets de tentation propres à réveiller une passion assoupie. »

Libre de choisir les objets de ses études, peut-être en embrassa-t-il un trop grand nombre à la fois et n'y mit-il pas assez d'ordre et de méthode. Toutefois, profitant des heureuses dispositions qu'il tenait de la nature, il n'en perfectionna pas moins son éducation d'une manière aussi rapide que solide.

VI.

Inhabile à comprendre autre chose que ce qui rentrait dans la sphère de ses goûts, il fuyait tout ce qui pouvait l'en distraire. Quoique jeune et ardent, il repoussa toujours avec mépris les écrits licencieux. Ce penchant au plaisir, cette disposition à la légèreté, si naturels aux jeunes gens, semblaient étrangers à son caractère. Sa douce mélancolie se permettait parfois quelques fines plaisanteries, mais le sarcasme amère se faisait bien rarement jour à travers le sérieux de son âme.

Ce ne fut pas assez pour lui de se mettre en relation avec tout ce que Nantes et ses environs renfermaient de personnes instruites, il compta assez sur l'indulgente complaisance de quelques-uns des savants et des littérateurs les plus distingués de la capitale, pour leur écrire et leur demander des avis. Il avait lu Bernardin de St.-Pierre avec autant d'enthousiasme pour ses ouvrages que d'admiration pour sa personne; il lui témoigna l'un et l'autre et le consulta sur les moyens d'étudier la nature avec fruit. Le bon Bernardin lui fit une réponse honnête, mais courte, qu'il terminait en l'engageant à relire encore ses *Études de la Nature* avec la même disposition d'esprit qui lui avait dicté la lettre qu'il venait de lui adresser.

MM. Cuvier et de la Treille, désireux d'utiliser le

zèle des jeunes gens au profit des sciences qu'ils cul-
tivaient avec tant de succès et de célébrité, lui donnèrent des encouragements et l'engagèrent à leur envoyer
des crustacés et des mollusques recueillis sur nos côtes.

Sa dix-huitième année, qu'il venait d'atteindre, fut,
comme la précédente, entièrement consacrée à l'étude ;
mais il s'y livra avec plus de réflexion, il s'occupa d'entomologie avec une ardeur qui lui occasionna une maladie assez grave. Il n'en fut pas plutôt guéri qu'il
recommença ses chasses, et comme il se montrait moins
disposé à colliger qu'à faire des systèmes explicatifs,
ses compagnons se riaient de son imagination qui l'emportait hors des sentiers de l'observation, tandis que
lui les comparait à ce hussard dont parle Bernardin de
Saint-Pierre, qui ayant trouvé une inscription antique,
en détacha toutes les lettres l'une après l'autre et les
jeta dans un panier pour les emporter à la maison.

Il fit la connaissance de M. Thomas (Louis) qui, de
l'étude des constellations à laquelle il continuait de
s'adonner, le conduisit à l'astronomie physique. Il lut
les ouvrages de Lalande, de Laplace, ceux de Bailly.
Dès lors ses idées s'étendirent, et le système solaire
qu'il mit en vers français devint le prélude de son
Ode à Syrius.

Il entra en correspondance réglée avec M. Dolivier,
ancien professeur à l'école centrale de Versailles, physicien et grammairien distingué. Ce savant avait une
opinion analogue à l'un des principes qui fait la base du
système universel de M. Azaïs.

On a mis long-temps en question, si la terre attirait

les corps ou s'ils étaient poussés vers elle, et s'il convenait d'appeler la force qui les meut, *impulsion* ou *attraction*. Suivant M. Dolivier, on ne devait admettre d'autre principe physique que la *pression*. « C'est elle
» seule, disait-il, qui donne la forme ronde aux corps
» célestes pressés également de tous côtés par l'atmo-
» sphère qui les environne, ainsi qu'une goute d'eau
» doit sa forme sphérique à cette même cause. Si l'on
» suppose la terre percée de part en part, et qu'on
» jette dans cette immense cavité un corps grave quel-
» conque, il s'arrêtera au milieu, parce que la colonne
» d'air supérieur étant égale à la colonne inférieure, il
» doit rester en équilibre ; mais suivant le principe de
» l'attraction, nous ne voyons rien, absolument rien au
» milieu de cette cavité, comment ce rien peut-il attirer
» quelque chose ?

Richer essaya de reconcilier M. Dolivier avec l'attraction, mais il est probable que ses efforts furent vains , et que ce professeur n'en persista pas moins dans son sentiment sur ce point de physique.

C'est ainsi que, par la seule force de sa volonté, par l'impulsion de cette rare énergie dont il était doué, Edouard agrandissait chaque jour la sphère de ses connaissances et s'élevait de plus en plus dans les hautes régions de la pensée. L'espoir et le désir d'obtenir des succès dans les sciences et dans les lettres, l'ambition si noble et si légitime de devenir un homme utile , animaient et multipliaient ses travaux. Son cœur plein de vie et d'amour, excité par ces louables motifs , battait dans un impatient enthousiasme pour tout ce qu'il y a de beau , de bon et de sublime.

Assurément on ne pouvait sans injustice appliquer à son éducation ce qu'il dit, en parlant de celle que les habitants aisés de Noirmoutier donnent ordinairement à leurs enfants :

« La plus grande partie se contente de cette éducation pratique convenable à la triture des affaires de tel ou tel état. Cette éducation est principalement estimée dans le monde, parce qu'elle conduit à la fortune. Cependant elle ne suffit pas pour conduire à la vertu et au bonheur. Malgré toute l'habileté possible dans les affaires, on n'en est pas moins incapable de méditer sur les grandes choses, et l'âme ne contracte point cette énergie qui la rend supérieure aux circonstances. (1) »

VII.

Toutefois, sa mère le destinait au commerce et aurait bien désiré qu'il s'appliquât spécialement à acquérir l'instruction qui s'y rapporte ; mais s'il avait découvert à l'aide seule de sa raison que la vertu est le premier et le plus vrai de tous les biens que l'homme doit ambitionner ici-bas ; que la religion, la morale et une indépendance qui puisse se concilier avecc elle des autres, sont les meilleurs garants de sa félicité, il était loin de pouvoir comprendre que les idées mercantiles fussent compatibles avec la poésie, que les spéculations commerciales pussent s'associer à celles d'une haute philosophie et aux graves méditations sur Dieu, l'âme et la nature.

---

(1) **Mes Mémoires**, page 414.

Mme Richer le rappela à Noirmoutier, et, pensant qu'elle essaierait en vain de combattre une passion qui faisait le bonheur de sa vie, que vouloir l'occuper malgré lui à un travail utile, mais aride, c'était peut-être l'en dégoûter pour jamais, tandis que le temps pourrait lui faire sentir tous les avantages et lui inspirer le goût d'une profession honorable, qui avait été celle de son père; elle résolut de ne point le contrarier et de le laisser tout entier continuer librement ses travaux scientifiques et littéraires.

Il était alors d'une taille moyenne, mince, mais assez bien proportionné. Ses traits réguliers avaient de la fraîcheur; sa physionomie portait l'empreinte de son caractère méditatif, tendre et poétique. Sa conversation ne consistait pas en propos légers et flatteurs, en saillies et en jeux de mots. Il fit toujours peu de cas de ce genre d'esprit, brillant phosphore qui éblouit sans éclairer. Il était tel qu'on l'a vu dans les dernières années de sa vie, grave, concis, et n'avait d'abondance que lorsque ce qu'il disait venait du cœur; d'ailleurs un léger bégaiement, qui depuis a presque disparu, lui occasionnait quelque difficulté à s'exprimer, nuisait un peu à l'effet de ses discours et lui donnait au premier abord un air de réserve que les personnes qui ne le connaissaient pas pouvaient prendre pour de la gêne : mais un accueil franc et cordial, un entretien dont le sujet l'intéressait, le disposaient-ils à causer? il s'animait, parlait avec chaleur, étonnait souvent par la profondeur de ses pensées, par la variété, l'étendue de ses connaissances et le feu de sa brillante imagination.

VIII.

L'analogie de nos goûts, les encouragements que j'avais donnés à son émulation naissante, ceux que je me plaisais à donner aux progrès qu'il avait faits, resserrèrent les liens d'amitié qui nous unissaient déjà. Il me consacrait tous les moments qu'il ne donnait pas à l'étude. Sa société devint pour moi une douce habitude, et le temps qu'il m'a été permis d'en profiter s'est écoulé bien rapidement au sein des plus pures jouissances du cœur et de l'esprit.

M. Impost, son ami d'enfance, partageait souvent nos plaisirs. Après dîner, nous nous réunissions tous trois pour une promenade qui se prolongeait jusqu'à la fin du jour. Ce n'était point entre nous ce commerce trompeur d'amour-propre, d'affections apparentes qui amuse les âmes indifférentes ou légères, nous nous occupions de la recherche des productions naturelles de notre pays : les divers sols qui le partagent nous en offraient une grande variété pour l'étude et l'amusement. Tantôt nous parcourions à marée basse les bords de la mer et les rochers qu'elle laisse à découvert, tantôt nous errions sur les dunes, dans les bois, dans les champs, et nous revenions rarement sans une ample moisson de pierres, de plantes, d'insectes, de coquilles, de crustacés ou de mollusques. Plus nous cherchions, plus les objets semblaient se multiplier sous nos pas. Nous éprouvions chaque jour combien la nature est d'une fécondité inépuisable, et qu'il en est de ses productions dans notre île comme de la mer qui nous environne, dont la profondeur et l'étendue augmente à mesure qu'on y avance.

Rien n'enchaînait notre pensée, elle était libre comme l'air que nous respirions. Trop épris du désir d'étendre nos connaissances pour en limiter la sphère, les sciences naturelles ne nous captivaient pas exclusivement, nos entretiens roulaient parfois sur des sujets de littérature ou de métaphysique. La politique, sans en être précisément bannie, n'y entrait que pour peu de chose ; d'ailleurs, si quelque événement d'une importance majeure nous disposait à en parler, elle ne pouvait éveiller en nous aucune animosité, aucune de ces haînes de parti, qui, à cette époque, exaltaient toutes les passions, nous nous en entretenions avec calme.

Il n'en était pas toujours ainsi des discussions métaphysiques : quelquefois elles étaient fort animées. Généralement il en doit être ainsi ; car, en métaphysique, on s'entend difficilement sur les mots, et faute de les avoir bien définis, on commence par ne pas trop se comprendre, et on finit par se quereller. Aussi, malgré la grande analogie qui existait entre nos sentiments, les mêmes mots n'étant pas toujours pris dans la même acception, ce qui était vérité pour l'un devenait erreur pour l'autre. Alors, la discussion s'échauffait. Edouard, qui nous surpassait en chaleur et en enthousiasme, dont l'imagination était trop vive et l'amour-propre trop irritable pour ne pas défendre ses opinions avec beaucoup de feu, ne voulait jamais avoir tort. Nous n'étions pas toujours indulgents, et les préventions de l'amitié n'allant point jusqu'à la faiblesse de renoncer à notre propre conviction, nous lui résistions, et il se fachait, mais ce n'était pas pour long-temps ; son emportement avait sa source dans la véhémence de son âme, il était sans fiel et se dissipait en un instant, comme une flamme ardente et vive qui ne laisse aucune trace après elle : sa douceur naturelle reprenait bien vite son ascendant. Nous revenions avec modération sur le sujet de notre conversation, et il était rare que nous ne finissions par nous entendre, même par rire de la dispute qui devenait un motif de tolérance pour l'avenir.

Au reste, ces petites querelles n'étaient pas fréquentes et n'influaient en rien ni sur les sentiments, ni sur les égards que prescrit l'amitié, et, le lendemain, on ne se serait jamais douté de ce qui s'était passé la veille. Nous arrivions au rendez-vous le sourire sur les lèvres et la paix de l'âme dans les yeux.

IX.

Ces promenades et ces conversations, en nous exerçant le corps et l'esprit, charmaient nos loisirs et développaient chaque jour devant nous un horizon plus vaste d'instruction et d'intérêt. Elles avaient été remarquées et nous avaient valu le surnom d'*Académie ambulante*, surnom que nous avons en quelque sorte justifié, puisque c'est à nos recherches, à nos observations, à nos correspondances avec des naturalistes distingués que j'ai dû l'avantage d'indiquer dans la statistique de notre île la plus grande partie de ses productions naturelles dans les trois règnes.

Toutefois, Edouard, ennemi des détails et surtout de la nomenclature en histoire naturelle, ne s'amusait pas constamment de l'étude de l'organisation des êtres, surtout de l'anatomie d'une plante ou d'un insecte ; et, quand l'ennui le gagnait, il trouvait facilement le moyen de détourner nôtre attention et de la diriger sur des objets qui lui plaisaient davantage. Déjà dominé par ce goût pour le genre descriptif auquel on doit les plus belles pages de ses meilleurs écrits, il aimait à reporter son imagination poétique sur les grandes scènes de la nature ; elles éveillaient en lui les sympathies les plus énergiques, exerçaient sur son esprit une influence merveilleuse, et plusieurs de nos excursions avaient pour but le spectacle de ses phénomènes les plus importants.

Nous allions contempler les effets du soleil aux différentes heures de sa course à l'horizon. Le matin, lorsque à son lever, des torrents de lumières s'échappaient insensiblement de son orbe radieux et inondaient la vaste étendue de l'Océan ; à midi, lorsque brillant au milieu d'un ciel d'azur, les ondes telles que des milliers de diamants étincelaient du reflet de ses feux ; et le soir, quand leur surface unie, dorée par ses derniers rayons, réfléchissait comme dans un miroir l'ombre de nos coteaux les plus élevés.

Les accidents variés du clair de lune attiraient aussi nos regards, nous aimions à voir la lumière vacillante de cet astre pénétrer les nuages, et bientôt, triomphante du voile qu'ils lui opposent, errer dans tout son éclat sur les flots, sur les fonds humides et vaseux, sur les sables, les rochers et les bois qui ceignent notre île.

Tantôt nous portions notre attention sur les divers aspects de la mer, dont la moindre brise, le plus petit nuage varient à chaque instant la couleur et le mouvement ; tantôt encore nous observions les effets magiques du mirage. Les navires nous paraissaient voguer sur la terre , et les maisons ressemblaient à des châteaux aériens.

L'été, lorsque le temps était calme, et disposé à l'orage , que l'atmosphère nous paraissait saturée d'une forte somme d'électricité, aussitôt le coucher du soleil , nous nous faisions conduire en canot à quelque distance du rivage ; et là , nous prenions plaisir à exciter la phosphorescence de la mer, à admirer la trace lumineuse que laissait dernière nous le sillage de notre léger esquif.

Mais il ne fallait pas seulement à Edouard des scènes paisibles et gracieuses, des images grandes et fortes, il recherchait avec autant d'empressement celles d'une teinte sombre et énergique. Si la vue d'une tempête n'avait pas à ses yeux le même charme qu'une belle matinée de printemps, elle n'excitait pas moins son active curiosité. Quelquefois nous allions entendre la mer retentir dans les anfractuosités des rochers, voir ses flots, bouleversés par les vents en furie, se briser en écume contre leurs blocs énormes, et rejaillir sur nous en pluie fine.

X.

Je me rappelle qu'ayant à cœur d'être témoin d'un de ces ouragans qui soulèvent les sables mobiles, les déplacent et en recouvrent les terres et les habitations voisines, nous en attendions l'occasion avec quelque impatience, lorsqu'elle se présenta au moment où nous y songions le moins.

Désireux de profiter d'une des plus fortes marées de l'année pour pêcher des animaux marins, sans égard à l'air froid et humide d'une matinée d'automne, nous nous étions mis en route dans le dessein de nous rendre à la côte du *Fier*. A notre départ, rien n'annonçait une tempête ; à peine fûmes-nous au village des *Eloux*, que d'épais nuages s'avancèrent de la mer, le vent du sud-ouest souffla d'abord avec modération, mais lorsque nous nous trouvâmes au milieu de ce désert de sables » sa force s'accrut et devint d'une violence extrême. La surface des dunes, d'un blanc livide, d'un aspect monotone, était soulevée par l'ouragan et ressemblait à une mer agitée dont elle imitait les ondulations. Le volume des grains de sable enlevés et dispersés au loin était immense. L'air en était obscurci, ils roulaient en torrents à nos pieds, volaient en nuages au-dessus de nos têtes, frappaient fortement nos visages et pénétraient à travers nos vêtements. Nous les voyions s'étendre devant nous avec une prodigieuse activité. Ici, d'anciens monticules étaient emportés ; là, il s'en élevait de nouveaux. Dans les lieux au contraire où l'arène ne trouvait aucun point d'appui, elle était transportée vers la plaine et y ensevelissait les terres cultivées. C'était la première fois que nous jouissions de ce spectacle, et nous restâmes quelque temps à le contempler ; mais l'incommodité que nous en éprouvions, la pluie qui survint et l'appétit que nous ressentions nous déterminèrent à entrer dans une maison, où nous attendîmes un temps plus favorable à notre retour en ville.

Edouard se plaisait beaucoup en face du grand Océan,

et quelquefois il allait seul à la côte de l'ouest méditer au bruit des écueils dont elle est hérissée.

« C'est là, nous disait-il, que je jouis mieux de moi-
» même de toute l'activité de mon âme, de mes pensées
» et de mes espérances. » Il avait alors l'esprit aven-
tureux du héros de son poëme, de Victor : comme lui :

> Aux bords d'azur où la mer écumante
> Rejoint du ciel la voûte étincelante,
> Son âme active imaginait encor
> D'autres climats ouverts à son essor.

Si nous étions avec lui, son imagination n'en franchis-
sait pas moins l'immense intervalle qui nous séparait des contrées lointaines ; et, merveilleusement secondé par ses connaissances en géographie physique et son heureuse mémoire, il nous en faisait des descriptions pleines de vie et de mouvement. Tantôt c'étaient les Alpes dont il nous faisait gravir les montagnes, atteindre les pics couverts de neige ou mesurer la profondeur des torrents, contempler l'écroulement des avalanches ou les nuages roulant dans les vallées comme l'écume des vagues sur l'Océan ; tantôt c'étaient les régions équatoriales, leurs savanes immenses, leurs fleuves majestueux, leurs vastes forêts et toutes leurs productions variées. Ses regards erraient aux bornes de l'horizon, il nous exprimait le plus ardent désir de voyager dans ces beaux pays, de les explorer, de les décrire, et voulait pour cela solliciter près du gouvernement une place de naturaliste-voyageur. A cette époque, il lui était permis de former de tels projets. Sa santé n'était pas altérée, il se sentait une forte surabondance de vie qu'il croyait durable. Heureuse illusion qui se dissipa trop tôt !

XI.

Indépendamment de ses travaux pour la statistique de notre île, Richer, pendant l'hiver de 1811 à 1812, à l'aide des cartes qu'il avait pu piller çà et là, composa un atlas céleste et rassembla les matériaux d'une histoire des constellations sous les rapports religieux et poétiques tels que ses lectures lui avaient appris à les considérer. Ce fut alors aussi que se manifesta son goût pour les recherches archéologiques dont la clef lui paraissait naturellement se trouver dans l'hiéro-astronomie.

L'année 1812 s'écoula au milieu des mêmes occupations et des mêmes plaisirs, mais celle qui suivit commença sous d'autres auspices. Jusqu'ici, l'amour n'avait nullement troublé la paix de son cœur, il n'avait connu d'autre ivresse que celle de la pensée. L'énergie et la vivacité de son imagination ne s'étaient déployées que dans tout ce qui se rapportait à ses études favorites. Avide d'impressions de tous genres et recherchant tout ce qui pouvait alimenter le feu dont il se sentait animé, il lui était difficile de se soustraire à l'influence des femmes que d'ailleurs il était loin de fuir, mais le calme de ses sens, lorsqu'il était près de celles mêmes qui se faisaient distinguer par leur beauté, aurait pu faire supposer que le moment où il devait se montrer sensible à leurs charmes était encore éloigné. Toutefois était-il certain que celle qui deviendrait l'objet de son adoration exclusive ne le serait jamais d'une de ses victoires dont la vanité des hommes n'aime que trop à s'énorgueillir. On pouvait être assuré d'avance que l'amour qui pour tant d'autres est un besoin de l'existence ne serait jamais chez lui ce que l'a fait la nature physique. Il s'était toujours montré aussi chaste dans sa vie que dans ses pensées et ses discours, et le sentiment du beau moral dominait trop bien son âme pour qu'il ne dût pas le porter dans cette passion comme dans toutes celles auxquelles il était accessible.

Pouvait-il résister long-temps aux attraits de la beauté, lui qui l'a chantée en si beaux vers (1), lui qui a dit : « Qu'un premier amour est ce qu'il y a de plus » délicieux dans la vie, parce que c'est le premier mo- » ment de l'existence où nous sentions bien notre « âme (2). » S'il n'avait pas déjà subi ses lois, c'est qu'il était entraîné vers une image idéale de perfection qu'il n'avait pas encore rencontrée. Enfin, il vit Mlle D......, il la vit comme la sylphide légère, parcourir avec ses compagnes les coteaux boisées de l'île, et il crut avoir trouvé cet être que le destin réservait à son bonheur. Jolie figure, regard vif, sourire piquant, grace affable et naïve, tels étaient les charmes de cette jeune personne. Elle conquit son admiration. Son imagination créatrice la doua de toutes les qualités du cœur et de l'esprit, et elle devint son idole.

Un cœur profondément ému révèle toujours ses agitations par quelques signes perceptibles, par quelques

---

(1) *A la Beauté*, dans son volume de *poësies*.
(2) *Mes Pensées*.

actions, quelques mouvements involontaires; aussi, sans chercher à pénétrer son secret et sans qu'il m'en fit la confidence, je ne tardai pas à m'apercevoir de quelle nature il pouvait être. Je le voyais plus mélancolique et plus rêveur qu'il ne l'était habituellement. Il marchait souvent à grands pas avec l'air inquiet. Au bord de la mer, ses yeux ne se fixaient plus sur aucun objet, ils embrassaient à la fois tous ceux qui se présentaient devant eux, et aucun ne paraissait éveiller en lui la moindre pensée; il n'en avait plus qu'une qui chaque jour pénétrait, s'enfonçait plus avant dans son âme, et cette pensée, c'était Mlle D......

Je le vis négliger ma société et rechercher celle des jeunes gens de son âge. Il prit un maître à danser, se montra dans toutes les réunions de la société, se joignit aux déguisements du carnaval, dansa et devint tout-à-coup si différent de lui-même, que l'amour seul pouvait avoir opéré une semblable métamorphose. Il manquait à nos promenades. S'y trouvait-il ? Il paraissait distrait ou troublé, nous parlait et nous répondait vaguement. Un soir, nous étions tous deux seuls au bois de la *Chaise* ; cette mélancolie délicieuse qu'il n'aurait pas sans doute échangée pour tout ce que le bonheur offre de plus séduisant, devint si profonde, qu'oubliant qu'il était avec moi, il disparut tout-à-coup à mes regards et me donna de l'inquiétude. Je m'étais arrêté un instant pour recueillir une plante ; je ne le retrouvai plus au lieu où je l'avais laissé ; fatigué de l'appeler en vain, je me mis à le chercher dans tous les endroits du bois que nous affectionnons plus particulièrement. Je parcourus tous les rochers, je visitai toutes les grottes sans pouvoir l'y trouver.

Cependant, il y avait déjà quelque temps que le soleil avait disparu, et la surface de la mer, légèrement ridée par la brise du soir, commençait à balancer l'image trompeuse des étoiles. Je pensai qu'il pouvait être retourné à la ville, et j'étais résolu à en prendre moi-même le chemin, quand je l'entrevis sur le rivage, assis sur le sable, et la tête appuyée contre un rocher. Je crus que le sommeil l'avait surpris et associé au repos de la nature. Je m'approchai de lui, ses yeux étaient attachés sur la vague qui montait, s'étendait toujours de plus en plus sur la plage, et venait expirer à ses pieds sans qu'il songeât à les en garantir. Dans la douce rêverie qui s'était emparée de lui, son âme avait tellement échappé à la matière et au temps, qu'il était resté insensible à l'impression des objets environnants, qu'il ne sentait, n'apercevait rien et ne songeait plus ni à moi ni à l'heure. Ma voix et ma présence purent seules réveiller ses sens et lui permettre enfin de voir qu'il était mouillé de l'écume des flots et de la rosée.

XII.

Le premier amour est quelque temps silencieux, mais il ne peut l'être toujours. Une réserve timide, une délicatesse mystérieuse ne peuvent long-temps l'alimenter ; il faut enfin qu'il s'explique. Suivant Edouard, l'amour était un sentiment purement moral. Voulait-on jouir de tout ce qu'il a de véritablement enchanteur ? On devait refuser de le satisfaire ; cependant, il n'éprouvait pas moins vivement le désir de faire l'aveu du sien et de le voir partagé par celle qui en était l'objet. Il pressentait tout ce que la première lueur d'intelligence avec ce qu'on aime a de ravissant ; combien il est délicieux d'éveiller dans le sein d'une jeune fille , cette douce sympathie qui de deux âmes n'en font bientôt qu'une. Il se décida donc à se montrer et à parler. Il se présenta, fut bien accueilli, et pendant quelques semaines consacra à Melle D...... les soirées naguères destinées à nos promenades.

Il portait aussi l'enthousiasme dans l'amour, et, ne chérissant que les simulacres de son imagination , cette passion ne devait avoir pour lui plus de durée que celle du charme qui l'avait fait naître. Elle avait commencé par l'admiration, elle ne pouvait se soutenir que par elle ; et, pour cela, il eût fallu éviter tout paralèlle entre Melle D...... et l'être idéal embelli par l'illusion ; mais aussitôt qu'il lui fût permis de faire cette comparaison, il trouva Melle D......, vive, légère, étourdie, loin des sentiments qu'il lui avait prêtés , la ravissante péri qu'il avait vue en elle disparut ; il fut désenchanté, ses visites devinrent moins fréquentes et bientôt cessèrent tout-à-fait.

XIII.

Ainsi se terminèrent ces premières amours. Elles donnèrent lieu à quelques poésies érotiques , que l'auteur s'amusa à imprimer lui-même, mais qu'il n'a pas cru devoir publier, sans doute , parce qu'il les jugea médiocres. Quoique j'en conserve un exemplaire , j'imiterai sa réserve et me bornerai à dire qu'elles consistent en six élégies, *les Fleurs, le Bouquet de mai, l'Ivresse de l'Amour, le Départ, le Clair de Lune* et *le Regret.* Il composa les trois premières dans les jours où il était le plus énivré des prestiges de l'amour, et les trois autres quand leur puissance fût anéantie.

Celle intitulée : *l'Ivresse de l'Amour* commence ainsi :

O vous qui cherchez le bonheur
Dans les sentiers de la sagesse,
Hélas que je plains votre erreur!
Le bonheur est dans la tendresse,
Est-il des plaisirs plus touchants! etc.

Voici les premiers vers de celle qui a pour titre *le Regret.*

Content jadis d'un fragile bonheur
Et de l'amour esclave volontaire,
Je savourais à la coupe d'erreur,
De ses bienfaits la faveur mensongère.
L'illusion sur son aile légère,
M'offrait alors l'espoir consolateur,
Je me berçais d'une aimable chimère,
J'étais heureux ; la triste vérité
De mes plaisirs dissipe le nuage,
Etc. . . . . - . . . .

Un état plus calme et plus doux succéda à l'enthousiasme et aux agitations de l'amour, mais n'en détruisit pas la source. A vingt ans, vivre, c'est aimer. Cette passion avait ébranlé son âme, et tout ce qu'elle a de plus pur, de plus noble et de plus tendre y dominait encore. Ce n'était plus Melle D...... qu'il aimait, c'était cet être aérien, cet être imaginaire qu'il avait cru ren-

contrer en elle et qui subsistait toujours dans sa tête
et dans son cœur. En se repliant sur lui-même, il
éprouvait bien quelque regret de s'être trompé, mais
ce regret n'était pas sans douceur et se confondait tellement en lui avec le désir et l'espoir de trouver enfin
en réalité cet objet mystérieux qui charmait ses pensées,
que, revenu de cette première illusion, il eût été facilement le jouet d'une autre du même genre.

XIV.

En attendant que l'occasion s'en présentât, il lui vint
à l'idée de personnifier et de peindre ce modèle chimérique et il traça le portrait d'Amélie. Il la fit belle, vertueuse et constante, la dota de tout ce que la sensibilité,
l'amour et la pudeur ont de plus séduisant, lui donna un
amant, le doua de quelques-uns des goûts et des défauts
qu'il se sentait lui-même, et Victor fut un de ces jeunes
gens qui considèrent tout avec exaltation, se laissent
entraîner par la vivacité d'une imagination ardente, font
des fautes, mais ne tardent pas à les reconnaître et à
revenir aux inspirations d'une âme noble et généreuse.

Il est dans l'île un séjour qui a quelque chose d'os-
sianique, où les vœux d'Edouard ont long-temps fixé sa
résidence et placé son tombeau, un séjour qu'il habitait
encore la moitié des quatre dernières années de sa vie,
et qu'il n'aurait peut-être plus quitté, si des amis selon
son cœur ne l'eussent rappelés à Nantes tous les hivers.
Ce site âpre et sauvage est l'ancienne abbaye de la
Blanche. Une multitude de rochers que le reflux laisse
à découvert, le rapprochement de la mer et d'un bois de

chênes verts ; le mélange confus du frémissement du
feuillage, du chant des oiseaux et du bruit des vagues,
« tout, dit Richer lui-même, y porte à l'âme un senti-
» ment profond de mélancolie. On se plaît à errer près
» des murs en ruines, témoins passagers de la rapide
» existence de l'homme, et on s'égare avec plaisir sous
» l'ombre de l'yeuse toujours verte, qui rappelle la puis-
» sance éternelle de la nature. (1) »

C'est là qu'il mit en scène les deux personnages de
son invention. Ce lieu devint sa solitude de prédilection.
Sa mère en régissait le domaine ; il vint s'y confiner
tout-à-fait et y cacher un cœur plein de poésie et d'a-
mour. Avide de pouvoir s'énivrer sans distraction des
sentiments délicieux qu'il chérissait, initié aux mystères
de cette union secrète qui existe entre les objets visibles
et matériels, les phénomènes de l'univers et la nature
intime de l'homme, il trouva à *La Blanche* d'heureuses
inspirations. Le présent et le passé se réunirent dans sa
mémoire pour compléter l'enchantement. Cette fiction de
Victor et Amélie charma ses rêveries pendant le jour, et
ses songes pendant la nuit. Depuis, il lui donna plus de
consistance, en agrandit le plan et en composa le poëme
de *Victor et Amélie* dont je parlerai ailleurs.

XV.

Son goût pour la solitude, le plaisir un peu romanes-
que, sans doute, qu'il trouvait déjà à s'isoler des choses

---

(1) *Aspect pittoresque de Noirmoutier.*

communes de la vie, pour ne vivre qu'avec lui-même et les fantastiques objets de son culte, ne purent lui faire oublier long-temps sa mère, sa famille et ses amis. Le besoin de les voir plus souvent, et les rigueurs du mois de novembre, le rappelèrent à la ville, où il s'occupa moins de poésie et reprit ses études les plus sérieuses. Nous continuâmes nos recherches pour la statistique et l'histoire naturelle de notre pays, et, aussi insatiables de sciences et d'instruction que d'autres le sont de richesses, nos jours s'écoulaient trop rapidement ; jamais nous n'éprouvâmes mieux que le vrai bonheur consiste dans le sage emploi du temps, dans les douceurs de l'étude et les épanchements de l'amitié.

L'hiver, ici, n'attriste pas assez l'imagination pour que l'on soit forcé de renoncer entièrement au spectacle des champs et des bords de la mer. Un beau jour d'hiver sur nos coteaux que décore un feuillage toujours vert, a presque le charme d'un jour de printemps. D'ailleurs, la source des images qu'offre la nature est tellement inépuisable, que dans tous les temps et dans tous les lieux elle présente des tableaux, excite des émotions et des sentiments nouveaux ; nos promenades recommencèrent, nous retrouvâmes dans notre commerce journalier la même ouverture de cœur, la même franchise et les mêmes agréments.

L'esprit d'Édouard avait toujours la même tendance à s'exhalter. Il manifestait la plus grande répugnance pour tout ce qui ramenait la conversation sur les choses positives de la vie. Il nous répétait souvent que nous ne nous élevions pas assez ; que trop séjourner dans les régions

inférieures, c'était volontairement rétrécir la sphère de nos idées. Aussi lui arrivait-il quelquefois de perdre terre de vue et de prendre un vol si élevé, qu'il nous devenait impossible de le suivre. Alors, rien ne le contrariait plus vivement que d'être forcé, par quelque incident, de redescendre subitement des hauteurs où il s'était placé. Si, tout-à-coup, une plante, un insecte, une pierre que nous n'avions pas encore rencontrés frappaient nos regards, il était bien difficile que ce nouvel objet ne donnât pas lieu, de notre part au moins, à une exclamation ; supposant, alors avec vérité, que nous avions cessé de l'écouter, il ne nous dissimulait pas son mécontentement, surtout lorsque l'entretien roulait sur des matières philosophiques ou religieuses. « Nous laisser distraire d'un
» objet sublime, par l'apparition d'un ciron, c'est pis en-
» core, nous disait-il un jour, que de détourner notre at-
» tention de la vue d'un beau navire qui fend majestueu-
» sement les flots pour la reporter tout entière sur un
» rat qui en traverse le pont. »

La moindre plaisanterie sur de tels sujets semblait lui faire mal, et s'il nous arrivait d'en prendre le ton, son silence, son air sérieux et mécontent nous ôtaient le courage de continuer.

XVI.

— Les opinions et les habitudes les plus constantes ne sont souvent que le résultat des impressions de notre enfance, et les leçons et les exemples d'une mère pieuse eussent probablement maintenu Richer dans les bornes du catholicisme, si son éducation n'avait pas nécessité qu'elle l'éloignât d'elle à un âge aussi tendre ; mais il était né dans un temps où la société était dans un vide complet de tout sentiment religieux. La philosophie du siècle et la révolution qui en avait ensanglanté les dernières années, avaient tellement affaibli les croyances, que la religion était bannie même de l'enseignement public. Tout était soumis à l'expérience et au calcul. Si Édouard était resté innaccessible aux doctrines de l'intérêt personnel, il n'avait pu résister à l'influence des arguments des philosophes modernes ; et, lorsque, rappelé par sa mère, il revint à Noirmoutier, il était dans le naturalisme ; elle s'en aperçut et essaya aussitôt de le ramener à ces premiers principes religieux, parfum de vertu dont elle croyait l'avoir imprégné pour toujours. Il l'écouta attentivement, mais quelque confiance qu'elle lui inspirât, il n'était pas plus en lui de croire sans raisonner que de dormir atteint d'une violente insomnie. Ce fut alors qu'il commença à lire quelques ouvrages de métaphysique, et c'est la lecture de ces livres qui, le plus souvent, donnait lieu à nos petites discussions sur ces matières : *La Profession de foi du Vicaire Savoyard,* et le *Traité de l'Existence de Dieu* par Fénélon, furent ceux qui excitèrent davantage son admiration. Dès ce moment, il se montra convaincu que la physiologie ne peut expliquer la manière dont se forme la pensée, et que, pour connaître l'âme, c'est l'homme moral qu'il faut étudier. C'est pourquoi tout ce qui élève l'homme au-dessus de son existence terrestre, tout ce qui le rattache au monde spirituel devint l'objet de ses méditations. La science, loin d'être à ses yeux un exercice stérile

qui éloigne de Dieu, ne pouvait être, suivant lui, plus
fidèlement interprétée que par cet esprit qui pénètre
partout où les sens ne peuvent atteindre et jusque dans
les abymes de l'espace et du temps. Toutefois, son spiritualisme était mitigé, il accordait à l'influence des sens
tout ce qu'une saine doctrine ne peut leur refuser, cherchait, autant qu'il lui était possible, à établir les droits
et les limites respectives du physique et du moral, et
convenait que si nous ne devons pas accorder au premier une prépondérance qui nous relègue au nombre des
bêtes, l'empire que l'âme exerce sur lui ne doit pas non
plus être une tyrannie.

Un jour, à la promenade, nous le vîmes tirer de sa
poche deux exemplaires d'une brochure d'environ seize
pages in-quarto qu'il avait lui-même imprimées. « J'ai
voulu, nous dit-il, en nous les présentant, non-seulement fixer mes idées sur des choses dont je fais dépendre
mon bonheur et ma tranquillité, mais encore mettre fin
à l'avenir aux controverses sur la métaphysique entre
vous et moi. Voici ma profession de foi, elle est in-
variable. »

Ce petit écrit a pour titre *Méditations sur Dieu, la
nature et l'homme*, et pour épigraphe ces vers de Pé-
trarque :

> *Or' ho dinanzi a gli occhi un chiaro specchio
> Or' io veggio me stesso.*

L'auteur, après avoir établi les preuves de l'existence
d'une cause première, unique, intelligente, et dont la
providence s'étend à tout, jette les yeux sur ses œuvres.
Il distingue les êtres organisés d'avec ceux qui ne le

sont pas, examine l'homme comme être individuel. Il admet que les sens établissent une communication entre l'univers et lui; que c'est à eux qu'il doit le sentiment et l'intelligence; mais que cette force active dont en même temps il est doué, cette force par laquelle il juge des objets, est indépendante de ses organes, et il l'appelle *âme*.

« Rien, dit-il, ne prouve mieux l'existence de l'âme que la liberté dont l'homme jouit. Lui seul agit indépendamment des lois physiques qui régissent la matière; il est actif, libre et intelligent; comme tel, il participe de la cause première et est animé d'une substance immatérielle. Tout ce qui périt ne se perd que par la dissolution de ses parties; je ne connais point de dissolution dans une chose immatérielle. Tous les corps ont une propriété physique divisible, l'étendue; ma pensée n'ayant point d'étendue, ne peut se diviser, donc mon âme est impérissable et immortelle.

Sans ce dogme consolant, base de la morale, il n'est plus d'espérance; l'attachement, la fidélité, sont des préjugés, nos annales sont des chimères; la cendre de nos pères est une vile poussière; et la volonté des mourants, si sacrée, si respectable, n'est plus que le dernier son d'une machine qui se brise et se dissout. »

Dans cette profession de foi que je conserve, Richer n'étend pas plus loin sa croyance religieuse; Dieu, la recherche des lois qui dirige l'univers, l'âme, son immatérialité, et une vie future.

XVII.

C'est ainsi que s'écoulait sa paisible existence, et je

puis dire aussi la mienne ; car ces souvenirs sont de doux réflets de jours que je regrette, et qui hélas ! ne reviendront plus ; mais le bonheur a le vol rapide. Edouard aimait sa liberté, lui en demander le sacrifice, c'était exiger sa vie ; mais il n'était pas indépendant des lois de son pays et surtout de celle qui, selon l'énergique expression de M. de Châteaubriant, assimilait sous Napoléon la jeunesse française à une forêt *mise en coupes réglées*. Il fut appelé par son âge à partager les chances de la conscription, et le sort lui fut défavorable. Sa mère aussitôt s'occupa des moyens de le soustraire à l'obligation de servir ; et lui, incapable de se contenir lorsqu'il éprouvait quelque contradiction importante, fut sur le point de devenir, par sa faute, victime du despotisme militaire qui régnait à cette époque.

Jusqu'alors, il n'avait encore ressenti aucun de ces crachements de sang qui, bientôt, en faisant supposer que l'air de son pays ne convenait point à ses poumons, lui imposèrent la cruelle nécessité de s'en éloigner ; mais il avait eu quelque accès d'asthme, et ses deux beaux-frères qui l'accompagnèrent devant le conseil de recrutement, tentèrent de les faire valoir comme un motif d'exemption. Le médecin chargé de l'examiner, ne trouvant pas d'indices suffisants de cette maladie, déclara qu'il convenait d'ajourner la décision à prendre à son égard ; que, d'ailleurs, il était étonnant qu'ayant été un des élèves de l'école de St.-Cyr, il ne fût pas porteur d'un certificat constatant qu'il était asthmatique. Edouard, mécontent des observations du docteur, lui dit avec un peu d'aigreur : « Votre irrésolution est inexcusable ; vous êtes un médecin instruit, ou vous êtes un ignorant; je suis asthmatique, ou je ne le suis pas; ainsi vous n'avez nulle raison de différer votre décision en ce qui me concerne. »

On peut penser que ce dilemme blessa l'amour-propre du médecin. Les autres membres du conseil, présidé par M. de Barante, préfet de la Vendée, se prononcèrent contre le jeune homme qui répliqua vivement à toutes leurs objections et encourut leur disgrace au point qu'ils le menacèrent de le faire conduire de suite à l'armée. Cette menace ne fit que l'irriter davantage; il continua de leur parler comme s'il n'avait eu rien à craindre de leur ressentiment. « Je partirai, reprit-il, d'une voix courroucée, je partirai, mais ce sera pour Paris, ce sera pour me pourvoir devant le conseil d'état et lui demander justice de votre révoltante partialité. » Il fallut tout le sang-froid, les ménagements et le zèle de ses beaux-frères pour empêcher son arrestation, et obtenir, comme une faveur, la faculté de lui acheter un remplaçant qui, comme tant d'autres, est resté sur le champ de bataille.

XVIII.

La tendresse inquiète et prévoyante de M.me Richer veillait sans relâche au bien-être de son fils. — Qui mieux qu'elle connaissait son caractère et savait le manier? Lorsque, ne partageant pas ses idées et ses projets, elle essayait d'en changer le cours, c'était toujours avec adresse, avec douceur; jamais elle n'employait que le langage du cœur et de la raison. Elle avait été l'appui de son enfance, elle était le guide de sa jeunesse qu'elle dirigeait à travers des sentiers fleuris, dont sa sollicitude écartait soigneusement toutes les épines. Aussi, depuis son retour de Saint-Cyr goûtait-il dans toute sa plénitude, le charme d'affections et d'occupations uniquement de son choix ; pourquoi la mort vint-elle, hélas ! lui ravir sitôt cette tendre mère !

A peine âgée de cinquante-quatre ans, elle tomba dangereusement malade ; sa situation devint alarmante, et Richer fit alors le premier pas dans la carrière des douleurs. Il ne quitta plus le chevet de son lit ; il reçut ses derniers embrassements, la serra contre son cœur, et recueillit son dernier soupir. Il est vrai de dire que les chagrins les plus violents n'ont point de larmes. On lui en vit peu verser ; mais avec quel courage il lui rendit les derniers devoirs ! Avec quelle piété filiale, quel recueillement religieux, il accompagna ses restes mortels jusqu'au lieu de leur dernière demeure ; et, lorsque enfin il put pleurer, avec quels sentiments pieux, quelles émotions mélancoliques il allait arroser de ses larmes le marbre qui les recouvre !

Nous ne le laissâmes pas dévorer seul son chagrin et ses pleurs. Nous n'avions pas de consolations à lui offrir, mais nous avions partagé ses plaisirs, nous partageâmes son affliction. Il nous parlait fréquemment de cette bonne mère qui lui avait fait une si douce habitude de la vie, et nous nous attendrissions avec lui de tout ce que lui inspiraient ses regrets et sa sensibilité (1).

---

(1) On trouve, à la fin du recueil de ses poésies, une élégie touchante sur la mort de sa mère.

Plusieurs mois s'écoulèrent sans que, ni ses études qu'il avait reprises, ni nos promenades, ni nos entretiens, pussent lui faire oublier cet objet chéri. Il retrouvait sans cesse son image au fond de son cœur, comme au fond d'un sanctuaire impénétrable, d'où aucune espèce de distraction ne pouvait la bannir.

XIX.

M. Laval, maire de Provins, et dont le fils avait épousé la sœur de Richer, l'avait instamment engagé à aller le voir. Il se détermina à quitter, pour quelque temps, des lieux qui lui retraçaient de si tristes souvenirs et à se rendre dans cette ville. Il y fit la connaissance de l'abbé Pasques, qui en était le bibliothécaire et de plus secrétaire de la Société d'Agriculture de Seine-et-Marne. Leur entretien eut d'abord pour objet l'art de Cérès et de Néoptolème. Richer fut questionné sur les procédés agronomiques de notre île, et répondit comme quelqu'un qui les avait bien observés. L'abbé, enchanté de son instruction, lui lut un mémoire qu'il venait de composer, relativement à l'action des phénomènes météoriques sur les plantes. Il eut lieu de s'étonner de la justesse de quelques observations que Richer se permit de lui faire, et ne lui en témoigna que plus d'intérêt.

Toujours occupé d'astronomie, et principalement de son ouvrage sur les constellations, il mit à profit le temps qu'il passa à la bibliothèque de Provins. Il y fit des extraits des fables mythologiques et du *poéticon astronomicon*, du célèbre Hygin. Il était dans cet établissement public, lorsque M. de Lally Tolendal y vint voir l'abbé

Pasques. Celui-ci lui présenta Richer, qui en fut accueilli avec bonté, et alla chez lui dès le lendemain même.

« A mon apparition, dit Richer, M. de Lally se leva, vint au devant de moi avec un sourire plein d'aménité, et m'adressa quelques paroles obligeantes qui me mirent tout-à-fait à mon aise. Je causai bientôt avec autant de liberté et de franchise que je l'aurais fait avec vous. Je remarquai sur sa cheminée l'ouvrage de Mme de Staël, intitulé l'*Allemagne*, et je lui demandai ce qu'il en pensait : *C'est*, me répondit-il, *de l'éloquence sans logique, conduisant au sophisme.* »

Il rapporte une anecdote assez singulière.

« Je rendis visite à un minéralogiste nommé Opoix. Il habitait une petite maison de campagne fort agréable, appelée l'*Hermitage*. Après quelques instants de conversation, je le priai de me faire voir sa collection. M. Opoix me prit par la main, me conduisit mystérieusement sur une terrasse située à l'extrémité du jardin, et me fit remarquer une pyramide à quatre faces. Je reconnus presque aussitôt qu'elle était formée de tous les échantillons d'un cabinet de minéralogie que l'action de l'atmosphère et des météores avait déjà fait effleurir et avait décomposés en partie. Je ne pouvais concevoir qu'il fît si peu de cas d'objets qu'il avait peut-être mis trente ans à rassembler à grands frais. Il ne jugea pas à propos de m'instruire du motif de cette bizarrerie, je n'eus point la hardiesse de le lui demander ; de sorte que je pris congé de lui sans avoir obtenu le mot de l'énigme ; mais il me fut donné par l'abbé Pasques. J'appris de lui que M. Opoix, à la suite d'une discussion scientifique avec M. Vauquelin, et dans laquelle il avait eu tort, s'était dégoûté de la minéralogie, et avait ainsi disposé des échantillons de son cabinet. »

XX.

Richer revint par Paris. L'abbé Pasques lui avait remis des lettres de recommandation pour plusieurs savants qui l'habitent. Il en fit usage et eut occasion de juger combien chacun d'eux, exclusivement occupé de sa science, met d'empressement et d'adresse à stimuler le zèle et l'activité des personnes qui la cultivent en province, à les intéresser à faire des recherches et des découvertes qui, à la vérité, contribuent à ses progrès, mais dont la plupart de ces messieurs recueillent seuls le profit et la gloire.

Il commence par l'école des mines. Le conservateur, M. Letonnellier, et l'inspecteur-général, M. Lelièvre, le reçoivent fort bien et l'engagent instamment à leur faire des envois de minéraux des départements de la Loire-Inférieure et de la Vendée ; et, afin qu'il puisse mieux utiliser ses excursions et contribuer plus efficacement à enrichir leur collection, ils lui remettent des instructions écrites.

De là, il se présente chez M. de Latreille ; voici comme il rapporte son entrevue avec ce célèbre entomologiste :

« Je le trouvai le nez sur un livre anglais. Notre conversation commença donc par quelques phrases sur la langue anglaise, mais nous ne tardâmes pas à la reporter sur notre chère entomologie. « *Ah, monsieur, que vous êtes heureux! s'écria-t-il, vous pouvez, quand vous le voulez, parcourir la campagne, observer à toute heure les objets de votre étude; nous, au contraire, nous, ici renfermés dans nos maisons, si nous étudions, c'est toujours avec la mort devant les yeux.* » Quoi! répondis-je, votre sort n'est-il pas cent fois préférable au nôtre ? Vous êtes les grands prêtres de la science ; vous occupez toujours ses autels dont nous ne sommes que les pourvoyeurs. *Tristes avantages,* reprit-il, *pour ceux qui l'aiment par goût et non par vanité! Des honneurs aussi stériles sont-ils comparables à la liberté dont vous jouissez ? Rappelez-vous la fable du Loup et du Chien, et songez qu'une chaîne d'or est plus pesante encore qu'une chaîne de fer.* »

« Nous nous entretînmes quelque temps des insectes de notre île. M. de Latreille ne me parla bientôt plus que de crustacés, dont il fait actuellement une étude spéciale. Il m'engagea à me livrer tout entier à cette partie, selon lui, tout-à-fait neuve. *Envoyez-moi,* me dit-il, *les crustacés de vos côtes ; ils sont nombreux ; ils comprennent beaucoup de genres nouveaux.* Je l'avais déjà quitté, qu'il me répétait encore : Envoyez-moi des crustacés. »

Le lendemain, il visite le Muséum d'Histoire Naturelle, s'étonne d'y voir un si petit nombre de vers mollusques, et se rend chez M. de La Marck, professeur de zoologie, pour la section des animaux invertébrés.

« Imaginez-vous, me mande-t-il, un petit homme sec, vif et plein d'affabilité. Je n'eus pas plutôt prononcé le mot de mollusques, dit que j'étais insulaire, et que je cultivais plusieurs branches d'histoire naturelle, qu'il s'écria : « *Laissez-là, laissez la botanique et la minéralogie, ne vous occupez que des mollusques ; ils ne sont pas connus ; nous n'avons aucun ouvrage sur cette matière ; car celui que Bosc a publié est très-imparfait. Envoyez-moi des mollusques, je les placerai au Cabinet ; transmettez-moi des observations, je les lirai à l'institut, etc.*

« C'est ainsi, ajoute Richer, que ces messieurs m'ont recommandé de consacrer exclusivement mon temps à la recherche des objets de leurs travaux. L'un m'engage à ne m'occuper que de minéraux, celui-ci que de crustacés, cet autre que de mollusques. Je n'ai pu me dispenser de faire quelques promesses, mais pourrai-je jamais les remplir, si vous, Impost et M. Dorbigny, ne me secondez de tous vos efforts. »

Il séjourna quelque temps dans la capitale, et toujours dominé par l'impérieux désir d'agrandir la sphère de ses connaissances, ce ne fut que pour voir, entendre, réfléchir et écrire. Tout ce qui intéressait ses études excitait son activité, arrêtait son attention. Aucune démarche ne lui coûtait. Aujourd'hui, il assistait à une séance de l'Institut. Le lendemain, il était à l'Observatoire. Chaque jour, il parcourait les musées, les bibliothèques, passait plusieurs heures tantôt chez un libraire, tantôt chez un marchand d'objets d'histoire naturelle. Le soir, il recueillait ses notes, analysait des mémoires, écrivait à sa famille et à ses amis.

XXI.

Il revint à Noirmoutier avec le projet de s'y fixer. Il aimait cette île plus que jamais ; cette île à laquelle se rattachaient ses plus intéressants souvenirs et ses plus douces espérances, où il trouvait tous les éléments du seul bonheur qu'il enviait, la solitude et l'indépendance. Sa fortune était médiocre, mais elle suffisait à ses besoins, et l'on est toujours assez riche, quand, avec des goûts modérés, on sait borner sa dépense à son revenu. La richesse la plus précieuse à ses yeux était la propriété de son temps; c'était là sa vie. Le mariage aurait pu seul changer ses idées à cet égard; loin d'y songer, il était toujours plus épris du charme des lettres et des sciences et continua de s'y livrer avec ardeur. Quoique alors il fût loin de dédaigner la gloire littéraire, c'était moins pour acquérir de la renommée et pour surpasser des rivaux qu'il voulait écrire, que pour satisfaire une ambition plus noble, celle d'être un jour utile aux hommes.

Ce fut vers ce temps qu'il composa son *Ode à Syrius* (1). Elle n'est point du nombre de ces odes que dicte la douce rêverie d'une âme subjuguée par un sentiment profond, elle lui fut inspirée dans l'enthousiasme d'une vive admiration pour la plus grande et la plus belle étoile du ciel, et offre plusieurs rapports avec celle de Malfilâtre, intitulée *Le Soleil fixe au milieu des Planètes*. Le sujet de toutes deux est astronomique et présentait des difficultés qui ont été heureusement vaincues. Toutes deux furent insérées dans le *Mercure de France* et eurent de nombreux admirateurs. Il ne m'appartient ni de les comparer, ni de les juger; mais s'il

------

(1) Elle fait partie du recueil de ses poësies

m'est permis d'exprimer ici mon sentiment, je dirai que si Malfilâtre a donné en beaux vers une explication de la sphère, Richer en a donné une non moins poëtique de tout ce que l'on sait jusqu'ici de Syrius; que son essor est brillant et soutenu, que son ode a de la pompe et quelque chose d'imposant qui élève l'âme au-dessus d'elle-même et des choses de ce monde.

Plusieurs petits poëmes et des fragments traduits de Thompson sont antérieurs à la mort de sa mère. En 1815, il conçut le projet d'un ouvrage qu'il intitula d'abord : *Philosophie de la poësie*; plus tard, *Essai Philosophique sur la poëtique générale ;* et enfin, *Poëtique des Beaux-Arts*. On verra quels motifs l'empêchèrent de publier ce travail dont les nombreux matériaux ont été en partie employés dans quelques autres de ses écrits.

<h2 style="text-align:center">XXII.</h2>

La grande activité de son esprit, sans cesse en opposition avec le calme que nécessitait sa débile santé, lui occasionna quelques accès d'hémopthysies, qui mirent ses jours en danger. Les maladies de poitrine sont celles sur lesquelles l'influence du climat se manifeste davantage, et les médecins prétendirent alors que, respirant ici un air froid et humide en hiver, extrêmement sec et vif en été, il devait quitter Noirmoutier et aller habiter un pays dont la température fût plus douce et plus uniforme. Mais que de peine il eût à se déterminer à renoncer à sa patrie ! que ce sacrifice fut douloureux pour lui ! voici comme il rapporte lui-même les impressions déchirantes qu'il en ressentit :

« Je n'oublierai jamais la situation d'âme dans laquelle me plongea ce départ précipité. Je m'arrachai du sein de ma famille, en proie à une maladie mortelle et avec peu d'espoir de guérison. Quelle affreuse perspective que celle de mourir seul, loin de ses parents et de ses amis! j'expirerai donc, me disais-je, entre des mains mercénaires; personne n'adoucira l'amertume d'un trépas aussi prématuré. Je n'exciterai que des regards indifférents; ma dépouille sera ensevelie sans une seule larme, et l'oubli pour toujours pèsera sur ma tombe.

» J'éprouvais une forte oppression de cœur qui m'eut fait fondre en larmes, si je ne l'eusse cachée par cette sorte d'indifférence affectée qui me sert assez bien quelquefois pour déguiser à des regards superficiels ce qui se passe en moi. On aurait pu supposer que je partais sans regrets, que j'oubliais à la fois le péril qui me menaçait, celui auquel je venais d'échapper, et plus encore, les soins qui m'avaient été prodigués. Hélas! qu'on se serait trompé!

» Je partis le 12 août 1815, en entrant dans la chaloupe, je crus sentir se briser tous les liens qui m'attachaient à l'existence, et si j'avais osé, comme le scythe vagabond, j'aurais pris une poignée de terre sur le rivage, pour emporter avec moi quelque chose du sol natal que je croyais alors quitter pour toujours. D'abord le ciel était serein; mais, à peine en mer, je le vis se couvrir d'un voile mince et transparent, qui lui donna un éclat blanchâtre. L'air devint calme et pesant, et une chaleur suffocante rendit ma respiration si difficile, que je tombai dans un abattement inexprimable. Il ne

me restait de force que pour jeter encore quelques
regards attendris sur les côtes de l'île qui disparaissaient
insensiblement à mes yeux. Je ne sais si je m'endormis,
ou si je perdis connaissance, mais je ne retrouvai l'u-
sage de ma raison que lorsque j'entendis le vent souffler
avec violence, et qu'assailli par un orage et par le mal de
mer, ma poitrine se rouvrit aux efforts que je fis pour
vomir. Je teignis un mouchoir de mon sang, et ma position devint si horrible, que je ne formai plus qu'un vœu,
celui de mourir à l'instant même, et que les flots pussent
au moins reporter mes restes mortels sur le rivage où
j'avais commencé la vie.

» Cependant nous approchions de terre, les crachements de sang cessèrent. Je me trouvai un peu mieux ;
mais je n'en vis pas avec moins d'amertume les côtes
basses de la partie du continent où nous arrivions : tout
me disait que ma vie était désenchantée, qu'elle allait
devenir aussi triste que les objets qui s'offraient à ma
vue. Je descendis sur le rivage. Je pris un cheval pour
continuer ma route : absorbé dans de pénibles réflexions,
je regardais à peine la campagne qui m'environnait ;
mais, parvenu sur une hauteur voisine de Bourgneuf,
je détournai les yeux et j'aperçus la mer. A son aspect,
des larmes involontaires mouillèrent mes paupières et
je cherchai encore à découvrir, à travers cet océan de
lumière, la forme bleuâtre de mon île. Elle échappait à
mes regards, et je sentis de nouveau que tout ce qui y
composait mon existence, mes habitudes, mes affections,
m'était enlevé pour toujours. Il ne me restait au fond de
l'âme que le regret d'un passé actif comme la vie, et

qu'une sensation du présent, stérile comme la mort. »

» Je m'avançai alors silencieusement sur la route, n'y distinguant aucun objet, si ce n'est le sol que je foulais aux pieds, des couleurs effacées des images confuses, et il était entièrement nuit, lorsque j'arrivai à Machecoul. »

LIVRE DEUXIÈME.

I.

A situation de Richer, en quittant Noir-
moutier, était réellement affreuse, et la
peinture qu'il en a faite n'a certainement rien d'exagéré. Je me souviens
encore des combats qui déchirèrent
son cœur au moment du départ. Vainement cher-
chait-il à nous les cacher, nous ne les démélions
que trop pour ne pas nous en affliger. En effet, le
charme des douces émotions n'existait plus pour lui.
Loin des bords du vaste Océan, il n'irait plus rêver
sur ces rochers, à l'ombre de ces vieux chênes verts
qu'il aimait tant; il était forcé d'abandonner cette île à
laquelle ses plus intéressants souvenirs et ses plus douces
espérances se rattachaient sans cesse, cette île où il trouvait toutes les conditions du seul bonheur qu'il ambition-
nait, la solitude, le repos et l'indépendance. Il l'abandonnait avec le pressentiment douloureux de ne plus y revenir, de ne plus revoir ceux qu'il chérissait le plus, et dans
le cas où la mort l'épargnerait, il restait en proie à une ma-

ladie contre laquelle il ne pouvait lutter avec avantage qu'en se condamnant à une sorte d'immobilité de corps et d'esprit, lui dont la vie était tout entière dans l'activité de l'un et de l'autre. Quel avenir !

Cependant il arriva à Nantes sans autres accidents fâcheux que ceux qu'il avait éprouvés en route. Il fut quelque temps souffrant et mélancolique ; mais enfin il recouvra assez de santé pour renouer avec ses anciennes connaissances, en former de nouvelles, et reprendre ses travaux scientifiques et littéraires.

Il s'attacha particulièrement à M. Waudouer, entomologiste distingué, avec lequel il avait eu quelques relations lors de son premier séjour à Nantes.

« J'apprécie cet homme de plus en plus, me mandait-il ; il est profondément instruit, ami du travail et de l'indépendance. Il a une élévation de sentiments qui lui donne à mes yeux une grande supériorité sur ses semblables. Il a refusé une existence brillante et appelle les places des chaînes dorées. Il est doué d'une modestie rare, d'une sensibilité exquise, enfin de toutes les qualités qu'on peut désirer dans un ami. J'aime ses vertus, et je fais en sorte de profiter de ses lumières. L'histoire naturelle n'est pour lui qu'un moyen de se distraire d'affections trop vives. Il s'occupe parfois aussi de littérature. Dans une de nos dernières conversations, il me tint un langage qui, s'il n'est pas propre à encourager les poètes, a du moins le mérite de la vérité.

» Vous vous occupez de poésies, me dit-il. Je ne connais pas de délassement plus agréable que de lire des vers et de métier plus pénible que celui d'en faire. Les sois se moquent de vous, les gens du monde vous mettent un peu au-dessus des oisifs, parce que, disent-ils, c'est une occupation comme une autre. Vos connaissances ne vous estiment qu'en raison de vos succès, et si vous avez écrit un ouvrage avec votre âme, sur cent lecteurs, à peine un seul se servira de son âme pour vous sentir ou vous juger. »

II.

C'est aussi de cette époque que datent ses liaisons avec M. Fouré, son médecin et son ami. Il aimait à s'entretenir avec lui de métaphysique. Tous deux la considéraient comme la source de tout ce qu'il y a de plus pur et de plus noble dans la nature humaine; tous deux en avaient analysé les différents systèmes connus, et l'analogie de leurs sentiments donnait à leurs entretiens un charme toujours nouveau. Dans toutes ses lettres il me parlait du docteur avec éloge. « Je ne puis vous peindre, me disait-il, avec quelle agréable surprise j'ai reconnu en lui un homme dont le savoir n'a point affaibli l'esprit religieux, qui avoue l'insuffisance des sciences exactes pour arriver aux vérités de sentiment, un homme enfin sans exagération, conduit après de longues études physiologiques au spiritualisme le plus éclairé. »

Lorsque, de plus en plus pénétré de cette philosophie sentimentale et religieuse qui nourrit et accroît l'exaltation, Richer composa son ode sur l'*Immortalité de l'âme*, il la dédia au docteur Fouré. Je reviendrai sur cette production, quand je serai parvenu au temps où elle fut publiée.

III.

Il ne négligea pas la société de **MM.** Dubuisson, Athenas, Le Boyer, et des autres gens d'un mérite distingué; car, autant il évitait les personnes vulgaires, autant il recherchait celles d'une intelligence supérieure; aussi ce nouveau séjour dans une grande ville lui apprit à connaître les hommes et les choses autrement que par leur surface. Il ne tarda pas à faire l'expérience amère des vanités du monde et à s'ennuyer du tumulte d'une cité où, d'un côté prédominent un immense amour du gain, un mouvement industriel et mercantile, les craintes et les inquiétudes que donnent les chances du négoce; de l'autre l'orgueil d'une antique aristocratie et bien des préjugés religieux; où, en général, tout est peu propre à favoriser les élans désintéressés de la poésie et des lettres; et, dès le mois de mars 1816, il forma le projet d'aller habiter la campagne. « J'y jouirai des charmes de la solitude et du calme dont j'ai besoin pour ma santé et pour mes études. Le repos est désormais le seul bien que je désire, le positif des choses humaines me convient peu, et la vie intellectuelle et retirée que je me propose de mener, peut seule soustraire mon âme aux ennuis et aux maux de la vie matérielle. Quelques personnes m'ont offert un logement dans des maisons fort élégantes; mais je suis comme le bon Jean-Jacques, la plus belle maison de plaisance me devient insipide, si je n'y suis pas le maître, et je cherche une simple chambre chez quelque bon fermier. »

Il fit choix d'une campagne appelée *Carcouet*, située

du même côté et en face du château des Dervallières.

« Il y a, m'écrivit-il, partout à Carcouet, un je ne sais quel mélange d'ombre et de lumière, une variété de scènes qu'il m'est impossible de vous décrire, des coteaux garnis d'arbres touffus ou offrant une pente douce, recouverte de tapis de verdure, des prés, des ruisseaux, un ensemble de beauté qu'un peintre seul pourrait saisir : la maison est à mi-côte. De ma fenêtre je vois la ville se déployer tout entière à mes regards. Dans le vallon coule le ruisseau des Dervallières, qui fait mille détours et renferme dans ses replis plusieurs petites collines d'un aspect délicieux. Un si beau site fait naître en moi un sentiment de bien-être indéfinissable : vous avez sans doute éprouvé cette sorte d'ivresse que la vue d'un beau jour ne manque jamais d'exciter dans notre âme ; eh bien ! ce qui n'était peut-être qu'un éclair chez vous est continuel pour moi. Je vais mettre le temps à profit. Est-il une circonstance plus propre à la composition. L'âge des peintures délicieuses, dit Richerant, est la jeunesse ; plus tard, les idées s'obscurcissent, le coloris devient moins brillant, car la vie ressemble à une coupe d'eau limpide, qui se trouble à mesure qu'on la boit. »

IV.

En effet, les loisirs qu'il goûta dans cette retraite, ne restèrent pas sans fruits. Le printemps fut consacré à une nouvelle refonte de son poëme de *Victor* et *Amélie,* et il travailla beaucoup ensuite à sa Poétique Générale.

Voici, à ce sujet, un passage d'une de ses lettres, que j'ai lieu de croire qu'on ne lira pas sans plaisir :

« Je viens d'éprouver que quelques jours passés à la campagne rendent à l'homme ce repos de l'âme qui bientôt excite la rêverie et fait naître l'inspiration, mais que ce n'est qu'en y prolongeant son séjour qu'on devient capable de méditer sur des sujets graves. En arrivant ici, la nature était tout à mes yeux. Spectateur enchanté des merveilles des cieux et de la terre, la vie ne m'était représentée que par de beaux sites, par des plantes et par des animaux. Il me semblait avoir des sens nouveaux et plus subtils : j'étais tout entier aux impressions du dehors. Elles provoquèrent en moi l'inspiration, et j'esquissai les quatre chants de mon poëme. Ce fut en vain que je voulus interrompre cette verve de pensées, excitée par le spectacle de la nature, par des images chéries et de touchants souvenirs ; il me fut impossible de m'occuper à autre chose, et je ne songeai à ma poétique que pour mieux sentir combien la disposition d'esprit dans laquelle je me trouvais était peu propre à favoriser l'essor des idées qui s'y rapportent : mais il est des causes secrètes qui agissent à notre insçu sur nos déterminations. Soit la fatigue qui résulte d'une exaltation continue, soit lassitude des mêmes sensations, les objets extérieurs cessèrent d'agir sur moi avec autant d'énergie. Je commençai à me reployer sur moi-même : je devins moins contemplatif. Je reportai mes méditations sur ma poétique, et je fus agréablement surpris de me trouver autant de facilité pour ce genre de composition que pour l'autre.

» J'ai cherché à m'expliquer pourquoi il avait fallu qu'il s'écoulât plus d'un mois de mon séjour à Carcouet avant que je me sentisse disposé à passer du sujet léger et gracieux de *Victor* et *Amélie*, au sujet philosophique d'une théorie des beaux-arts; et voici, en thèse générale, ce qu'il me semble qu'on pourrait dire à cet égard.

» Il y a une grande différence entre le calme habituel d'un solitaire et le repos momentané d'un homme du monde. Ce dernier entre dans sa retraite l'esprit encore préoccupé de ses affaires, de ses craintes et de ses espérances; sa pensée obéit encore à l'impulsion qu'elle a reçue dans la société, comme le vaisseau marche encore lors même que le vent a cessé. Ce n'est que peu à peu qu'elle se calme et s'habitue à son nouvel état. Alors elle devient rêveuse, à la rêverie succède l'activité que provoquent de nouvelles sensations; il s'opère une intime et mystérieuse métamorphose et l'inspiration naît : néanmoins, cette inspiration ne peut être longue ni acquérir un degré d'intensité bien éminent, car sa force est le temps.

» Il n'en est pas ainsi d'un homme dont la solitude est continuelle, il sait que le temps est à lui; il attend le moment où sa pensée, lasse de rester passive, reprend d'elle-même son activité. Il est calme et silencieux comme le séjour qu'il habite : on dirait que, comme la nature, il ne produit qu'avec le repos et le temps. S'il n'a pas le brillant de la vivacité, il a la profondeur que donne la durée. Par elle, il découvre presque toujours des rapports nouveaux et creuse son sujet. »

Si cette observation, comme je le crois, est juste, on peut en conclure que, dans la contemplation, les sens charmés l'emportent sur l'âme; tandis, qu'au contraire,

dans la méditation, c'est l'âme qui l'emporte sur les sens ;
qu'un repos momentané, ravi à des occupations inquiètes
et nombreuses, peut n'être pas défavorable à l'inspiration,
et par conséquent à la poésie ; mais qu'une solitude
absolue convient aux ouvrages qui obligent à regarder
en soi et à méditer profondément.

V.

Richer ne bornait pas ses promenades aux lieux les
plus voisins de son habitation. Elles devenaient parfois
des excursions à une distance de trois et quatre lieues.
Il aimait à causer avec les paysans, à étudier leurs
usages, leurs mœurs, leurs préjugés ; ces remarques
donnaient lieu à quelques réflexions qu'il prenait plaisir
à me communiquer.

« Les paysans de notre île, vous le savez, sont d'une
ignorance profonde ; eh bien ! ce sont des aigles, en comparaison de ceux de ce département. Les nôtres, adonnés
à plusieurs genres d'occupations, comptant presque tous
des marins dans leur famille, sont modifiés par eux. Ils
ont de l'activité, de la souplesse, et commencent à
secouer le joug de certains préjugés ; tandis que ceux de
ces contrées, limités à un même cercle étroit de besoins
et de plaisirs, voient toutes les semaines de l'année
s'écouler comme la première. Le repos de l'esprit n'est
pas naturel : l'esprit, comme le corps, a besoin de mouvement ; quand il en manque, il retourne sur lui-même
des forces dont l'activité se serait répandue au-
dehors, c'est ce qui est arrivé à ces bonnes gens ; ils se
tourmentent par des préjugés et des superstitions, ils

voient partout des miracles et des sortiléges ; ils ressemblent en tout à nos bons aïeux du xv.ᵉ siècle.

» Je n'ose cependant pas trop dire qu'ils sont malheureux pour cela. La sage nature a tout compensé, et peut être qu'à le bien prendre, l'ignorance est plus heureuse que le savoir. Elle jouit du moins d'un bonheur négatif. Elle réfléchit peu et n'est jamais la proie de ces doutes qui rongent l'homme civilisé, toujours avide de prévoir les hasards de son existence. Tous ces sortiléges, ces enchantements, sont aux yeux de l'habitant de ces campagnes les opérations d'êtres en rapport avec ses besoins, ses joies ou ses peines, et ce n'est pas une médiocre jouissance pour lui de se voir ainsi entouré d'une nature mystérieuse toujours prête à le secourir ; si l'adversité le frappe, il s'en prend aussitôt à quelque agent extraordinaire, il se résigne et ne se dépite point, comme nous, contre les coups du sort. D'ailleurs la nature se revêt aussi à ses regards de couleurs variées, et les tableaux qu'elle lui présente, bien que grossiers pour nous, contribuent peut-être plus à sa félicité que les pâles esquisses de notre civilisation, où tout est désenchanté, parce qu'il n'y a plus d'illusions. »

VI.

Doué de cette promptitude de conception qui saisit et embrasse tout, de cette fécondité d'esprit que donne une riche imagination, Edouard avait été, ainsi que je l'ai dit, agité de bonne heure du désir de s'essayer dans divers genres, il avait beaucoup écrit, sans avoir encore rien osé publier, et voici comme dans une de ses lettres, il justifiait cet impatient besoin d'exercer sa plume.

» Je lisais dernièrement, et dans notre bon La Fontaine, je crois, que celui qui n'avait rien produit à vingt-cinq ans, ne produirait jamais rien de remarquable. Cette réflexion, à quelques rares exceptions près, est vraie ; d'autres écrivains l'ont faite et donnent pour raison que c'est dans la jeunesse que les facultés se développent avec plus d'énergie, que l'imagination a plus de vivacité et de force, et ce qui pourrait paraître un paradoxe, j'ajouterai que c'est à cette époque aussi que le jugement peut être le plus sain. En effet, le jugement étant une faculté morale qui tient à l'organisation de l'individu, il ne mûrit avec l'âge qu'en se mêlant plus ou moins aux préjugés du pays, aux opinions dominantes du siècle, tandis que, lorsqu'il commence à s'essayer, il est pur, rien d'étranger ne l'altère ; au surplus, si je me trompe sur ce point, au moins est-il incontestable que c'est dans la jeunesse que l'homme montre quelque supériorité. La pensée est alors en lui un tourment dont il ne trouve le remède qu'en écrivant ; mais cette surabondance de vie intellectuelle diminue à mesure qu'il vieillit ; et si, à vingt-cinq ans, il passe cette espèce de zône ardente sans rien produire, les inspirations qui lui surviennent ou ne sont plus assez fortes pour l'arracher à sa paresse habituelle, ou ne sont plus que de froides émanations d'un cerveau qui s'affaiblit. »

Nul doute qu'au printemps de la vie l'esprit ne soit plus actif, ne brille de plus d'enthousiasme et de force ; mais c'est cette même effervescence de la pensée qui nuit au jugement et qui fait que les essais d'un très-jeune homme se distinguent si rarement par le choix du sujet ou par la manière dont il est traité, et Richer lui-même va nous en offrir un exemple.

Son petit poëme de *Victor et Amélie*, imprimé en avril 1817, était son premier ouvrage de quelque importance; il en avait conçu le plan, alors que, plein d'amour et de poésie, bondissant comme un jeune chevreau parmi les rochers et les chênes verts de notre île, il voulut, pour soustraire sa pensée à la réalité d'un sentiment qui ne lui suffisait plus, se refugier dans l'idéal. Alors, lui apparut comme une vision ce personnage d'Amélie avec ses perfections, ses malheurs. Par le caractère de Victor, il voulut peindre la fragilité du cœur humain, les funestes effets de l'inconstance, et prouver que la gloire militaire elle-même n'est souvent qu'une illusion séduisante à laquelle on ne doit pas sans nécessité sacrifier le bonheur domestique.

Victor, le plus heureux des époux, se lasse de son hymen, et tout-à-coup transporté de l'amour des combats et de toutes les idées exaltées qui s'y rapportent, il abandonne son Amélie, son Amélie qui n'existe que pour lui et par lui. Il vole aux frontières, où, près d'expirer sur un champ de bataille, il n'échappe à la mort que pour souffrir les maux d'une affreuse captivité. La paix le rend à ses foyers, mais trop tard, il y retrouve Amélie consumée par le chagrin. Il la voit mourir; et, déchiré de remords, il veut la suivre au tombeau, mais il lui survit quelque temps, semblable à un fantôme, à ce mauvais esprit que représente l'Écriture, « portant au » hasard ses pas errants parmi les ruines et sur tous les » lieux élevés. »

Aucune sympathie ne s'éveille en faveur de ce personnage aux malheurs duquel son inconduite rend presque insensible. Tout l'intérêt est pour Amélie, qui, toujours aimante, toujours soumise et résignée, montre le véritable héroïsme de la femme, souffre et meurt sans le moindre murmure contre l'époux barbare qui l'a quittée.

Je fus du nombre des amis de l'auteur qui improuvèrent le plan de cet ouvrage, et lui objectèrent qu'il eût au moins dû se dispenser de faire mourir Amélie, qu'il eût suffi pour corriger Victor qu'il la revît mourante. Sa présence et son repentir en la rappelant à la vie, les eussent aussi tous deux rendus au bonheur. Il me répondit :

« Ce dénouement, j'en conviens, laisse un sentiment d'amertume dans l'âme du lecteur, mais c'est précisément ce que je voulais. Si l'on ne retrouve quelque chose de la douleur qu'elle a éprouvée, l'impression du malheur s'efface aussitôt. Quand, au contraire, les derniers traits de pinceaux sont l'expression la plus vive de l'infortune, la leçon devient plus forte et reste plus profondément gravée dans l'esprit. »

Toutefois , Richer avec beaucoup d'adresse et de goût a su voiler les défauts inhérents à son plan. Ses descriptions des plus beaux sites du pays qui l'a vu naître, sont pleines de vie et de mouvement, d'un coloris brillant et tout-à-fait local. Sa touche est légère et facile ; si parfois il manque de force, il exprime toujours avec vérité les sentiments les plus gracieux et les plus délicats. Plusieurs littérateurs distingués de la capitale, à la lecture de ce poëme et des poësies diverses qui sont à la suite , n'hésitèrent point à prononcer que cet ouvrage , quoique l'essai précoce d'un jeune homme, annonçait le talent le plus heureux et le plus flexible. Ce fut long-temps son écrit de prédilection , et il ne voulut jamais comprendre que le sujet par lui-même n'offrait pas assez d'intérêt à des lecteurs étrangers aux scènes de sa patrie et aux sentiments qui l'avaient ému.

Depuis, il le revit avec calme et sentit le besoin d'y faire des changements. En 1828, il le fit réimprimer dans le *Lycée Armoricain* avec des corrections et des additions qui, sans contredit , y ont ajouté quelques tableaux touchants et beaucoup de beaux vers , mais qui sont encore loin d'avoir fait disparaître les imperfections du plan et du sujet.

VII.

Sa santé paraissant s'être améliorée, il ne put résister au désir de revoir sa terre natale ; et , dans l'été de 1817 , il revint à Noirmoutier. Sa présence fut un jour de fête pour sa famille et ses amis , et nous rendit des plaisirs que nous croyions avoir perdus pour toujours. Nos promenades recommencèrent, avec elles nos entretiens et nos travaux sur la statistique de notre île, et ce fut au mois de juin de cette même année que Richer en écrivit l'article *Aspect pittoresque* ; mais notre joie fut de courte durée. L'automne de 1817 lui occasionna de nouveaux accès d'émopthysie , et nous eûmes la douleur de le voir encore s'éloigner de nous.

Les médecins jugèrent les progrès de sa maladie assez

inquiétants pour devoir lui interdire, non-seulement jusqu'au moindre séjour sur les bords de la mer, mais encore toute espèce de travaux d'esprit. Nulle prescription ne pouvait lui être plus douloureuse, aussi la lettre qu'il m'écrivit pour me l'annoncer était-elle empreinte des plus tristes pensées : ce n'était plus cette douce mélancolie qui n'aspire qu'à la solitude rêveuse de la campagne, ou qui en savoure tous les charmes, mais celle plus sombre qu'inspirent les souffrances physiques, celle qui prévoit, quoique sans le redouter, le sommeil prochain du tombeau. Il désirait encore revoir les champs, les ruisseaux et les bois, mais c'était pour leur dire un dernier adieu.

« Je ne forme plus qu'un vœu, me mandait-il, celui de mourir à la campagne, de terminer au sein de la nature le peu de jours qu'elle me destine peut-être encore. J'y relirai *Victor et Amélie.* Ce petit poëme, auquel j'ai consacré les plus belles et les plus heureuses années de mon existence, où je me suis tant complu à peindre plusieurs des sites de notre île, des impressions et des sentiments qu'ils ont éveillés en moi. J'emporte la consolation de l'avoir fait imprimer. Il est bien insuffisant, je le sais, pour me donner la moindre célébrité, mais il servira du moins à conserver ma mémoire dans le cœur de mes amis. »

Cependant sa débile organisation devait long-temps triompher des assauts réitérés de la cruelle maladie à laquelle il était en proie, et sa vie morale étant trop féconde et trop mobile pour qu'il lui fût possible de la contenir dans l'inactivité à laquelle les médecins l'avaient condamnée, aussitôt que sa santé sembla se rétablir, aucune considération ne put l'empêcher de reprendre ses habitudes et ses études.

Plusieurs écrivains en Europe, avaient entrepris de réfuter le système de Dupuis sur l'origine de tous les cultes ; mais les uns ne l'avaient combattu qu'à l'aide du raisonnement, d'autres avec des injures, aucun ne s'était servi des mêmes armes que lui, et n'avait essayé, en remontant à l'origine de la sphère, de prouver que les conséquences que l'on devait tirer de l'histoire du ciel étaient directement opposées à ce système.

Depuis long-temps Richer faisait une étude constante et approfondie de l'astronomie mythologique; encouragé par plusieurs personnes et surtout par des ecclésiastiques qui redoutaient encore la funeste influence de l'ouvrage de Dupuis sur la morale et la religion , il composa et publia son *Essai sur l'origine des constellations anciennes.*

Voici la lettre qu'il m'écrivit en m'en envoyant un exemplaire. Elle mérite d'autant plus d'être connue qu'elle répond à cette objection reproduite plusieurs fois « qu'il paraissait peu probable qu'on pût réfuter victorieusement un ouvrage aussi volumineux que celui de Dupuis par un mémoire de trente-six pages in-8.°»

« La plupart de nos erreurs, dit-il, ne sont qu'au point de départ. Les douze volumes de Dupuis sont le développement d'un principe, et ce principe peut être détruit dans une seule ligne.

» Sans doute , dans l'exposition de celui qui fait la

base de son ouvrage, Dupuis a pu avancer des faits incontestables, ce n'est pas la première fois que la vérité a servi à étayer l'erreur. Après vingt années de travail, peut être n'aurais-je pu parvenir à porter le flambeau de la critique dans ce dédale immense ; mais, après une lecture de l'*Origine des Cultes*, j'ai reconnu que l'hypothèse sur laquelle était fondé ce livre était fausse. Je l'ai démontré et par cela même toutes les conséquences sont combattues dans le principe.

» Dupuis admet que la sphère céleste a été tout entière inventée en Égypte, je prouve par les témoignages historiques, qu'elle appartient à différents peuples et à diverses époques. Il prétend que les personnages fabuleux ou sacrés ont été imaginés d'après les constellations. Je démontre, par l'antériorité de la mythologie sur la sphère, que celle-ci n'a fait que retracer ce qui existait avant elle. Si l'on me prouve que la sphère égyptienne a une antiquité de quinze mille ans (car il faut ce laps de temps pour mettre les fables d'accord avec les phénomènes célestes de cette époque), que la précession des équinoxes a changé et que le demi-dieu Hercule a été imaginé d'après une constellation nommée deux mille ans après lui, alors je ne pourrai rejeter les conséquences qui résulteront de ce principe ; mais, jusque-là, je m'en tiens au mémoire que je viens de publier sur ce sujet. Je maintiens qu'il est suffisant pour détruire les principes avancés par Dupuis, et je suis loin de penser que ce soit une raison valide, que de me dire que pour combattre Dupuis, je devais écrire autant de volumes que lui. »

Depuis, l'auteur a porté un jugement sévère sur cet

opuscule; il convient qu'il n'est que la réunion de quelques notes prises dans Bailly, Court-de-Gebelin et autres, que le style en est trop apprêté pour ces sortes de matières, et que la conclusion n'est qu'un lieu commun.

Toutefois, est-il certain que les explications empruntées du Zodiaque par Dupuis, laissent bien des questions sans réponse, et que si la brochure de Richer, en prouvant que la sphère appartient à des époques différentes ne détruit pas l'hypothèse de l'origine des cultes qui n'est fondée que sur une seule époque, au moins l'ébranle-t-elle. Visconti, d'ailleurs, avait déjà démontré que les zodiaques d'Esné et de Denderah, loin d'être des monuments égyptiens et d'avoir l'origine reculée que leur assigne Dupuis, sont l'ouvrage des Grecs, et ne datent que du siècle d'Auguste, et Champolion a reconnu aux inscriptions hiéroglyphique du Zodiaque de Denderah, que ce monument a été dédié sous le règne de l'empereur Commode, de l'an 180 à 192 de l'ère chrétienne.

VIII.

Vers ce temps, les dispositions favorables que lui témoigna un personnage éminent, dont j'ai déjà parlé, le plongèrent dans une agitation momentanée. Il avait fait hommage à M. Lally-Tolendal d'un exemplaire de *Victor et Amélie* et avait accompagné cet envoi de quelques lignes plus honnêtes que flatteuses. Quel fut son étonnement, lorsqu'il reçut la réponse suivante :

« J'ai reçu, mon jeune ami, l'exemplaire du poëme que
» vous avez eu la bonté de m'envoyer ; j'y ai acquis une
» nouvelle preuve des talents que j'avais déjà remarqués

» en vous; toutefois, en me complaisant à les reconnaî-
» tre, permettez-moi de vous dire que j'en regrette vi-
» vement l'emploi. La littérature est une bien douce
» distraction, mais à votre âge on est comptable de ses
» talents envers la patrie. On se doit plus à la société
» qu'à ses goûts. La diplomatie est une lice ouverte au
» mérite plutôt qu'à l'intrigue; confiez-vous à moi, em-
» brassez cette carrière honorable, et je suis persuadé que
» vous y ferez un chemin rapide, aussitôt que vous vous
» y serez fait connaître. Je puis disposer actuellement
» d'une place dans l'ambassade des Pays-Bas; rendez-
» vous à Paris ne craignez point les démarches, mon ami-
» tié saura vous les éviter. Je vous en conjure, ne sacrifiez
» pas une perspective brillante à un goût passager pour
» l'indépendance. Ces conseils, mon jeune ami, sont
» ceux de l'expérience, et ils sont dictés par l'intérêt que je
» vous porte. Je suis persuadé qu'en m'intéressant à vous,
» je ne ferai que rendre un juste hommage à votre mérite
» et à votre bonne conduite. »

Ainsi donc, il pouvait prendre place dans le monde
politique, et au lieu d'un littérateur, d'un philosophe religieux, en acceptant l'offre de M. Lally-Tolendal, il devenait peut-être un homme d'état. Cette lettre troubla son
repos, et il fut quelque temps incertain sur le parti qu'il
devait prendre. D'un côté, le désir de se rendre utile à la
société, d'y occuper un rang honorable, de se créer des
ressources pour l'avenir, les instances de sa famille, de
la plupart de ses amis qui le pressaient de ne pas rejeter
une proposition aussi avantageuse auraient pu le décider
à l'accepter; mais, d'un autre côté, sa santé pourrait-

elle suffire à des travaux obligés? Pour lui, aliéner son temps, n'était-ce pas aliéner sa vie? Plus de liberté, plus d'indépendance! Il fallait renoncer aux charmes de la campagne, à des études chéries pour se soumettre aux ordres et souvent aux caprices d'un chef qui croirait l'honorer d'une insolente faveur; il verrait s'écouler dans l'ennui des salons ou dans d'insipides occupations les plus beaux jours de sa jeunesse. Perdu au milieu d'un société aristocratique, abreuvé de dégoûts, il regretterait promptement la patrie absente et les bons cœurs qu'il y aurait laissés. Quel sacrifice! C'était celui de tout son bonheur! Comment en serait-il indemnisé? Par des honneurs? Ils ne sont que de la fumée! Par de l'argent? A quoi bon ce métal, quand on ne peut le dépenser suivant ses goûts!

Telles étaient les diverses pensées qui bouleversaient son esprit et qu'il me communiqua dans une lettre fort étendue. Il la terminait en me priant de lui transmettre mon avis le plus tôt possible.

J'avoue que, d'abord, je ne savais trop quel conseil je devais lui donner; non-seulement je ne voyais aucune incompatibilité, mais j'entrevoyais plus d'un rapport entre la diplomatie et la philosophie, entre les talents d'un secrétaire d'ambassade et ceux d'un homme de lettres. Suivant moi, le même amour de la vérité et de l'humanité devait les animer. D'ailleurs, Jean-Jacques Rousseau, le plus vrai et le plus indépendant des hommes, n'avait-il pas été secrétaire d'ambassade? Et, dans ce poste, n'avait-il pas su maintenir l'intégrité de son caractère et conserver sa plume vierge de toute servitude?

Il est probable que je me serais joint à ceux qui engageaient Richer à ne pas refuser M. Lally-Tollendal, si
l'état d'irrésolution dans lequel il se trouvait, n'avait eu
quelque chose de trop pénible, pour qu'il ne fût pas
impatient d'y mettre fin avant que mon avis lui parvînt.
Je reçus, le courrier suivant, copie de la réponse qu'il
venait de faire à M. Lally.

« Monsieur le comte,

» J'ai été vivement pénétré des témoignages d'intérêt
que vous daignez me montrer ; vous m'avez déjà prouvé
plusieurs fois que je devais tout attendre de votre amitié ;
cependant, j'étais loin de songer à une faveur aussi
grande, et ma surprise a été égale à ma reconnaissance.
C'est avec regret que je me vois dans l'impossibilité
d'accepter des offres aussi délicates que généreuses. Ma
santé est totalement dérangée. Depuis quelque temps, je
ne puis entreprendre aucun travail, et j'ai été même obligé
de me fixer dans une campagne des environs de Nantes,
où les médecins m'ont prescrit le régime le plus rigou-
reux. J'ose espérer que cette malheureuse circonstance
n'altérera en rien la bienveillance dont vous m'avez honoré jusqu'ici, et que vous resterez convaincu que si je
ne puis répondre à vos sollicitations, j'en garderai du
moins une éternelle reconnaissance. »

« Enfin, me disait-il, me voilà tranquille ; plus d'incertitudes ! plus d'insomnies ! J'ai répondu à M. de Lally.
Je colore mon refus d'un prétexte honnête ; j'allègue ma
mauvaise santé, et pourtant elle ne fut jamais meilleure
qu'à présent. Je lui fais, à la vérité, un mensonge, mais
quel autre moyen de me tirer de là ? Puis-je me flatter,
d'ailleurs, d'être long-temps bien portant. »

En effet, pour ne pas mentir, il ne lui eût suffi que de retarder sa réponse de quelques jours ; car sa maladie rompit la trêve qu'elle lui avait accordée, et lui fit éprouver de nouveau ses cruelles atteintes, au point que toute espèce d'étude lui fut encore interdite, comme un travail mortel, sous lequel son corps épuisé devait promptement succomber. A peine convalescent, il força ses médecins de capituler, et ils lui permirent d'employer seulement deux heures par jour à lire et à écrire.

Ces deux heures furent consacrées à la continuation de son *Essai Philosophique sur la Poétique Générale.*

« Je viens, m'écrivit-il, d'en faire une analyse de quelque étendue, qui a été communiquée à plusieurs personnes. Une d'elles, M. l'abbé V...y, vient de m'adresser une lettre fort polie, dans laquelle il me somme, *au nom du monde savant*, de livrer mon manuscrit à l'impression. Si je ne savais que quelques-uns de ces personnages sont assez ignorants pour être sincères, je supposerais qu'ils se moquent de moi. Un ouvrage, dans lequel j'ai entrepris de classer et de décrire les facultés morales et poétiques de l'homme, de déterminer ce qui se rapporte à chacune d'elles, demande à être mûri, approfondi ; aussi, je ne veux pas me presser de le publier. »

Et, comme s'il avait pressenti dès lors ce qui est arrivé, il ajoutait :

« Peut-être même est-il possible qu'il ne soit jamais publié ; car, plus j'avancerai dans la vie, plus mes connaissances et mon expérience me rendront sévère pour moi-même. Je me jugerai au-dessous de mon sujet, et j'y renoncerai, non toutefois sans avoir retiré de ce travail quelques avantages, puisqu'il aura contribué à mon instruction, et qu'au moins je pourrai l'employer ailleurs comme fragments. »

Voici, à propos de cette *Poétique Générale*, une anecdote qui prouve jusqu'à quel point il avait cette fierté d'âme qui se révolte à la moindre idée de faire de l'art d'écrire un talent mercantile. Il fit la rencontre à Nantes d'un de ces riches anglais qui courent l'Europe, cherchent à lier connaissance avec les savants, les hommes de lettres, et à se faire une réputation. Richer lui fit la lecture de l'analyse de cet ouvrage. Quel ne fut pas son étonnement, lorsqu'il entendit l'étranger le mettre à prix et témoigner le désir de se l'approprier, pour le publier dans sa langue et sous son nom.

« A cette proposition, dit-il, tout mon être se révolta, et j'accompagnai mon refus de quelques expressions si dures, que mon homme ne fut pas tenté de la renouveler. Moi, vendre le fruit de mes veilles! Moi, mettre sous le nom d'un autre ce que le cœur m'a dicté, ce que ma raison a jugé; enfin, ce qui a été chez moi un acte saint et sacré, un acte de ma conscience! Cette pensée me remplit d'une telle indignation, qu'à l'avenir j'éviterai soigneusement la présence de ce personnage. »

IX.

Il éprouva vivement de nouveau le désir de retourner à la campagne. C'est là, seulement, que, souverain d'un monde poétique qu'il colorait à son gré, il retrouvait l'atmosphère vitale dans laquelle il pouvait respirer. C'est là qu'il s'abandonnait sans réserve à ses goûts d'étude, d'imagination, que, ne s'environnant que d'images riantes, il échappait aux dégoûts qu'inspire nécessairement le séjour d'une ville où domine l'amour du gain. C'était cependant à l'entrée de l'hiver. Ses amis l'engageaient à attendre le printemps; rien ne put le retenir. Il se rendit à Orvault.

Il y fit choix d'une petite chambre assez proprement meublée; mais le propriétaire, à la fois le boucher, le boulanger, l'aubergiste et l'adjoint du maire de la commune, et qui, en conséquence, croyait devoir de grands ménagements à l'opinion des habitants, commença par demander à Richer quelle était sa religion, ajoutant aussitôt que, s'il était protestant, il ne pouvait être reçu dans sa maison, attendu que sa présence lui ferait un tort immense dans l'esprit de ses pratiques et de ses administrés. Richer répondit qu'il était bon catholique. Alors il fut bien accueilli : toutes les personnes de la maison le comblèrent de soins et d'attentions. Le dimanche et les fêtes il eut place à l'église dans le banc de la mairie, et on lui assigna un rang honorable dans les processions.

Il voulut d'abord mener à Orvault une vie purement oisive, une vie qui pût reposer son esprit et rafraîchir son sang; mais une semblable résolution était incompatible avec l'activité de son cerveau. L'instant où il s'efforçait le plus de modérer l'effervescence de sa pensée, était souvent celui où elle acquérait le plus d'énergie, et elle l'entraînait à de nouvelles méditations d'où il ne sortait que pour aller confier au papier les sentiments qui l'agitaient.

Quoique en automne, les beaux sites qui l'environnaient le ravirent d'admiration, et firent naître en lui, sur le genre descriptif, quelques réflexions qui, plus tard, devinrent les matériaux de la préface de son Voyage Pittoresque dans le département de la Loire-Inférieure, et en caractérisèrent les descriptions.

« Je m'enchante ici de ma propre joie, me mandait-il, c'est toujours pour moi un nouveau plaisir de parcourir le pays que j'habite! Que sera-ce dans les beaux jours du printemps, puisqu'il est encore si beau aux approches de l'hiver!

» Les masses granitiques accumulées dans le vallon, y resserrent parfois tellement les eaux du ruisseau, que, ne pouvant s'écouler entièrement, elles débordent, se répandent sur les prairies, et y forment une espèce de petit lac qui est actuellement couvert de canards sauvages. Ces oiseaux nichent dans les roseaux et les arbustes; et, de ma chambre, j'ai le plaisir de voir leurs évolutions, d'entendre les battements de leurs aîles qui annoncent la pluie. Dans les endroits, au contraire, où les collines sont assez écartées pour laisser au ruisseau un libre cours, ses eaux ne sont arrêtées que par quelques rochers isolés qui forment de petites cascades. Ses bords sont garnis de saules dont les branches souples et légères contrastent avec les troncs noueux et robustes des chênes et les branches horizontales des énormes châtaigniers qui croissent sur les flancs des côteaux.

» C'est du fond de cette vallée que le bourg apparaît comme placé sur un cône. Ses maisons rustiques et grisâtres, groupées autour de l'église, s'harmonisent par-

faitement avec les sommets des coteaux voisins couverts
de grands arbres. Son petit clocher et sa flèche qui semblent affronter les nuages, ajoutent au charme de ce
beau paysage. »

Les lettres qu'il m'écrivit à cette époque, sont remplies de descriptions et de peinture de tous les lieux
qu'il visitait ; mais, comme elles se retrouvent en grande
partie dans le *Voyage Pittoresque*, je ne citerai,
comme je viens de le faire, que celles qui n'y sont point
et qui me paraissent susceptibles de quelque intérêt.

« La pluie me retient aujourd'hui près de mon feu ;
mais je n'en jouis pas moins du spectacle de la campagne. De ma fenêtre, mes regards découvrent un paysage
immense et varié. Si l'aspect n'en est pas riant, il est
au moins imposant. Le vent se déploie dans toute sa
force ; il s'engouffre dans les vallons sinueux, s'étend
sur les étangs couverts de roseaux, siffle à travers les
branches desséchées des vieux arbres. J'aperçois d'ici
un pauvre voyageur cheminant péniblement sur un ter-
rain fangeux et glissant, et j'éprouve ce plaisir négatif, si
bien peint par Lucrèce. Les fatigues de ce pauvre pié-
ton me font mieux apprécier le bien-être que j'éprouve
en ce moment, où, bien abrité des intempéries de l'air,
je m'abandonne aux souvenirs du passé, aux espérances
de l'avenir et à toutes les illusions qui font si facilement vibrer les cordes du cœur.

» La nature n'a rien de repoussant dans un jour de
pluie ; la campagne est dépouillée, il est vrai, de sa
physionomie habituelle, les endroits obscurs, voilés par
d'épaisses et humides vapeurs s'enfoncent ou disparais-

sent à mes regards; ceux qui sont rapprochés de moi
s'agrandissent. Les lieux où le ruisseau est débordé,
ressemblent à de petites baies où mon œil trompé se
complait à deviner ou à créer les objets qu'il ne peut
découvrir. »

A peu de distance d'Orvault, on trouve des landes
qui semblent sans bornes et fatiguent l'œil par l'unifor-
mité de leur étendue. Richer aimait à les parcourir.

« Là, disait-il, aucun arbre: la bruyère est la seule
plante qui repose la vue. L'horizon seul sert de limites
à ce désert, et l'on n'y remarque aucune trace d'habitation. Eh bien! ce sol triste et abandonné a quelque
chose qui me plait. Cet infini terrestre me rappelle celui
que présente la mer sur la côte occidentale de notre
île, et dans lequel je prenais tant de plaisir à égarer ma
vue. J'éprouve je ne sais quelle satisfaction intérieure
et confuse de me voir seul être animé au milieu de ces
vastes et silencieux domaines de la stérilité. »

Le séjour d'Orvault améliora beaucoup sa santé. Il
s'y promenait autant que le temps le lui permettait et
travaillait moins qu'à Nantes.

« Enfin, l'inspiration me fuit tout à fait. Voilà dix-
sept jours que je suis ici, et, pendant ce laps de temps,
je me suis mis quinze fois à l'ouvrage sans pouvoir m'y
tenir dix minutes de suite. Je crois pouvoir attribuer un
tel effet à cette impatiente curiosité qui me porte à voir
tout ce qui m'environne et ne me laisse ni le temps ni
la faculté d'appesantir ma pensée sur d'autres objets.

» Mes promenades sont lointaines, je suis quelquefois un sentier détourné, sans autre intention que celle

de connaître le chemin qui va se présenter au détour prochain. Si j'aperçois une élévation, j'y cours pour contempler de là les collines éloignées, pour étendre encore mes regards sur les immenses plateaux des landes, pour jouir des teintes brillantes de l'horizon qui semble colorer les objets lointains, comme pour nous inviter à aller en avant dans l'espace, pendant que le temps nous emporte dans la vie. J'aime à me perdre dans des endroits infréquentés ; et, lorsque, pour retrouver ma route il me faut franchir des haies, sauter des ruisseaux, franchir d'épais taillis, j'éprouve un plaisir infini à surmonter tous ces obstacles. Il me semble alors mieux sentir mon existence, et je ressens dans cet exercice une énergie vitale que le travail du cabinet ne produit jamais.

» Ne croyez pas cependant que cette activité du corps empêche celle de la tête, elle l'excite au contraire ; et, dans mes courses, je suis assailli d'une foule d'idées que la réflexion n'a pas toujours le temps d'élaborer, que je ne fais aucun effort pour retenir, et qui se succèdent comme les vagues sur le rivage. Tout entier aux impressions du moment, que m'importe le souvenir, quand je ne cherche point des sujets de distraction dans le passé et que l'avenir me préoccupe encore moins. »

X.

Cependant, il ne tarda pas à éprouver, comme à Carcouet, que, quelque fût le charme sous lequel le retenaient les objets extérieurs, il devait momentanément faire place à des méditations d'un genre plus grave. Notre solitaire revint à sa poétique générale, et voici sur le goût quelques idées dont il eut le projet de faire un des chapitres de cet ouvrage :

« Je crois pouvoir démontrer que notre morale étant, non pas l'art d'assujétir nos actions à la règle absolue de la sagesse, mais bien celui d'accommoder notre conduite aux lois relatives de la société, le goût, ce tyran de notre imagination, s'introduit dans nos mœurs, les polit, les adoucit à la vérité, mais les met en quelque sorte à un même niveau, en sorte qu'il tend à représenter chacun de nous avec un masque de convention, et à lui faire perdre, au milieu de cette nature effacée, sa physionomie originale. La société gagne sans doute à cela, puisque le goût n'y offre que des lois agréables, des rapports calculés pour notre bien-être et nos jouissances ; mais nous perdons du côté du génie, ce que nous gagnons en urbanité et en politesse. La nature différencie les individus et les espèces ; la société, au contraire, jette tous les hommes dans un même moule : cela est plus conforme à notre faiblesse, à notre ignorance, et déroge à l'ordre général de la nature. Nos préjugés nous trompent tellement à cet égard, que nous admirons celui dont l'esprit est souvent le plus asservi par le goût du plus grand nombre, celui qui n'agit et ne pense plus par lui-même, tandis que nous deversons le ridicule et nous considérons comme un fou celui qui, sous le nom d'original, a conservé la marque distinctive de son être.

« Assez généralement on estime trop le goût ; on oublie qu'il n'est que juge et jamais créateur, qu'on devrait d'autant moins s'énorgueillir de cet instrument de convention, que le génie, presque toujours, n'a que de la simplicité et de la bonhomie. Un écolier quitte les bancs de son collége, et prononce, avec un sérieux risible que tel ouvrage manque de goût. Il croit ainsi, d'un seul mot, détruire l'effet d'un livre qui a demandé toute une vie de travaux et de réflexions.

« J'essaierai de prouver qu'on ne peut sentir le beau moral dans les arts qu'en s'en rapportant au sentiment. Le sentiment est universel, et conséquemment convient mieux dans le jugement des arts que le goût, puisque celui-ci diffère de siècle en siècle, de peuple à peuple. Le goût, pour être perfectionné, ne demande que de la pratique, tandis que le sentiment, au contraire, ne peut être exquis que chez les personnes douées d'une heureuse constitution. Les exemples, en ce genre, ne me manqueront pas. Je passerai en revue tous les grands écrivains tels que Homère, Shakespeare, Milton, etc. Je démontrerai que, s'ils étaient dénués de goût, ils n'ont pas moins, par leur génie, ébranlé toutes les fibres de notre organisation; tandis que les Longin, les Quintilien, les Rollin, les Batteux, n'ont rien produit et nous ont laissé froids comme la glace. Combien de gens qui n'étudient un ouvrage que d'après les règles du goût, se défient de leurs propres émotions ? Ils éprouvent du plaisir et craignent de le montrer, tandis qu'un enfant, docile à la voix du sentiment, manifeste aussitôt, ou par sa joie, ou par ses larmes, l'impression qu'il ressent à la lecture d'un livre qui l'intéresse. J'aurai toujours mauvaise opinion de celui qui ne se sert que de son goût;

ce sera pour moi la preuve de sa nullité. Il juge, en effet, d'après les règles, parce qu'il n'ose ou ne peut le faire par lui-même. Il n'approuve pas une chose, parce qu'elle est belle, mais parce qu'elle a été approuvée par d'autres. »

A l'appui de ces réflexions si judicieuses, j'ajouterai que, parmi les hommes de génie qui, dans notre patrie, ont porté le flambeau de la critique dans les beaux arts, Diderot est, sans contredit, au premier rang ; que cependant, Diderot avait bien moins de connaissance des chefs-d'œuvre de la Grèce et d'Italie et des règles du goût, que d'enthousiasme et de sentiment. Une nation chez laquelle les mœurs et l'état politique seront favorables aux arts et où le sentiment dominera davantage, sera celle qui aura le plus de goût ; mais comme c'est du mélange du goût acquis et du sentiment que doit résulter la perfection en ce genre, le peuple qui réunira ces deux qualités au plus haut degré, sera celui qui aura le goût le plus vrai et le plus pur.

XI.

Les personnes qui, à Nantes, regrettaient l'absence de Richer et ne concevaient pas, qu'en hiver il pût préférer la campagne à la ville, le pressaient instamment de revenir au milieu d'elles.

» Ils ne savent pas ces gens-là, me manda-t-il à cette occasion, ils ne savent pas que je ne fais rien par imitation ; que si je trouve du plaisir à faire une chose, dussè-je être le seul dans ce monde, j'agirai sans regarder comment se conduisent les autres. J'ai réfléchi long-temps sur ce goût de la solitude, qui est aussi ancien chez moi que la faculté de penser, je l'attribue à une vive passion pour l'étude; renfermé dans les colléges, n'y pouvant exercer ma curiosité au dehors, je m'étais jeté sur les livres. A seize ans, j'avais trouvé le moyen de me procurer et de lire tous les romans les plus connus. Il en résulta quelque chose de fort triste pour moi, c'est que, déjà, j'avais la connaissance d'un monde que je n'avais pas encore vu. J'étais, pour ainsi dire, détrompé des plaisirs que je n'avais pas goûtés; et, avec un cœur avide de jouir, je n'avais sous les yeux qu'un théâtre où tous les événements étaient prédits, toutes les distances calculées dans ma tête.

» Quelque accident imprévu vint-il dans la suite animer un peu cette existence anticipée, l'émotion que j'en ressentis n'eut plus pour moi cette primeur de jouissance qu'éprouve une âme neuve. Cette émotion avait quelque chose de faible, comme si ce n'eût été qu'un souvenir. Le monde social commença, dès-lors, à perdre pour moi la plus grande partie de ses attraits. Je voulus du nouveau, et, sentant que je ne pouvais le trouver que dans la nature, je me persuadai que l'histoire naturelle allait devenir cette fontaine de jouissances où ma soif d'instruction m'invitait à puiser; mais je m'aperçus bientôt que j'avais besoin d'émotions et non de définitions. Je laissai là les nomenclateurs, et je ne pris de la science que ce qui s'accordait avec mes idées, c'est-à-dire tout ce qui ne pouvait s'expliquer et, par conséquent, tout ce qui laissait un vaste champ à mon imagination.

» Voilà en deux mots l'histoire de mon goût pour la

campagne, où tous les objets que je vois parlent à mon cœur par des sensations jusqu'alors inconnues, à mon esprit par de nouvelles combinaisons d'images, à ma pensée enfin par des phénomènes encore inexpliqués dans le monde. Je rencontre peu d'hommes qui aient la tournure habituelle de mes idées. Je ne trouve que des contradicteurs dans ceux dont l'organisation diffère de la mienne, ou des approbateurs passifs parmi les personnes qui n'ont pas la force de penser par elles-mêmes. Cette alternative de ne rencontrer que des opposants ou des sots m'a dégoûté de la société. Rien de plus pénible pour moi, lorsque, échauffé par ma conviction morale, je laisse échapper quelque trait parti du fond de l'âme, je m'aperçois qu'on ne m'a pas compris, je me refroidis subitement; et, comme Verther, j'éprouve une sensation de dégoût, quand, au lieu d'une main dont l'étreinte réponde à la mienne, je ne tiens qu'une main de bois.

» Ajoutez à ces motifs qu'à la campagne, je ne suis jamais contrarié dans mon goût naturel pour l'indépendance. J'ai un tel sentiment de la liberté, qu'une visite à rendre, dès que je suis obligé de le faire, me gêne extrêmement. Ici, je me lève sans projets, je me promène sans dessein; j'éprouve quelquefois des mouvements de joie dont je ne suis pas maître. Je marche à grands pas comme pour répondre par un violent mouvement physique à la grande agitation de mon âme. Parfois je reste assis et comme immobile dans ma chaise, je me sens saisi d'une paresse de réflexion qu'il m'est impossible de vaincre. Les plus belles choses s'offriraient alors à mes regards qu'elles ne provoqueraient point ma pensée.

Tout entier au rêve dans lequel je suis plongé, je ne veux que respirer un air tout chargé de bonheur.

» De telles jouissances seraient bien arides pour beaucoup de personnes, et cependant ce sont les plus attrayantes pour moi. Qu'ai-je besoin d'autres ? N'existe-t-il pas en moi-même un foyer d'activité assez considérable pour animer toute la nature autour de moi ? Le temps s'écoule ainsi sans autre mesure que celle qu'apporte la succession rapide, mais inégale de mes rêveries. A la fin d'une journée passée de cette manière , il ne me semble pas que j'aye vécu. Je crois avoir fait un songe , mais un songe si heureux, que je ne demande au ciel que de m'endormir ainsi pour l'éternité. »

On attache aussi bien, dit Montaigne, toute la philosophie morale à une vie populaire et privée , qu'à une vie de plus riche étoffe. Chaque homme porte la forme entière de l'humaine condition.

Richer, pénétré de cette idée, avait déjà pris plaisir, à Carcouet, à étudier les mœurs des bons paysans au milieu desquels il vivait ; ceux d'Orvault devinrent aussi le sujet de quelques observations qu'il me communiqua.

« Si le paysan est ici plus loin qu'ailleurs de la civilisation, il est plus près de la simplicité et de la bonhomie des mœurs antiques ; il a encore le désintéressement de l'innocence et la pudeur des sentiments. Il est religieux et a conservé cette précieuse ignorance des mystères, qui lui procure dans cette vie la félicité céleste promise par J.-C. aux pauvres d'esprit ; elle couvre son existence d'un voile officieux et lui dérobe des vérités amères. Il ignore les faux plaisirs, ces plaisirs si féconds en funestes résultats, et ce qui peut être vaut mieux encore, le vide des illusions. Son pasteur vénérable est, après Dieu, celui qu'il honore le plus. Son église est pour lui la demeure du Tout-Puissant; et son cimetière, ce lieu terrible qui n'est pour l'athée que la voirie du néant, n'est pour lui qu'un lieu de repos, un lit de fougère qu'il contemple avec calme comme l'entrée d'un meilleur monde. »

Richer aimait parfois à s'asseoir aux foyers rustiques de ces bonnes gens et à leur raconter quelques histoires merveilleuses.

« Mais, ajoute-t-il, en ne les entretenant le plus souvent que des phénomènes les plus simples de la nature, je n'en captais pas moins toute leur attention. Mon hôte me demanda un jour ce que c'était qu'un philosophe. Je lui expliquai le plus clairement qu'il me fût possible. Il ne revenait pas de sa surprise. Il croyait avant ma définition qu'un philosophe avait le pouvoir de faire tomber la pluie, gronder le tonnerre, en un mot de changer les lois de la nature, et maintenant il trouve qu'il est plus facile d'être un philosophe que de parler latin comme M. le curé.

» Dans ces conversations naïves on peut faire d'excellentes études du cœur humain. J'ai trouvé chez ces gens grossiers un instinct de liberté qui ne dépend pas des institutions sociales. Il se manifeste surtout par l'espèce d'indignation qui s'allume dans leurs cœurs, lorsque je les entretiens des crimes atroces de certains rois ou empereurs, du sort malheureux des paysans esclaves de la Russie et de la Pologne. Il y a réellement chez eux de l'antique, et quelquefois une simplicité, une poésie homérique.

XII.

Encore à l'âge où l'âme indécise, en trouvant partout des émotions, se passionne tout-à-tour pour les unes et pour les autres, abandonne une illusion pour se livrer à une nouvelle chimère, renonce à une erreur pour recourir à ce qu'elle croit la vérité, Richer, tantôt inquiet sur sa santé, tantôt mécontent de ce qui existait autour de lui, poursuivait le bien-être partout où il croyait l'entrevoir. Aussi, après une ferme résolution de se fixer à la campagne, le voyait-on tout-à-coup retourner à la ville, et bientôt après revenir de la ville à la campagne. Il quitta Orvault avant d'y avoir vu renaître le printemps et reprit un appartement à Nantes; mais le dégoût et l'ennui ne tardèrent pas à l'y assaillir. Il y retrouva ces mêmes agitations, ces mêmes tracasseries qui déjà l'avaient disposé à s'en éloigner.

La société de plusieurs des personnes qui se disaient ses amis, n'avait plus le même attrait pour lui. Il recherchait moins les naturalistes sans en excepter le bon M. Waudouer, celui de tous qu'il affectionnait davantage. En effet, chacun d'eux, exclusivement occupé d'une seule branche d'histoire naturelle, la cultivait avec une disposition d'esprit totalement opposée à la sienne, se bornait à la connaissance des individus et négligeait celle de leurs rapports avec les autres classes des trois règnes. M. Waudouer, par exemple, se plaisait à l'étude approfondie des insectes, en scrutait la forme et les mœurs dans les détails les plus intimes; mais, observateur minutieux, circonscrit dans le cercle de sa science favorite, il ne voyait que le réel en tout, ne consultait que l'expérience, et, satisfait de ses observations, il dédaignait de les comparer entre elles, d'en saisir l'ensemble. Richer, au contraire, voyait les objets de très-haut et s'occupait beaucoup moins de les examiner en détail que dans leurs relations. Il aimait à rapprocher les différentes branches par des résumés, par des idées générales. Suivant lui, la partie de la science entomologique la plus longue à la vérité, mais la plus facile était la connaissance de l'individu et celle des rapports de l'insecte avec tout ce qui l'environne, plus compliquée et plus étendue, comportait un intérêt plus général. Une simple liste d'insectes pouvait devenir, pour un observateur instruit, un vaste sujet de méditations et le conduire à l'intelligence des plus belles harmonies de la nature. En un mot, il existait pour Richer une science des sciences, celle de leurs relations mutuelles, celle qui s'applique à tout ce qui embrasse le monde physique et intellectuel.

« Je compare, m'écrivait-il, le grand nombre des faits dont se compose la science de la nature à d'innombrables grains de sable dont la réunion formerait une belle colline. Ne vaut-il pas mieux, puisque, comme le dit Pope, la vie est si courte, qu'elle nous permet à peine de regarder autour de nous; ne vaut-il pas mieux, dis-je, se presser d'arriver au sommet de la colline pour promener de là ses regards sur l'ensemble de cet univers, que de rester à sa base et d'y consacrer son existence à ramasser péniblement une poignée de grains de sable ? Mais, objecterez-vous, en arrivant aussi vite, sans daigner remarquer ce que nous foulons aux pieds, ne courons-nous pas les risques d'arriver au sommet de la colline aussi ignorants que nous étions à sa base, et de prendre ensuite nos éblouissements pour des lueurs de la vérité ? Cela se peut, j'en conviens. Alors, je n'en aurai pas moins éprouvé des jouissances aussi pures que vives ; mon âme se sera ouverte aux vastes pensées, j'aurai puisé dans la contemplation de la nature en grand une nouvelle vie morale ; tandis que l'éplucheur de faits , toujours courbé vers la terre jusqu'à ce que le temps l'y engloutisse, sous la masse de tous ceux qu'il aura recueillis , n'aura pas une seule fois joui de ce coup-d'œil enchanteur, et se sera traîné sur les épines de la science pour m'en offrir les roses. »

XIII.

A peine eût-il passé dix à douze jours à Nantes , qu'il m'entretint du désir qu'il avait de retourner à Orvault. dix autres jours après il y était et me mandait :

« Trois semaines de séjour à Nantes ont détruit ce que deux mois de régime , d'exercice modéré et l'air le plus sain avait opéré à Orvault d'avantageux pour ma santé. M'y voici de retour, et probablement pour long-temps. »

« Jusqu'à l'entier rétablissement de ma santé, je renonce à ma Poétique Générale ; je ne veux plus m'en occuper, je ne veux que me reposer, lire, me promener et analyser dans les lettres que je vous écrirai les diverses sensations que j'éprouverai. Je me suis déjà si bien trouvé d'en avoir agi ainsi à la campagne, que je ne connais pas de bonheur plus vif. Je vais retrouver ici ce calme, cette insousiance animée, cet écoulement uniforme de mes jours, qui font seuls mon bien-être. Mes pensées désormais seront des événements ; ma vie entière se retracera à mon esprit sans ces erreurs d'optiques auxquelles l'amour-propre est si sujet. Je descendrai dans mon cœur, je l'interrogerai de bonne foi, il me répondra avec sincérité, car on ne cherche pas à s'en imposer dans la solitude ; et, en relisant chaque soir ce que j'aurai fait, je croirai certainement n'avoir pas perdu mon temps. Les gens imbus des préjugés de la société, ne manqueront pas de se moquer de cette vie inutile, que m'importe ! je crois mieux qu'eux suivre le but que nous indique la nature ; car la nature applaudit à notre activité, quand le principe de cette activité est en nous-mêmes, et non lorsque, semblables à des marionnettes, nous ne nous agitons que pour servir les passions d'autrui. Au surplus, je vivrai à ma manière, et, comme Werther, je dirai : N'est-il pas indifférent que je compte des pois ou des lentilles. »

Les altérations qu'avait éprouvées sa santé, les inquiétudes qu'elle lui donnait encore pour l'avenir, quelques-unes de ses affections blessées dans la société, lui inspirèrent alors une douce mélancolie qui s'harmonisa en quelque sorte avec les scènes de la nature, fit le charme de ses promenades et celui des lettres qu'il m'écrivit. Voici des fragments de celles qui m'ont paru les plus intéressantes et les mieux écrites :

1.ᵉʳ FRAGMENT.

« A me voir fuir, comme je le fais, tous les lieux habités, on me prendrait pour un misanthrope ; mais, si je fuis le séjour de l'homme, c'est moins par antipathie pour lui que pour ne pas laisser s'évaporer par la distraction le calme dont je commence à jouir ; c'est pour éviter d'être témoin de cette brusque gaieté des paysans, de cette gaieté qui annonce la confiance de la santé, une certitude de vie qui font un contraste trop douloureux avec l'espérance confuse et la jouissance encore incertaine de ma convalescence. Je dirige mes courses dans les lieux les plus infréquentés, l'étang désert entouré de joncs, la vallée inculte où la mousse remplace l'utile gramen, le taillis touffu placé sur le penchant des coteaux comme autant de bosquets abandonnés, le monticule isolé sur lequel la foudre a renversé le moulin que la superstition n'a plus osé relever, les landes, ces vastes et silencieux domaines de la stérilité ; tels sont les lieux les plus ordinaires de mes promenades. »

2.ᵉ FRAGMENT.

« Combien les sentiments moraux se développent plus librement en moi et se mettent facilement en harmonie avec les objets dont je suis entouré ! Je sens qu'il me faudrait, ou l'univers entier ou un désert, parce que les milieux ne peuvent me satisfaire. Les petites formes de la société sont autant d'entraves auxquelles je ne puis m'habituer. Ce n'est qu'à la campagne que je reprends mon indépendance originelle. Dans la foule, je ne suis

qu'un esclave attaché par des lois à des devoirs importuns. Dans la solitude, j'occupe ma place au milieu de la
création, je n'y suis plus l'un des innombrables membres
de la société , je suis un tout dans la nature , puisque
j'y suis seul. Je ne sais quel enthousiasme s'élève dans
mon âme, comme le dit Mme de Staël, je jouis des airs
comme l'oiseau , des ondes comme un chasseur altéré.
Ce n'est plus une frivole curiosité qu'excitent en moi
les merveilles de la nature. C'est une admiration dont
la source est intarissable. J'aime à rêver sur le bord de
la cascade retentissante. J'écoute avec ravissement le
vent qui siffle à travers le feuillage. Dans ces moments
de concentration en moi-même *Je me souviens.* Les
joies et les tristesses du passé , quelques faibles espérances de l'avenir font encore vibrer les cordes de mon
cœur , mais toutes ces pensées n'ont rien qui me fatigue ; le plus souvent elles sont vagues, incohé-
rentes et ressemblent à ce murmure confus du vent et
du ruisseau. »

3.e FRAGMENT.

« Que le soir d'un jour passé dans la solitude a de
calme ! Les événements paisibles de ma journée ne
se présentent à mon esprit qu'à travers le léger regret
que m'en laisse le souvenir et la douce perspective
du lendemain. Ils ont à mes yeux un charme bien plus
doux encore , s'il m'arrive de les comparer à ces vives
émotions, à ces secousses violentes auxquelles m'ex-
posait le séjour de la ville. Je n'ai plus à souffrir, me
dis-je , du spectacle des misères et des vains plaisirs du

monde. Je n'ai plus à supporter ces regards indifférents que je rencontrais parmi les hommes. Qu'est-il donc ce monde tant exalté ! L'intérêt personnel seul le gouverne. Cet intérêt, j'en conviens, est la garantie des existences individuelles, mais n'est-il pas en opposition constante avec les sacrifices de la vertu, avec les inspirations du génie, le désintéressement et la liberté de la conscience. Un sordide amour de nous-même est la base du contrat social. On ne veut obliger que pour être obligé, on ne veut donner que pour recevoir. Dans ce conflit d'actions calculées, l'hymen n'est plus formé par l'amour mais par la prudence ; la piété filiale n'est plus un culte du cœur, la vertu n'est plus une inspiration, l'amitié une sympathie, la reconnaissance un souvenir de l'âme ! Quoi, celui qui aura étudié et pu connaître les ressorts cachés qui font mouvoir une telle société donnera à son examen le nom de jugement, et il refusera cette qualité précieuse à l'homme qui se dégage de ce cercle étroit pour s'élancer dans un monde où tout est vrai d'une manière absolue et jamais relative, où tout prend un caractère auguste, celui de l'infini et de l'éternel. »

« J'ose l'affirmer, celui dont le cerveau n'embrasse que les idées relatives du monde social n'a que des vues rétrécies sur tout le reste. Les vastes pensées, les élans inspirateurs, ne sont point pour lui. Il ne connaîtra jamais les actes spontanés de cette vie libre qui fait de l'homme un être actif et non un automate accoutumé à ne voir que des actions qui découlent d'un principe connu. Il tremble aussitôt qu'il est jeté seul au milieu de la nature. Sa stupide ignorance n'ose même pas admirer, parce qu'il faut sentir pour cela. Il ne hasarde autour de lui qu'un regard troublé, et sa pensée timide ne se rassure que lorsqu'il aperçoit ses petites maisonnettes, ses champs cultivés, le théâtre habituel et uniforme de sa vie prosaïque. »

4.ᵉ FRAGMENT.

« Une chose à laquelle j'ai peine à habituer mon esprit, et qui fait mon tourment les jours où je sens plus vivement le besoin de solitude, c'est cette foule d'étrangers qui arrivent tous les jours dans l'auberge où je suis logé et qui la quittent pour ne plus la revoir. Déjà, plusieurs fois, j'ai été tenté d'aller habiter une autre maison, mais l'attachement sincère que me témoignent mes hôtes et la crainte de les désobliger m'y retiennent toujours. Cependant, il est des instants où je cherche à me distraire de ma mélancolie, et je me rapproche de ces espèces de connaissances d'un jour. Les conversations que j'ai quelquefois avec elles, me font sentir mieux que tous les livres de morale la rapidité de la vie et la vanité de ses plaisirs. Chacun me raconte son histoire. Je passe en revue toutes ces existences diverses. Elles paraissent et disparaissent sous mes yeux comme des ombres chinoises. Le lendemain, je me sens encore un faible reste d'intérêt pour le voyageur de la veille ; mais cette impression fugitive se dissipe promptement. Il me semble que j'assiste à la vie plus en spectateur qu'en acteur. Je me détache avec plus de facilité de ses agitations, et considérant que

c'est presque toujours une chimère qui encourage les
hommes à en parcourir les sentiers, un espoir trompeur qui les soutient, un fol amour de la nouveauté qui
leur persuade que l'avenir n'aura pas la monotonie du
passé, je me dis amèrement comme Sophocle : «Qu'est-
ce qu'un jour ajouté à un autre pour reculer l'instant
de la mort peut apporter de bonheur ! »

5.ᵉ FRAGMENT.

« Je viens de visiter, pour la deuxième fois, le château de la Gacherie. Long-temps habité par la reine de
Navarre, sœur de François I.ᵉʳ, et auteur de ces contes
libres restés à la littérature ; placé sur les bords d'une
rivière paisible et environné de grands arbres, ce château par sa situation me plaît beaucoup. Le silence qui
l'environne est en harmonie avec l'état de mon âme. Je
me souviens des sensations que j'éprouvai lorsque je le
parcourus pour la première fois. Je marchais lentement
dans ses allées désertes ; je prêtais l'oreille au bruit du
vent dans le feuillage, au murmure de la vague qui se
brisait contre les rochers. Je savais qu'aucune créature
humaine ne viendrait me troubler dans cette solitude,
et une sorte de mouvement de joie précipitait les battements de mon cœur. En visitant le château, en traver-
sant ses corridors abandonnés qui répétaient sour-
dement le bruit de mes pas, j'étais assailli de pensées
graves. J'étais tenté de demander à ces murs antiques de
quels mystères ils avaient été les témoins. J'observais le
beffroi solitaire, cette horloge muette qu'il renferme
encore et qui n'est plus maintenant l'écho du temps. Je

lui comparais ce vieux château lui-même contemporain d'un autre siècle si différent du nôtre. Il ressemble , disais-je , à ce cadran dont l'aiguille sans mouvement est restée fixée à l'heure de la mort de son antique possesseur. »

VI.ᵉ FRAGMENT.

« Depuis que je possède un peu d'astronomie, je sens , de plus en plus, que la manière dont Bailly a traité cette science est celle qui me convient davantage. Les calculs mathématiques, dont je ne conteste pas l'utilité, loin de servir ma pensée, la privent de ce mouvement spontané qui fait sa vie. Rien ne semble aussi petit que de considérer l'univers comme une mécanique et de ne s'avancer dans l'espace infini des mondes qu'escorté de masses pesées, de distances calculées. Ce genre d'études peut avoir quelque attrait pour ceux qui aiment à retrouver, dans le ciel, les résultats que présentent leurs chiffres. Pour moi, j'aime à m'y perdre. J'aime à voir ces globes sans nombre parcourir leurs routes d'après les lois que leur a assignées le Créateur! Ma pensée s'y élance tout entière, et par sa seule énergie y découvre un champ sans limites. Non - seulement l'inconcevable grandeur, la distance, la multitude des corps célestes, la rapidité et la régularité de leurs mouvements mettent en jeu toutes les puissances de mon imagination ; mais je les peuple, j'y reproduis les phénomènes de la vie avec des formes et des modes d'intelligence, différents de ceux de notre monde. J'en fais le théâtre d'événements dont l'origine, la durée et les causes n'ont rien de commun avec ceux qui se passent ici-bas. Bientôt, franchissant les bornes de notre propre système solaire, je vois dans chaque étoile qui scintille le feu central d'un nouveau groupe de planètes, et j'en décris des milliers jusqu'à ce qu'enfin, épuisée par ses efforts, ma pensée s'anéantisse dans l'immensité et la magnificence de la création.

» Telles sont les impressions que j'ai éprouvées hier au soir encore. Jamais, à mes yeux, la voûte céleste n'avait brillé d'un plus bel éclat. En la contemplant sur un des coteaux les plus élevés des environs d'Orvault, je m'abandonnai, sans réserve, à toutes les idées sublimes que ce spectacle excite ordinairement en moi, et il m'éleva si fort au-dessus de notre terre, que je ne m'y suis retrouvé qu'avec une espèce de dédain. Est-il possible, en effet, de s'égarer au milieu de tant de merveilles où tout est ordre, harmonie, et ne pas sourire de pitié en voyant notre monde social, où tout n'est que désordre et confusion ?

VII.ᵉ FRAGMENT.

« J'ai parfois réfléchi à l'espèce de bonheur que les hommes attribuent à la solitude ; habitués à ne voir qu'un côté relatif à chaque chose, ils ne trouvent qu'un plaisir négatif à ce délicieux amour de la retraite. C'est, suivant eux, l'apanage des *sages* ou des *vieillards*. C'est un état de repos qui succède à un état de trouble, et dont le charme est en raison des agitations qui l'ont précédé. Cela peut être vrai, même pour le plus grand nombre. Beaucoup de personnes, abandonnées de leurs semblables, trompées dans leurs espérances, blasées sur la vie et dégoûtées du passé, cherchent, par la retraite, à se soustraire à l'empire du temps, au pouvoir des choses; mais cet isolement est-il un plaisir pour elles? Non, sans doute. Le bonheur que leur offre la solitude n'est que l'absence de la peine, tout leur bien-être est de ne plus souffrir. Le souvenir du passé qu'elles repoussent en vain revient souvent encore empoisonner le présent, leur cœur désenchanté ne bat plus avec transport, l'enthousiasme n'anime plus leur pensée; elles n'accueillent plus avec empressement les promesses de l'avenir.

» Tel n'est point le genre de bonheur que goûte, dans la retraite, celui dont le cœur, vierge encore à la vie, recherche la solitude, par choix, pour se débarrasser de la gêne des formes sociales, pour s'épancher librement et s'identifier avec la nature. La religion, l'amour, l'enthousiasme, deviennent la nourriture habituelle de son âme ardente. Jeune à la fois de jours et d'expérience, il marche avec confiance dans l'avenir, son imagination n'enfante que des idées riantes; tout, pour lui, devient poësie dans l'univers. Il est tout entier dans l'idéal; une sorte de bonheur céleste précipite son sang dans ses veines. La nature muette et insensible pour tant d'autres a, pour lui, un langage qu'il sait entendre. Son sein se dilate à la vue de l'espace immense des mers, du vaste horizon des montagnes; il jouit des parfums du printemps, comme un amant qui croit respirer l'air dont sa maîtresse est environnée. Le nuage qui vole, le torrent qui gronde, le vent même qui siffle dans le désert, tout, dans les lieux qu'il parcourt, répond aux élans spontanés de son cœur. Ah! laissez-le nager à son aise dans cette atmosphère magique qui l'environne, et gardez-vous d'altérer de si douces impressions.

» Reparaît-il au sein de la société, il y rapporte sa fierté originelle ; il n'a point appris à baisser ses regards devant ceux d'un homme. Il ne voit que des égaux ; et, loin de flatter la puissance, si elle est injuste, il la brave au fond de son cœur. Son talent ne se cache point, parce que sa modestie n'a point dégénéré en fausseté et en hypocrisie. Sa dignité est simple, parce qu'elle est naturelle et que la morgue ne se rencontre que chez les esclaves ; tel est le portrait du solitaire qui recherche la retraite par goût et non par besoin. N'est-ce pas un peu le mien ? Vous me connaissez, je vous laisse à penser jusqu'à quel point il peut m'être appliqué. »

XIV.

Un goût aussi prononcé pour la retraite, et exprimé avec une conviction aussi profonde, ne devait-il pas sembler durable ? Pouvais-je penser que, presque aussitôt après avoir tracé ces dernières lignes, Richer allait encore abandonner la campagne pour retourner à la ville ? Mais, comment l'homme, sans cesse à la poursuite d'un fantôme de bonheur qui s'enfuit, ballotté sans fin au gré de ses illusions et de ses désirs, ne serait-il pas le jouet de l'inconstance ? La vie de Richer était l'image de son caractère ; plein de bonne foi et de mobilité, il passait promptement d'une idée à une autre ; cependant, toujours pour revenir avec plus d'ardeur à celles qui le maîtrisaient davantage : de ce nombre était l'amour des champs. C'était en lui un sentiment inné, expansif, qui se mêlait à tout, s'insinuait partout, et que le moindre séjour dans les villes ne faisait qu'accroître ; à peine y avait-il passé quelques jours sombres ou agités, qu'il rêvait aussitôt la campagne, la liberté, les délices de la solitude ; et c'était là, seulement, que renaissait en lui tout ce qu'il y avait de plus pur et de plus immatériel. Voici, d'ailleurs, comment il s'expliquait lui-même sur ce que des résolutions aussi contraires paraissaient avoir de surprenant.

« Deux mois de calme et de bonheur n'ont pu suffire pour me retenir davantage à Orvault ; et, le croirez-vous, je suis à Nantes depuis deux jours? Mais il est en moi deux sentiments opposés qui se combattent sans cesse : l'amour du repos et l'amour de la nouveauté. Le premier s'empare de moi au moment même où je ne puis le satisfaire ; car le repos est toujours plus séduisant en perspective qu'en réalité. A peine commençons-nous à en goûter le charme, que notre âme, avide de mouvement, s'élance en espérance vers de nouveaux lieux, vers de nouveaux objets. Dans la retraite la plus silencieuse notre imagination poursuit les scènes orageuses de la vie ; et, dans l'agitation et le trouble des événements, nous regrettons la paix de la solitude. Toujours emporté loin du présent, l'homme étend ses vues dans l'avenir ; et ses pieds dédaigneux écrasent les fleurs de sa vie, à mesure qu'elles naissent sous ses pas. Je suis plus que tout autre dans cette existence variable. Les objets n'ont d'attraits pour moi qu'autant qu'ils sont placés dans une espèce de lointain vaporeux, qui permet à mon imagination de s'égarer au-delà des distances calculées et des contours précis. »

« Je suis d'ailleurs dans une situation physique, telle
que chaque portion du temps me modifie continuellement
et m'amène à changer de demeure. Aussi, dans chaque
endroit que j'habite, suis-je moins regardé comme un
hôte que comme un voyageur. Le peu de jours que j'y
passe sont souvent employés en visites d'arrivée ou d'a-
dieux. Un tel genre de vie émousse chez moi cette force
d'habitude qui nous attache aux lieux et aux personnes.
Je me regarde presque isolé dans le monde, semblable
à l'oiseau passager qui n'a point de patrie, mais seulement un gîte pour chaque saison. »

Il avouait que les premiers jours, quelquefois même
les premières semaines qu'il passait à Nantes, étaient
loin de lui être désagréables. Il revoyait d'anciens amis,
apprenait d'eux quelques nouvelles relatives aux sciences,
allait à la Biblothèque parcourir les ouvrages qu'il avait
besoin de consulter. Alors, son âme expansive ne songeait qu'à se prodiguer. Il recherchait la conversation
des hommes instruits, paraissait heureux d'en rencontrer
qui pussent l'entendre, et n'était pas étranger au désir
de se faire valoir. « Quand on a quelque talent, disait-il,
» la modestie n'est plus qu'une fausse vertu ; il ne faut
» pas écraser les autres de l'espèce de supériorité qu'il
» donne, mais on ne doit pas non plus trop s'humilier
» devant eux ; car ils ne sont que trop bien disposés à
» vous prendre au mot. »

Toutefois, il est fâcheux de le dire, si la société en
général est fondée sur l'intérêt, la science l'est presque
toujours sur l'amour-propre. La plupart des savants et
des hommes de lettres conversent moins pour s'instruire

réciproquement que pour étaler et faire prévaloir leurs opinions.

Le langage de Richer était loin de toute prétention affectée ; mais le sentiment de sa conviction, sa manière de s'exprimer, toujours vive, franche et hardie, lui suscitaient des discussions fort animées qui le fatiguaient, lui inspiraient le dégoût de ces sortes d'entretien, lorsque surtout elles faisaient renaître des inquiétudes pour sa santé ; et c'est dans de tels moments que le désir de se soustraire à ces agitations le rappelait à la campagne.

XV.

Vingt jours s'étaient à peine écoulés, depuis qu'il avait quitté Orvault, qu'il m'écrivit :

« Je retourne encore aux champs, je suis harassé, ennuyé à l'excès de la ville et des tracasseries de la société. Tant de sujets de distractions ont fait couler mon sang avec inégalité dans mes veines ; j'ai soif de paix et de solitude. Qu'ai-je besoin de vivre dans les autres ? Ne puis-je me suffire à moi-même, n'ai-je pas en moi un monde idéal qui supplée à celui que j'ai sous les yeux ? D'ailleurs, ne puis-je, du fond de ma retraite, contempler dans le calme le monde naturel, cette vaste Babel et ses vanités, sans m'exposer au contact de la foule qui s'y agite ? Je n'y fais rien, je n'y dis rien qui ne soit aussitôt jugé d'après les sottes conventions, les règles arbitraires de l'instrument servile qu'ils appelent *goût*. Je retourne à la campagne. La nature muette et insensible a plus de charmes pour moi que ces êtres qui veulent peser les élans du cœur, apprécier les méditations les plus graves

avec leur petit étalon moral. Toute mon âme est en disso-
nance avec la leur. Vous me conseillâtes un jour d'aller
à Paris, vous y trouverez, me disiez-vous, des hommes
organisés comme vous, et dont la société pourra
contribuer à votre bonheur. Hélas ! quelle erreur est
la vôtre, mon cher Monsieur ; à Paris, comme ailleurs,
je trouverai des protecteurs orgueilleux parmi les grands,
des rivaux envieux parmi ceux qui cultivent les lettres ;
j'y trouverai des hommes qui ne s'agitent que pour obtenir de la fortune ou des honneurs. Aveuglés dès leur
naissance par de nombreux préjugés, ils se moqueraient
du naturel de mes idées, ils me plaindraient de ne pas
courir après leurs misérables fantômes, et ne pourraient
concevoir dans la pratique de ma vie des sentiments qui,
suivant eux, sont tout au plus bons à reléguer dans la
poudre des bibliothèques. Pour me mettre à leur niveau,
il faudrait me dépouiller de tout ce qui fait ma gloire
et ma félicité, de la franchise de mon caractère, de la
fierté de mes pensées et de l'indépendance de mes goûts !
Non, non, jamais ! Je pars demain pour la campage, j'y
emporte l'admirable ouvrage de M. Huber sur les fourmis, et les fourmis sont cent fois plus sages que tels et
tels hommes que nous connaissons. »

Arrivé à Orvault, qu'il appelait sa *vallée d'or*, il ajoute :

« Trop souvent séduit par de fausses lueurs que je
vois briller au loin et toujours se décolorer, quand j'en
approche, je leur avais de nouveau sacrifié mon repos
et ma santé. Désabusé par la triste expérience, me voici
rendu à mes occupations et à mes promenades cham-
pêtres, décidé à couler doucement mes jours dans une

indifférence parfaite pour le monde, à parcourir les bois, les vallées, à ne rechercher que ce qui m'attire et à éviter tout ce qui me repousse. Hors de là tout est trouble à mes yeux, et je veux désormais abandonner ma nacelle au courant de la vie, sans m'embarasser du lieu où elle ira aborder. »

XVI.

La solitude et les occupations qu'il s'était créées à la campagne, devenaient pour lui de jour en jour de douces habitudes, et son esprit captif semblait ne pouvoir de long-temps se détacher de ces lieux ; mais, au nombre des souvenirs qui retentissaient plus vivement dans son cœur et en faisaient vibrer les cordes les plus sensibles, était toujours celui de son pays. Lorsque de beaux jours et de moindres inquiétudes pour sa santé réveillaient son amour du sol natal, il résistait difficilement au désir de venir passer une semaine au sein de sa famille. Ces visites, quoique fort éloignées les unes des autres, en apaisant cette fièvre d'absence qui le dévorait, suffisaient si peu pour la détruire qu'à peine de retour chez lui, il ne l'éprouvait pas moins vivement. Ce fut dans un de ces voyages qu'il fit à Noirmoutier vers le milieu de 1818, qu'il eut occasion de se convaincre que son cœur, désabusé de tout, ne l'était pas encore de l'amour.

Il s'était chargé de reconduire à sa pension une de ses parentes, jeune et jolie personne, d'un naturel fort séduisant. Dans le trajet par terre jusqu'à Nantes, seul avec elle dans une voiture, suivant avec ravissement les naïves émotions de cette âme candide qui semblait s'élancer à la sienne par les plus petites choses, en fallait il davantage pour exalter son imagination, pour colorer et empreindre d'un nouveau charme toutes ses pensées ? Il s'enivra de l'amour le plus passionné qu'il eût encore ressenti, d'un amour qui réunit bientôt à lui seul toutes les affections tendres et pures que le ciel avait mises dans son cœur.

Il était naturel que Mlle P.... parût se plaire avec lui. Les soins et les attentions qu'elle lui témoignait n'étaient sans doute que de l'amitié, mais cette amitié lui parut si franche, si vive qu'il osa penser qu'elle pourrait se convertir en un sentiment plus tendre. Dès ce moment mille images charmantes l'entourent. Une existence dévouée semble tout à coup succéder à sa vie solitaire. Il se plaît à songer que ses jours seront embellis par une compagne douce et aimable qui lui donnera le bonheur, tous les biens de la vie, la santé même. Il ne rêve plus qu'au moyen de l'obtenir, et le célibat qu'il avait jusqu'alors considéré comme la garantie de son indépendance, la sauve-garde de sa liberté, n'est plus pour lui qu'un isolement du cœur. Il ne se sépara de Mlle P... que pour la revoir et puiser dans ses yeux de nouveaux accès de délire. Cette passion opéra toute une révolution dans ses idées, l'agita avec la fougue d'un ouragan, enflamma son sang, fit bouillonner son cerveau et ne lui laissa plus qu'une pensée, celle de devenir l'époux de Mlle P....

Il m'écrivit alors quelques lettres dans lesquelles se réfléchissait tout le feu dont il était embrasé, et où il exprima avec toute l'éloquence du cœur les pensées ardentes et mobiles, les désirs, les illusions, les espérances, les craintes et les inquiétudes que lui suggéra cette passion. Je regrette de n'avoir pu les conserver, mais il me les redemanda, et je dus les lui rendre. Il ne m'est resté que le fragment suivant de l'une d'elles ; encore ne puis-je me rappeler quels motifs me déterminèrent à le copier et à le garder.

« Qu'est devenu ce calme de ma solitude, ce repos délicieux que je goûtais aux champs, ce repos cent fois plus doux que le sommeil, et dans lequel les paisibles événements de ma journée se présentaient si agréablement à mon esprit. Combien alors j'aurais désiré pouvoir ralentir la course de ma vie. Aujourd'hui elle roule et se précipite avec la vitesse irrégulière d'un torrent. Je dévore le présent.... Hélas ! il me dévore plus encore et use les ressorts déjà trop faibles de ma frêle machine. Ah ! que ne puis-je effacer de ma mémoire quelques heures d'existence ! Que ne puis-je oublier les rapides instants de ce voyage qui a porté le trouble dans mon âme ; mais non ! de semblables moments laissent plus de souvenirs qu'une vie entière. Je la vois encore brillante d'attraits, simple et naïve, souriant à mes discours, répondant à mes caresses par les caresses les plus innocentes. De tels souvenirs ne se perdent jamais. Ils répandront long-temps un charme délicieux sur ma vie, et je ne le prévois que trop, ils en feront aussi le tourment. Je poursuis une félicité chimérique que je n'atteindrai jamais. Jusqu'ici je puis la voir, lui parler, mais ce bonheur peut-il me suffire ? Non. Je me décide donc à retourner à Noirmoutier ; là je prendrai vos avis, ceux des personnes de ma famille qui me montrent le plus d'attachement ; il me tarde de savoir ce que je puis espérer, etc. »

Il pressentait avec raison que le plus grand obstacle à son union avec Mlle P...... serait le défaut d'un état. Il songea à en prendre un. Il crut pouvoir renoncer tout-à-coup à ses goûts simples et paisibles, et les sacrifier à une félicité qui lui semblait plus parfaite ; mais avant tout il revint à Noirmoutier. Là je lui fis sentir que sa résolution d'exercer un emploi ne pourrait longtemps tenir contre un travail pour ainsi dire mécanique, qui, revenant sans cesse le même, allait brider jusqu'aux moindres de ses désirs et lui rendre, de jour en jour, le fardeau de la dépendance plus pesant ; qu'en admettant qu'il eût d'abord le courage de le supporter, il était douteux que ce fût pour long-temps, parce que sa mauvaise santé s'y opposerait. A ces difficultés j'ajoutai celles qui résultaient du changement de ses habitudes, de la nécessité de vivre à Noirmoutier dont l'air, prétendait-on toujours, lui était tout-à-fait contraire, ou à Nantes, dont il aimait si peu le tumulte, de la médiocrité de sa fortune, et enfin des formalités longues et dispendieuses qu'exigeait le degré de parenté existant entre lui et sa nièce. Tant de motifs l'ébranlèrent, et comme, selon qu'il l'a dit lui-même quelque part : « Quand on aime véritablement, on ne veut pas recevoir le bonheur sans le donner » ; il se vit obligé de renoncer à l'accomplissement de ses vœux les plus chers. Mais, si l'espérance l'abandonna, l'amour ne lâcha pas aussi facilement sa proie, et le trait, plutôt brisé qu'arraché, resta dans la blessure.

Sa fierté se révolta contre une destinée aussi contraire. Privé de mobile et d'excitation, sa vie devint languissante. Il éprouva une lassitude morale qui le rendit incapable de quoi que ce soit. Il alla chercher quelques distractions dans un voyage en Bretagne. Ce fut en vain que, dans cette excursion rapide, il essaya de combler le vide qu'il sentait au fond de son cœur, ses regards distraits n'effleuraient qu'à peine les hommes et les objets. Une seule pensée continuait d'errer sur son âme comme l'éclair sur le flanc du nuage.

XVII.

Enfin, épuisé de fatigues et d'espérances toujours décevantes, il revint à Orvault, où, jetant autour de lui des regards de regret et de douleur, il n'éprouva que du dégoût pour tout ce qui l'environnait. Succombant sous le fardeau des tristes réalités qui l'accablaient, il était sans sympathie pour tout ce qui avait habitude de l'émouvoir. Les beautés de la nature étaient sans charmes à ses yeux, et le découragement allait s'emparer de lui, lorsqu'enfin la poésie, cette sirène enchanteresse, vint faire briller de nouveau son prisme à ses yeux et le rappeler à elle.

Ici laissons-le parler lui-même :

« Depuis quelques jours je me demande ce que je puis désirer encore. J'ai essayé de tout sans avoir pu me prendre à quelque chose. Mon cœur a éprouvé toutes les émotions ; mon âme s'est abandonnée à tous les sen-

ments ; mon esprit a joui de toutes les illusions du savoir ; dans l'espace de cinq années, j'ai rassemblé les
événements de toute une vie. Les jours de la jeunesse
durent encore pour moi ; mais les jours de bonheur se-
raient-ils donc passés ? Le temps les aurait-il déjà tous
dévorés ? Non ! non ! un rayon de lumière vient de dissiper les ténèbres qui régnaient autour de moi. Une
voix intérieure me crie : Reviens à la nature, reviens
à la poésie : toutes deux te rendront ces plaisirs si
purs que t'offraient jadis la fleur champêtre, le rocher
solitaire et tous les objets en apparence les plus vulgaires. Reviens à la poésie, elle excita les premiers
battements de ton cœur. Oublie tout pour elle, ne crois
plus qu'elle ; hélas ! les illusions sont, dans le monde
moral, ce que les vapeurs de l'atmosphère sont pour le
monde physique ; c'est à travers le voile épais de celles-
ci que les rayons brisés de l'astre du jour répandent
sur les objets environnants les teintes les plus douces
et les plus variées. Le bonheur n'est que dans les célestes émotions de la poésie. Rappelle-toi ces jours où,
plein de vie et d'ardeur, errant sur la rive des mers et
transporté par une inspiration soudaine, elle vivifiait
toutes tes pensées. La vois-tu encore remplie de grandeur et d'éclat, l'entends-tu te dire : c'est moi qui t'ai
fait retrouver dans la nature cette fraîcheur de sentiments, ces harmonies ravissantes que l'étude des vaine s
sciences avait détruites. C'est moi qui t'ai fait aimer la
forêt silencieuse et le désert lui-même dans sa nudité
sur les rivages de l'Océan ; j'ai rempli ton cœur de
vastes pensées, quand, dans le fond de la vallée paisible ,

tu considérais le toît de chaume à demi-caché par l'ombrage, je t'ai fait soupirer pour le repos et l'obscurité. Viens encore à moi : je t'accompagnerai dans tes courses vagabondes, je colorerai à tes regards la lande inculte, l'aride rocher ; tes jours s'écouleront dans un enchantement perpétuel, et tu n'auras besoin pour être heureux que d'oublier les hommes et leurs préjugés.

» Ce langage a retenti au fond de mon âme. C'en est fait ; je vais me remettre à la poésie ; les livres et les hommes ne m'ont enseigné que des opinions ; je ne veux plus admettre dans mes ouvrages que des sentiments. »

C'est ainsi que, dans sa retraite, sans autre appui que ses méditations, sans autre consolateur que lui-même, en s'abandonnant aux douces pensées que réveillèrent en lui les inspirations poétiques il parvint à adoucir l'amertume dont son cœur venait d'être abreuvé. Il esquissa alors quelques-uns des morceaux de poésie qui sortirent plus tard de son portefeuille.

Ce fut en vain que M. Waudouer voulut le ramener aux sciences, il se montra insensible à toutes les instances de cet ami pour l'y rattacher.

« Je ne me sens pas la force d'y revenir pour le moment, me dit-il, à ce sujet ; mon imagination est tellement avide des primeurs de la vie, que je reviens difficilement à ce qui a été souillé du souffle de la satiété : et peut-être même qu'un jour, quand elle aura tout effleuré, ne me restera-t-il plus que la vie elle-même à dédaigner. A Noirmoutier, au moins, la science avait de quoi me séduire. Je la cultivais en commun avec des amis. Sentais-je le besoin de l'assentiment d'autrui, je

me figurais les grandes villes peuplées de gens instruits ;
leur opinion lointaine était déjà la postérité pour moi.
Cette illusion s'est dissipée, quand je me trouvai seul
au milieu de cet aréopage dont je m'étais formé une idée
si avantageuse. Le beau idéal dont je l'avais si gratui-
tement doté s'évanouit. Il ne lui resta plus que la réalité, c'est-à-dire la mesquinerie sous les habits du pédantisme. Néanmoins, tourmenté du désir de voir, de
comparer et d'apprendre, je dévorai le dégoût que beaucoup d'entre eux m'inspirèrent, et je consumai dans
leur société plusieurs mois d'un temps précieux que
j'aurais mieux employé dans la solitude. J'aime d'autant
plus M. Waudouer, que je retrouve en lui ce dédain du
monde qui s'accorde si bien avec l'état de mon âme ;
mais parfois il étend son mépris pour le matériel de
l'existence jusque sur les jouissances de l'âme. Je crois
entrevoir quels motifs le disposent à en agir ainsi avec
moi. Abusé lui-même cent fois par de fausses espérances, il juge de mes impressions par celles qu'il a
éprouvées ; il prend encore les élans de mon cœur pour
des agitations pénibles ; il cherche à m'en distraire et à
me conduire au repos par les sciences. Il ne voit pas
que l'espèce de repos qu'il veut me procurer est pour
moi l'image de la mort. Si les battements artériels mar-
quent la vie physique, les mouvements de l'âme sont
les indices de la vie morale. La poésie seule peut ranimer mon existence. D'autres désirs ont succédé à ceux
qui m'ont tourmenté. Aspirer à n'avoir plus de désirs, a
dit Jean-Jacques, c'est aspirer à mourir d'ennui. Je le
sens aussi moi. Le jour où je ne désirerais plus rien
serait celui où la vie elle-même me serait à charge. »

XVIII.

Il vécut quelque temps sous le charme des sentiments exaltés que fait naître la poésie, qui sait si bien tout idéaliser, tout énivrer de son souffle vaporeux ; mais ce charme, quelque puissant qu'il fût, ne pouvait être d'une longue durée et lutter avec avantage contre cet invincible amour de la nouveauté qui le poursuivait, le transportait sans cesse plein d'espérances d'un lieu à un autre, mettait en jeu et soutenait l'énergie de sa nature. Il revint encore à Nantes, où les mêmes dégoûts qui l'en avaient tant de fois chassé ne tardèrent pas à lui faire regretter sa solitude et à l'y ramener.

Ses lettres prirent, à cette époque, une teinte plus forte de mélancolie et presque de misanthropie pour quelqu'un qui, comme moi, n'aurait pas connu toute la bonté de son cœur. Cette humeur sombre étendit sa funeste influence jusque sur les objets de ses études qu'il affectionnait davantage, et voici comme il m'en parlait :

« Aussi plein de mépris pour les spéculations de la vanité que pour celles d'un sordide intérêt, je laisse des travaux ambitieux qui ne m'en imposent plus. Je renonce même à cette poétique des beaux-arts où le sophisme est trop facile et qu'on appelle les œuvres du génie : le plus souvent ce ne sont que des billevesées soutenues devant le savoir par la magie du style, et devant la sottise par l'audace et l'effronterie. Tous les grands hommes de la littérature et de la philosophie ne sont à mes yeux que des marionnettes, que l'intérêt ou une vaine fumée de gloire met en mouvement et que le caprice ou l'ignorance immortalise. Qu'est-ce, au surplus, que cette vie imaginaire, qui, comme le dit Pope, nous fait respirer sur les lèvres d'autrui ? Elle donne rarement les douces rêveries et la paix du cœur.

» Ceux qui n'estiment que le travail productif blâmeront sans doute mon oisiveté. Que m'importe ! je n'ai vu parmi eux que des égoïstes, avides de richesses, des fous enivrés ! Les savants loueront bien moins encore l'emploi de mon temps, mais que font-ils eux-mêmes de si utile à la société ? Qu'est-ce donc, grand Dieu, que toutes ces puérilités dont nous amusent leurs livres ? Nos sciences si vantées ne sont que des échafaudages ; car les causes finales, ces sources de la véritable instruction, nous échappent, et ces échafaudages eux-mêmes hérissés d'hypothèses et de systèmes, sont tour-à-tour renversés par chaque siècle. Aurais-je donc si grand tort de renoncer à ces visions cornues, pour ne m'occuper que de vivre. Dans ma nullité, je serai plus utile que nos académiciens. Je ne ferai de mal à personne. Cette utilité, me direz-vous, est négative ; si vous en voulez une plus directe, consultez nos économistes, ils vous affirmeront que le consommateur est l'homme utile par excellence.

» En résumé, que les hommes pensent de moi ce que bon leur semblera, pourvu qu'ils ne se trouvent plus sur mon chemin et qu'à l'avenir leur existence, à laquelle je voudrais pouvoir ne plus mêler la mienne, n'ait pour moi pas plus de réalité qu'un songe. »

La société de M. Waudouer contribuait beaucoup alors

à ralentir l'essor de l'esprit de Richer, à le décourager et à lui inspirer cette disposition à ne plus voir de l'homme que ses imperfections. Richer, le plus souvent, se contentait de la plainte, et sa critique des actions humaines semblait dictée par le seul regret qu'elles ne fussent pas meilleures ; mais M. Waudouer, victime sans doute de quelques grandes injustices, était un satyrique inexorable. Tantôt avec une raison moqueuse et sévère, tantôt avec le sarcasme et l'ironie, il accablait sans pitié les vices et les travers de la société. Sa moquerie était universelle, et n'épargnait pas même les sentiments poétiques. Les discours par lesquels il chercha à les flétrir, furent d'abord autant de coups de poignard pour Richer ; mais dans la bouche d'un ami aussi vertueux que désintéressé, ils eurent assez d'influence pour le détourner momentanément de la poésie, sans toutefois le reconcilier avec les sciences dont au contraire il parut plus dégoûté que jamais.

Ceux de ses autres amis auxquels il avait communiqué sa Poétique Générale, cherchèrent à le faire renoncer au projet de discontinuer cet ouvrage ; je me joignis à eux, mais nous ne pûmes réussir à le faire changer de résolution à ce sujet.

« Pourquoi voulez-vous, me répondit-il, que je me mente à moi-même. Ma raison me démontre aujourd'hui le faible de cette œuvre littéraire. Ne savez-vous pas vous-même qu'elle renferme une infinité de propositions tellement contraires aux idées reçues, que si je la publie, elle m'attirera une nuée de contradicteurs ? Qu'est-ce donc, se demandera-t-on, qu'un auteur qui se fait gloire d'être un rêveur dans ce siècle de choses réelles, qui sanctifie toutes les chimères de l'idéal, qui proclame l'enthousiasme comme principe des vérités, qui appelle sécheresse d'âme tout ce qui est calcul, qui affirme que l'expérience est une vue courte, que l'examen est une médiocrité d'esprit, que le goût est l'apanage de la faiblesse, que la loi civile est un être fictif qui humilie l'homme? Qu'est-ce qu'un auteur enfin qui reproduit tous les sophismes de Rousseau sans la magie de son éloquence.

» Quand l'ouvrage serait meilleur, quand je pourrais avec ce clinquant me faire un nom dans les lettres, en serais-je plus heureux? La renommée, dit Marc-Aurèle, est un bruit qui s'élève dans un coin de terre et qui meurt aussitôt. Qu'importe, lorsqu'un siècle a passé sur votre tombe que votre nom ait été répété par quelques indifférents ou que votre vie se soit écoulée obscurément dans un désert! C'est faute de voir d'assez haut qu'on estime trop les choses et les hommes. On prend des nains pour des géans, et l'on consacre son existence à des chimères qui s'évanouissent à la moindre lueur du flambeau de la raison. Vous voudriez me ramener par vos conseils à vos lisières sociales, que vous trouvez fort agréables, parce que l'habitude vous les a rendues nécessaires. Quant à moi, je veux marcher sans elles, les applaudissements ou les improbations des hommes me sont indifférents. Ils passent désormais dans mes oreilles comme ces murmures des arbres de la forêt qui changent à chaque bouffée de vent. »

Quoique, pour justifier le dessein d'abandonner sa

poétique, Richer en exagérât sans doute un peu les défauts, il est vrai de dire qu'à cette époque, où dans les sciences physiques on s'appuyait exclusivement sur le calcul pour guider la marche de l'esprit, on eût généralement mal accueilli ce livre. En histoire naturelle, on voulait des nomenclatures et des méthodes, Richer voulait des faits et des observations, et vantait la recherche des causes finales. La métaphysique sans l'appui de l'expérience était regardée comme un dédale obscur, et Richer préconisait l'idéalisme, qui n'a aucun point de contact avec les objets extérieurs. En morale, la raison était le seul flambeau qui dût guider nos actions, Richer lui préférait l'entraînement. En littérature, tout se réglait par les lois du goût, il plaçait le sentiment au-dessus de cette qualité. En politique, on ne reconnaissait que l'empire des lois comme le véritable frein des peuples, et il préférait l'influence de la morale religieuse.

On eût été, sans contredit, forcé de louer la chaleur, la rapidité du style. Quelques littérateurs eussent même applaudi un grand nombre de pensées neuves et profondes; mais l'auteur se fût probablement attiré une guerre de plume, que son caractère et la faiblesse de sa santé ne lui permettaient pas de soutenir.

XIX.

M. Waudouer avait amené Richer à douter de lui-même, à être mécontent de soi et des autres. En lui, plus d'enthousiasme, plus de conviction ; le ressort moral était sans force, le feu sacré était éteint, il ne voulait plus écrire. Heureusement, une telle résolution était trop opposée à l'activité intellectuelle qui le dominait, pour être durable; il ne tarda pas à reconnaître tout ce qu'elle avait de contraire à son bien-être. Il en résulta, entre lui et M. Waudouer, une diversité de sentiments qui les refroidit quelques mois l'un pour l'autre.

Richer cessa de me parler de son ami avec éloge et ne vit plus en lui qu'un mentor sévère, toujours disposé à déverser le blâme sur ses pensées et sur ses actions.

« L'imagination, me manda-t-il en m'entretenant de lui, n'est, à l'en croire, qu'une maladie de tête qu'on doit s'efforcer de dissiper au lieu de l'alimenter. La logique des sens est tout pour lui, et l'inspiration, ce sentiment intellectuel plus sûr que les organes mêmes, ne lui paraît qu'une ivresse du cœur.

» Cette funeste philosophie n'est propre qu'à exciter au dédain et au mépris de la vie. En effet, quand on vous prouve que l'argent n'est qu'une boue inutile, la gloire une fumée, l'opinion un souffle, l'amour une erreur, toutes les passions, tous les sentiments des agitations nuisibles, on vous arrête court. Vous ne prenez plus goût à rien, vous n'ambitionnez plus que cette sorte de repos, qui est l'anéantissement de l'existence morale.

» La société de M. Waudouer a, pendant un temps, changé mon caractère, et vous vous en êtes aperçu par quelques-unes de mes lettres. Dans le dégoût universel qu'il m'avait inspiré pour toutes choses, j'en étais venu au point de ne plus rien entreprendre. J'étais sans désirs, sans volontés. La poésie, mère de tous les élans de l'âme, ne me paraissant qu'un étourdissement du cerveau, je rougissais de m'y attacher, et la source des émotions délicieuses était tarie dans mon cœur. Au lieu de cette légère teinte de mélancolie que la faiblesse de mon tempérament fait naître et entretient en moi, j'étais en proie à une humeur sombre, et ma frêle organisation cessant d'être soutenue par une vie animée, je serais infailliblement tombé dans un marasme complet; et, par suite, dans une véritable consomption. »

LIVRE TROISIÈME.

I.

 EPUIS quelque temps, Richer venait rarement à Nantes. Le besoin d'adoucir l'amertume d'un sentiment trompé, l'avait retenu dans sa retraite où une vie tranquille, seul charme de son existence, avait un peu fortifié sa santé: le désir d'habiter une campagne, qu'il jugeait encore plus convenable à ses goûts solitaires, le détermina à quitter Orvault.

Les bords de l'Erdre, si renommés par leurs sites pittoresques, avaient captivé son attention, et les descriptions qu'il en a faites prouvent assez combien il savait en apprécier les beautés. Il voulut s'en rapprocher davantage, et loua, à une demi-lieue de la Chapelle-sur-Erdre, une petite maison appelée *La Coutancière*.

En me communiquant ce projet, il m'envoya le plan de cette habitation et une carte de ses environs, qu'il prit plaisir à dessiner lui-même à la plume, et les accompagna de plusieurs des tableaux descriptifs qu'on retrouve dans la première des lettres qui composent son Voyage dans le département de la Loire-Inférieure.

« Je vais changer de retraite, m'écrivit-il, je vais quitter Orvault, pour aller m'ensevelir dans un désert, à l'entrée d'une forêt. Vous connaissez la maison que j'habite ici ; il a fallu toutes les preuves d'attachement, tous les soins que m'ont prodigués mes hôtes pour m'y retenir aussi long-temps. A *La Coutancière,* je serai seul chez moi ; M. Waudouer, dont je me suis rapproché, m'y promet de fréquentes visites ; constant ami de ma solitude, il viendra m'y voir avec d'autant plus d'assiduité que je serai encore plus isolé, plus loin de ce monde qui ne nous comprend pas, plus loin des importuns qui nous assiègent et nous ennuient. Tout entiers à nous-mêmes et à la nature, nous nous livrerons à la recherche des insectes et à la culture des abeilles. Sans nous servir du fusil, nous ferons des chasses plus amusantes. Nous tendrons des filets aux oiseaux et des piéges aux bêtes sauvages de la forêt. Je joindrai à cela les occupations de la vie domestique, les détails du jardinage, et je n'aurai recours aux livres ou à ma plume que les jours de pluie, ou lorsque le plaisir de m'entretenir avec mes amis me sollicitera à leur écrire quelques lignes. Du reste, point de ces travaux dont la vanité est le mobile ; seulement, si le printemps me met en verve, si le spectacle inspirant de la campagne, les loisirs de la retraite, ramènent mon esprit vers les illusions poétiques, je pourrai faire des vers ; je repolirai mon petit poëme, j'en réformerai le plan, j'en châtierai le style ; semblable à ces sculpteurs de l'antiquité qui ne faisaient qu'une statue dans tout le cours de leur vie, je me bornerai à cet ouvrage ; et, pour qu'il ne puisse cesser de me plaire, je donnerai à mon héros mes souvenirs du passé et mes émotions du présent. »

Le dernier horizon vers lequel Richer portait ses regards était toujours le plus beau, celui qui agrandissait davantage le cercle de ses espérances, où son cœur plein de vie et d'amour battait plus vivement; mais, quelque grande que fût l'impatience qu'il avait de se voir dans sa nouvelle demeure et d'y réaliser les projets riants qu'elle lui inspirait, des préparatifs indispensables ne lui permirent de s'y établir que vers la fin de janvier 1819. Il se vit, à regret, obligé de faire à Nantes un séjour qui lui eût sans doute paru plus long et plus ennuyeux, s'il ne lui eût procuré l'occasion d'y rencontrer un de ces hommes extraordinaires avec lesquels on s'honore toujours d'avoir eu quelques relations. Il y vit le plus célèbre des ichtiologistes de l'Europe, M. Noël, enlevé trop tôt à la science qu'il cultivait d'une manière si distinguée.»

« Voici, dit Richer, trente ans qu'il voyage sur toutes les mers du globe pour recueillir les matériaux de son grand ouvrage, intitulé *Histoire générale des Pêches.* On n'en imprime encore que le deuxième volume dont il corrige les épreuves en route ; mais ce qui vous surprendra davantage, c'est que chaque volume, au fur et à mesure qu'il paraît, est traduit dans cinq langues européennes, et que l'auteur qui les parle toutes, d'après la demande des traducteurs, corrige également leurs épreuves. Croirez-vous que, malgré le dégoût que j'éprouve désormais pour ma Poëtique des Beaux-Arts, je me suis hasardé, non-seulement à lui en parler , mais à lui en lire quelques passages. Il a bien voulu chercher à réveiller ma tendresse pour cette pauvre abandonnée et m'a proposé de l'intituler : *Essai sur la Poëtique naturelle*. J'étais loin de supposer qu'un *Poissonnier* pût me fournir ce titre, que je cherchais depuis long-temps, et qui, en effet, conviendrait mieux à l'ouvrage, si j'étais encore dans l'intention de le publier. Néanmoins mon étonnement a cessé depuis que j'ai su que M. Noël , français d'origine, est le traducteur en langue russe des poësies d'Ossian , qu'il sait par cœur dans l'idiôme original.

« Je lui ai communiqué la partie de la statistique de notre île, relative à ses productions naturelles ; il en a fait l'éloge, et m'a laissé par écrit quelques remarques que je vous adresse. Il est possible qu'il aille à Noirmoutier dans le mois de septembre prochain. Il me charge de vous engager à continuer sans relâche votre travail, qu'il se plaît à appeler une *Encyclopédie insulaire.* »

En quittant Nantes pour la *Coutancière* , Richer fut encore importuné par les embarras du déménagement. Il avait un esprit d'ordre et d'économie qui , malgré la modicité de son revenu, le mirent constamment à l'abri de la gêne et assurèrent cette indépendance qui lui était si chère ; mais , aimant plus à vivre dans l'idéal que dans le réel , il était l'ennemi de cette multitude de petits détails qui fatiguent et divisent l'attention. La moindre affaire d'intérêt , le plus petit bagage que le besoin l'obligeait à traîner avec lui l'occupaient d'une manière pénible. Il aurait voulu ressembler à l'oiseau qui, pour changer de lieu n'a qu'à étendre ses ailes.

Plus tard, cependant, quelques-unes des occupations domestiques devinrent un de ses plaisirs. Gœthe, en lisant l'*Iliade*, faisait cuire lui-même des pois verts pour son dîner ; Richer, en méditant son grand ouvrage sur la *Nouvelle Jérusalem*, faisait cuire la laitue qui devait rafraîchir son sang et donner plus d'essor à son esprit. A l'époque actuelle de sa vie, il avait de l'éloignement pour tous les soins minutieux qu'exigeait son petit ménage, et il se trouva très-heureux qu'une vieille demoiselle, chez laquelle il avait logé à Nantes, consentît à le suivre et à l'en débarrasser. M.ʰᵉ Rideau (c'était le nom de cette demoiselle) avait une bonté toute native. Elle était probe, économe, rangée, attentive à tout, et elle lui fut d'un grand secours dans cette circonstance. Voici le portrait plaisant qu'il me fit de cette fille :

« On est étonné du peu d'air qui suffit à cette pauvre créature pour vivre. Son cœur n'est jamais à la gêne et bat aussi fort pour ses poulets que pour ses semblables. Elle ne comprend rien de ce qui affecte l'âme, une vétille lui fait verser des larmes ; mais ce genre d'émotions est autre chose que de la sensibilité : elle pleure de ce qui dérange l'économie d'une vie calculée heure par heure. Depuis cinquante ans, le même instant du jour la trouve sans cesse à la même place comme un meuble, et si les rides ne venaient s'imprimer sur son front, il serait difficile d'affirmer qu'elle vieillit ; car on est tenté de croire qu'une personne si scrupuleusement rangée tient plus d'une machine mécanique que d'un corps doué d'un mouvement spontané. »

Malgré quelques bonnes qualités, M.ʰᵉ Rideau avait

une vie trop purement végétative pour convenir à Richer. Rien de ce qui part du cœur ne pouvait lui être communiqué , et il ne la garda pas long-temps chez lui.

Les premières lettres qu'il m'écrivit de la *Coutancière* étaient remplies de détails sur ce séjour. Je me bornerai à en extraire quelques lignes , qui suffiront pour en donner une idée. Située dans un pays boisé , à un quart de lieue du bourg de la Chapelle et de la rivière d'Erdre, cette maison est distante d'environ deux lieues de Nantes. Le sol sur lequel elle est assise est assez élevé , et la vue y embrasse un immense horizon. On aperçoit dans le lointain les coteaux de la Loire , et, plus près , les bois de la *Chapelle* , au milieu desquels se dessine le clocher de l'église. Une longue et belle avenue y conduit ; un étang poissonneux et fréquenté par plusieurs espèces d'oiseaux de passage , des coteaux couverts de châtaigniers, des vallées où serpentent de petits ruisseaux et de vastes landes l'environnent et en varient les sites. Richer en fut d'abord tellement enchanté, qu'il ne cessait de m'en vanter les charmes.

« Je n'ai plus rien à désirer, me disait-il, je l'ai enfin trouvé ce port tranquille où je puis me reposer des agitations de la vie. J'éprouve ici un bien-être que je ne voudrais pas changer pour tout ce que l'imagination peut suggérer de plus désirable. La succession de mes pensées divise pour moi la journée. Je suis plus calme que jamais, et, si je puis m'exprimer ainsi, je m'abyme dans le repos, au point que je n'ai pas même la faculté de le peindre. Quelqu'un dernièrement m'objecta que la vie solitaire conduisait à l'égoïsme. On ne devient égoïste, répondis-je, que lorsqu'on sent ses intérêts froissés par ceux de ses semblables. Dans la solitude, on est riche de sentiments désintéressés, on devient expansif. Je n'ai point, il est vrai, autour de moi une épouse et des enfants à qui je puisse rendre mon existence nécessaire, mais je n'en suis pas moins environné de la grande famille des hommes qui pourra avoir besoin de mes conseils et de mes soins. Quelque peu fortuné que je sois, je trouverai encore des pauvres que mes plus légères aumônes peuvent reconcilier avec la vie. Le pays que j'habite est peuplé de misérables. Je les visiterai, je cacherai mes faibles offrandes sous le voile de l'*incognito* ; car la reconnaissance d'un bienfait est parfois un fardeau pour une âme fière. Je chercherai à me faire aimer des bons paysans des environs, et leur affection me flattera plus que le plus beau triomphe littéraire. La réputation d'un homme de bien est toujours respectée, celle d'un homme de lettres est continuellement en proie à la médisance et à l'envie. »

II.

Nous avons beau prendre de fermes résolutions, former des projets pour l'avenir, le temps, les circonstances, nos dispositions particulières y apportent toujours quelque changement. Il est de notre nature d'osciller sans cesse, et notre vie n'est, pour ainsi dire, qu'une longue histoire des variations. Si les choses du monde avaient parfois déplu à Richer, et l'avaient déterminé à s'en éloigner, son isolement n'avait pas été de longue durée. Le besoin de nouvelles impressions, et, plus encorc, tous les sentiments généreux qui nous font vivre dans les autres, n'avaient pas tardé à le rappeler au milieu de ses semblables; si, parfois encore, quand tout ce qui contribue au tourment de l'homme de lettres, s'était présenté à son esprit, le dégoût avait brisé sa plume, l'inspiration lui en avait remis bientôt une autre à la main, et son imagination variable l'avait ramené vers des objets auxquels il avait paru renoncer. C'est ainsi qu'il cessa bientôt de se conformer au genre de vie qu'il s'était promis de suivre à *La Coutancière*.

Le moment était venu où il allait ne plus se confiner dans lui même et dans les inutiles délices d'une méditation presque oisive, et son âme, depuis quelque temps détrempée par la mélancolie, allait encore recouvrer toute son activité naturelle. Nous l'avons suivi jusqu'ici dans ses études, nous l'avons vu s'exercer dans plusieurs genres et cultiver à la fois diverses branches des connaissances humaines; mais si nous considérons ce qu'il avait produit, sans en excepter son petit poëme et son essai sur l'origine des constellations, nous n'y trouvons aucun de ces titres qui assurent un nom dans la littérature et dans les sciences. C'est maintenant que ses travaux vont se développer sur des plans plus vastes, plus suivis, et qu'il va prendre son rang parmi les écrivains de l'époque. C'est pendant son séjour à *La Coutancière* qu'il entreprit ses divers voyages dans le département de la Loire-Inférieure, qu'il écrivit et publia ses meilleurs ouvrages littéraires, et il y était à peine depuis un mois, lorsque je reçus la lettre suivante:

« Je commence à m'apercevoir que tout ce que j'ai fait

jusqu'à présent pour m'ancrer dans la vie a été inutile. Les hommes et les choses de ce monde ont passé près de moi, sans que rien ait pu me fixer. Les chimères dont je me suis occupé se sont succédé, et toutes se sont évanouies sans qu'il m'en soit rien resté. En admettant que le monde des illusions soit rond comme notre globe, il m'est arrivé comme à un voyageur qui s'imaginerait parvenir au bout du monde, en marchant toujours devant lui : l'espace s'agrandirait à mesure qu'il avancerait ; mais, après tout, il se trouverait à son point de départ, et n'aurait fait que parcourir un méridien ou une parallèle à l'équateur.

» Satisfait de ma vie intérieure, j'avais placé mon bonheur dans le repos et dans l'étude des choses morales ; j'évitais le mouvement et le bruit comme autant de distractions qui m'auraient empêché de vivre au-dedans de moi. Maintenant, je veux donner une direction nouvelle à mes facultés et renoncer à cette stérile inertie, qui est l'image anticipée de la mort ; je veux étudier, sentir, analyser tout ce qui m'entoure ; m'assurer si les êtres réels, si les objets physiques, l'emporteront sur ce monde idéal que mon imagination avait créé pour moi dans les jours heureux d'une jeunesse consacrée tout entière à la moralité des pensées et à la poésie des sentiments ; je veux rendre mon existence plus utile pour moi et pour la société ; j'ai le projet de voyager. J'ai employé plusieurs années à étudier les principes des sciences, il est temps de les appliquer à la connaissance de quelques-unes des scènes du monde physique, et comme ma santé et ma fortune ne me permettent pas d'aller au loin, je bornerai mes excursions aux divers arrondissements de ce département; j'en décrirai les sites, les productions, les monuments. Chaque objet de quelque intérêt deviendra le sujet de mes observations ou de mes tableaux. »

Il préluda à son Voyage Pittoresque, par celui qu'il fit aux mines de *Languin*, et qu'il n'a ni écrit ni publié. Voici ce qu'il m'en communiqua.

« Depuis quelque temps, j'avais remarqué du haut de la colline des *Harmonières* un coteau que l'éloignement rendait bleuâtre. J'appris que c'étaient les forêts qui s'étendent au-dessus des mines de houilles de *Languin*. Je voulus aussitôt visiter cet antique séjour des ombres, et je partis le lendemain matin de bonne heure.

« Depuis *La Coutancière* jusqu'à *Nort*, j'ai fait des observations et recueilli des notes qui me serviront pour une description des bords de l'Erdre. Arrivé le soir fort tard à *Languin*, j'avais besoin de repos; je n'allai visiter le sol, les mines et leurs machines que le lendemain. Ce ne fut pas sans quelque effroi que je me confiai au tonneau qui devait me descendre dans ce séjour de la nuit. On me donna un guide. Nous allumâmes deux bouts de chandelles, placés à nos chapeaux, et nous entrâmes dans le souterrain. A mesure que je perdais le jour de vue, je me sentais le cœur oppressé. A la vue des faibles planches qui garnissaient le puits dans sa longueur, et qui, dans plusieurs endroits, paraissaient gonflées par les masses de houilles qu'elles avaient peine à contenir, je ne pus me défendre d'un mouvement de terreur; je songeais à un éboulement soudain, au dégagement subit d'un gaz meurtrier. Nous traversâmes diverses galeries qui s'étendaient à droite et à gauche, et, parvenus à six cent trente pieds de profondeur, nous nous arrêtâmes au milieu des ouvriers enfumés et silencieux qui exploitaient la mine. Je me crus dans le Tartare. Leurs yeux dont, par un effet d'optique, je ne distinguais que le blanc, avaient une mobilité extrême. Leur conversation me rassura. Ils se montrèrent si honnêtes et si complaisants, que je pensai moins aux dangers de ma situation. Je traversai une infinité de galeries soutenues comme les maisons échafaudées, par des milliers de pièces de bois en forme de colonnes. Le sol, à cette profondeur, est d'une sécheresse étonnante ; pas une goutte d'eau ne suinte à travers ces murailles combustibles. Quelques parois sont formées de grès quartzeux et bitumineux assez durs, de schistes bitumineux, etc. ; le granit houiller des houillères s'y trouve en abondance. Après quelques remarques géologiques que je vous transmettrai une autre fois, je quittai cet enfer, et, je vous l'avoue, ce ne fut pas sans quelque plaisir que je revis la lumière du soleil. »

III.

A aucune époque de sa vie, Richer n'avait montré plus d'activité, plus d'énergie de corps et d'esprit. Sans autre motif que celui d'employer avantageusement sa jeunesse et ses connaissances, on le vit lutter contre une organisation débile, parcourir chaque jour à pied de grandes distances, braver la fatigue, les intempéries de l'air, consacrer ses veilles à des recherches pénibles et marquer chaque instant de son existence par d'utiles occupations.

Révolté, comme tant d'autres hommes sincèrement religieux, des outrages faits à la pureté de la doctrine évangélique et désireux de rappeler au souvenir de son siècle la première et touchante simplicité de cette doctrine, il conçut l'idée d'écrire l'histoire d'une époque bien importante, celle de l'établissement du christianisme.

« J'esquisserai, me dit-il, le tableau des mœurs des Grecs, des Romains et des Juifs de ce temps. Je dirai les obstacles qu'éprouva la religion chrétienne ; comment elle s'est insensiblement mêlée aux idées philosophiques ; comment d'abord, faible et humble, elle habita les rochers déserts, les caveaux silencieux et les catacombes ; puis, prenant de l'accroissement, faisant des prosélytes dans les armées, dans le sénat, dans la famille impériale, comment elle parvint enfin à l'empire sous Constantin. Je peindrai ses apôtres zélés, parcourant tout l'univers connu, allant braver le Teutatès des Gaulois, l'Irmentul des Germains, l'Odin des Scandinaves, et mêlant des âmes heureuses aux ombres fortunées des héros d'Ossian, je prouverai que l'indépendance, la charité, une parfaite égalité, furent les bases du christianisme, contribuèrent à ses rapides progrès, et que les passions humaines ont seules corrompu la pureté primitive de la doctrine évangélique. »

Mais il ne put se dissimuler les recherches et les travaux immenses que nécessiterait cet ouvrage dont il fallait d'abord réunir et coordonner les matériaux ; et, toujours préoccupé de son voyage pittoresque, il remit à d'autres temps l'exécution de ce projet. Je contribuai à sa détermination en l'engageant, s'il se sentait du goût pour l'histoire, à écrire d'abord de préférence un résumé de celle de Bretagne, qui servirait à l'intelligence du voyage. Il suivit ce conseil et conçut aussitôt le plan de son *Histoire de Bretagne*, ainsi qu'il l'explique dans la lettre qui lui sert d'avant-propos.

C'est dans ce temps qu'il fut nommé Conservateur-Adjoint du Muséum d'histoire naturelle de Nantes. Il garda cette place plusieurs années. Elle n'était qu'honorifique, mais elle lui assurait la survivance de celle du Conservateur; néanmoins, toujours peu soucieux de son avenir et d'une occupation *positive*, porté de préférence vers des études qui lui souriaient davantage, il finit par s'en démettre en faveur du voyageur Frédéric Cailliaud. Toutefois ce ne fut pas sans avoir rendu des services réels. Il seconda M. Dubuisson, le remplaça souvent dans des missions particulières qui avaient pour objet d'éclaircir des questions d'histoire naturelle ou d'archéologie et l'aida beaucoup dans la rédaction de son Cours de Géologie ou Traité des Roches.

Ses voyages dans le département avaient beaucoup d'attraits pour lui. Cette variété d'objets nouveaux dans le rapide changement de lieux et de scènes vivifiait toutes ses facultés. La *Coutancière* était son point de départ. Semblable à l'aigle qui s'élance de la roche isolée, et après avoir trouvé sa pâture et celle de ses petits, revient toujours à l'aire d'où il entrevoit l'espace, il ne quittait sa solitude que pour y revenir aussitôt qu'il avait amassé quelques-uns des matériaux qui devaient servir à la composition de ses écrits. Dès qu'un rayon de soleil lui promettait quelques heures d'un temps favorable, il en profitait pour parcourir les campagnes ; si la pluie le surprenait en route, il trouvait une haie, un buisson, un arbre, une grange où il se réfugiait. Etait-il obligé de coucher hors de chez lui ? La première ferme qu'il rencontrait vers le soir lui servait de gîte. Ses regards avaient à peine embrassé les objets, que son intelligence et son imagination lui fournissaient en abondance les expressions et les couleurs pour les peindre. Ses émotions étaient traduites et écrites sur les lieux mêmes, et, au retour, s'il ne se sentait pas l'esprit assez dispos pour revoir ses notes et les rédiger, il les mettait de côté, et le lendemain recommençait de nouvelles promenades.

IV.

Il prit chez lui un jeune garçon âgé de dix ans, qui lui servait à la fois de domestique à la maison et de compagnon dans ses courses.

« Rien ne plaît, m'écrivit-il à ce sujet, comme de causer dans les longues soirées d'hiver, près d'un bon feu, avec celui qui a parcouru avec nous les sites qui nous ont enchantés, et, sous ce rapport, la société de mon petit serviteur n'est pas sans quelque charme pour moi. D'ailleurs il m'est très-utile. Il a couru tout le pays depuis quatre ans et en connaît les chemins les plus détournés. Croiriez-vous que je l'ai affublé d'une livrée ?.... Oui d'une livrée. Vous ne me ferez pas l'injure de supposer que je sois devenu accessible à cette vanité qui se paie des hommages rendus à l'habit. Le plus souvent cette livrée n'a pour témoin que les moutons des landes ; mais aussi, dans les visites que je fais et surtout dans les châteaux, elle attire l'attention des dames, et la toilette de mon page me dispense d'en faire une moi-même, ce qui m'est d'un grand avantage. »

Jean B**** était fils d'un fermier des environs d'Orvault. Richer lui enseigna à lire, à écrire, mit tout en œuvre pour lui donner quelques connaissances et en faire un compagnon digne de lui ; mais Jean prouva que l'éducation ne suffit pas pour faire d'un rustre un homme instruit. Ce fut un arbre qui, bien que cultivé avec soin, refusa les fruits qu'un habile jardinier attendait de lui. Il ne fut jamais capable que des devoirs vulgaires de la vie matérielle. Il fut dédommagé cependant de l'absence des dons de l'esprit par quelques qualités du cœur. Il se montra toujours attaché et reconnaissant. Toutefois, contre le gré de son bienfaiteur, il épousa fort jeune encore une vieille fille qui avait quelque chose, et reprit la profession de fermier qu'avaient exercé ses ancêtres.

<h2 style="text-align:center">V.</h2>

Ce fut en mai 1819 que Richer fit et écrivit son *Voyage à la Trappe de Melleray*.

Il me l'adressa, manuscrit à cette époque, le publia au mois d'août de cette même année, et, en 1823, en forma la quatrième livraison de son Voyage dans le Département. Six à sept éditions successives en ont justifié le succès.

Déjà convaincu du vide de nos affections terrestres et du néant de nos agitations, Richer trouva le sujet de cette lettre en harmonie avec sa pensée dominante, aussi sait-il nous intéresser en faveur des Trappistes. Il les peint comme des hommes qui, las enfin du joug de leurs passions ou des persécutions de leurs semblables, ont trouvé un lieu propice aux consolations de la prière et en eux-mêmes le repos et le ciel. Il donne à leur solitude une teinte si romantique, à leurs mœurs austères un tel charme religieux, que quelque difficile qu'il soit de croire à leur bonheur ici-bas, on est cependant disposé à le regarder comme une vérité.

Je lui rappelai ce qu'on pensait généralement de leur étrange existence; on blâme leurs austérités, lui dis-je, on considère leur fondateur comme un barbare on, ne peut croire qu'il y ait le moindre mérite aux yeux de Dieu à fuir ses semblables et à vivre de privations et de souffrances. Dieu peut-il nous savoir gré d'élever nos âmes vers lui en détruisant nos corps ? Il n'y a point de véritables vertus sans combats , et c'est seulement lorsque l'âme est dominée par les sens, qu'il est glorieux de la voir triompher d'eux par la seule puissance intérieure ; mais quelle victoire que celle que remporte un trappiste sur un sang appauvri, presque tari et sur une chair desséchée!!

« Vous connaissez mal le trappiste, me répondit-il, vous oubliez qu'il n'est plus l'homme du monde, c'est lorsqu'il le quitte pour jamais que l'acte de dévouement s'accomplit. Le moment où il a embrassé la règle de son ordre est celui de sa victoire. Dès lors ses penchants habituels ne sont plus une lutte du cœur et du devoir, il a triomphé de l'un et ne connaît plus que l'autre... Confondant sans cesse ses effusions d'amour et d'espérances avec celles de ses frères, il n'est plus rempli

que d'une seule idée , et, loin que les pratiques de
son genre de vie lui paraissent pénibles et monotones,
elles le charment sans cesse, parce qu'elles sont à ses
yeux les expressions d'un sentiment inépuisable d'amour
divin. Plus nous sentons, plus nous vivons. La vie de
l'âme est dans toute sa force chez ces pieux solitaires ,
nuls combats, nulle incertitude, nul doute ne se mêlent
à leurs actions , et quand le cœur est entier dans ce
qu'il fait et dans ce qu'il désire, a dit un écrivain spirituel, l'on jouit admirablement de l'existence. »

Moi aussi, j'ai visité les trappistes de la Melleray !
Leurs cloîtres silencieux , leurs longues robes blanches,
leurs prosternations, leurs psalmodies, la tombe toujours
ouverte pour l'un d'eux, là tout m'a paru comme à Richer
un tableau vivant de ces anciens temps religieux vers
lesquels l'esprit aime parfois à se reporter.

Au commencement de 1820 parut la première livraison
du *Voyage Pittoresque*, composée de la description de la
rivière d'Erdre. Elle fut accueillie avec des témoignages
d'intérêt bien propres à encourager l'auteur. Aspect
pittoresque, statistique , antiquités , sciences et beaux
arts, rien n'est oublié, et tout y est décrit avec la couleur qui convient à chaque objet.

VI.

Avec une imagination à la hauteur de tout ce qui
est grand et solennel, une âme tendre et revêuse, toujours élevée vers le beau moral, Richer pouvait-il ne
pas aimer la religion, elle qui place l'homme si fort au-
dessus de la servilité de son existence terrestre et
purifie sa nature en l'unissant au monde spirituel. Aussi

ses sentiments religieux se fortifièrent avec le temps et puisèrent une nouvelle force dans les fréquents dégoûts que lui inspirait le spectacle d'un monde sans poésie, sans croyance et livré partout à l'égoïsme et à l'indifférence. Nous nous étions souvent entretenus de matières religieuses, mais seulement de celles qui faisaient le fonds de la profession de foi que quelques années auparavant il m'avait lue dans une de nos promenades ; c'est-à-dire de Dieu, de l'âme, de son immatérialité et d'une vie future. (1) Ni dans nos conversations, ni dans notre correspondance, il n'avait soumis à ses investigations philosophiques les choses qui se rapportent à la religion révélée. Il me semblait flotter encore incertain entre la religion naturelle et le christianisme, et n'avoir point encore cherché à concilier la science et la foi. Il ne suivait aucun culte. L'église catholique, ses dogmes vieillis, ses impérieuses exigences, ses pratiques minutieuses, n'attiraient son attention que comme poëte et philosophe.

» Rivarol a dit, m'écrivait-il, on est chrétien à la lecture du Dante, comme on est païen à celle d'Homère.

» C'est en lisant, en méditant l'Evangile que je suis devenu religieux; le sentiment est ce qui m'entraîne par dessus tout, et j'éprouve parfois, pour la religion chrétienne, l'espèce d'enthousiasme que m'inspire la poésie. Vous me démontrerez aisément qu'il n'y a rien de réel dans celle-ci, sans pour cela diminuer l'amour que je lui porte.

---

(1) Voyez page 36 de ces Mémoires.

» Cependant, de l'entraînement du cœur à la conviction de l'esprit, il y a loin ; et, sans être hypocrite, on peut se prononcer pour une chose qui n'a pour elle que la première de ces deux facultés. Le cœur, vous le savez, est tout pour moi, èt, quand il est satisfait, je m'embarrasse peu de l'approbation d'un froid jugement. »

Richer n'était pas encore convaincu de toutes les vérités religieuses qui, plus tard, lui firent adopter les doctrines de Swedemborg ; mais il sentait vivement que, plus l'homme est religieux, plus son cœur a d'espérances et d'avenir, et il aimait à oublier tout ce que notre monde a de trop positif, pour se plonger dans le ravissement de l'infini, sentiment qui, bien que vague de sa nature, était, selon lui, réel et la source des vérités les plus absolues.

Il était dans cette disposition d'esprit, lorsqu'il composa sa *Philosophie morale et religieuse dans ses rapports avec les lumières.* Il l'écrivit à Noirmoutier, où il était venu passer le mois de septembre 1819 ; mais cet ouvrage ne fut publié qu'en 1821. Richer y démontre que le sentiment religieux, cette voix intérieure qui nous révèle si impérieusement le créateur des mondes, nous aide à comprendre la volonté qui a présidé à ce vaste enchaînement des causes et des effets ; loin d'être incompatible avec les lumières s'accorde parfaitement avec elles, contribue à leurs progrès et au bonheur de l'humanité ; que, non-seulement il peut avec succès servir aussi à l'étude de l'homme, présider à nos affections privées, comme à nos institutions publiques ; mais encore devenir une source d'inspirations profondes et vraies, propres à nous faire connaître quelques-unes de ces merveilles de la nature, quelques-uns de ces phénomènes mystérieux qui ne peuvent tomber sous nos sens.

Il s'attache à prouver que la métaphysique des sensations est étroite et bornée, qu'elle dépouille l'âme de sa grandeur primitive ; que, si cette partie intellectuelle ne prend pas son essor vers les régions supérieures, la partie matérielle ne tarde pas à tomber dans la fange ; tandis, qu'au contraire, le spiritualisme élève l'une et l'autre, et donne à l'homme cette sublimité morale qui en fait le premier comme le plus noble objet de la création.

A la vérité, ce livre ne fut bien accueilli que par le petit nombre de philosophes religieux, amis des méditations salutaires, et qui se complaisent à retrouver dans celles d'un auteur les sentiments, les pensées et les sympathies qui font leur bien-être. Les catholiques fervents le repoussèrent, parce qu'il n'était pas assez orthodoxe ; les incrédules et les indifférents, par cela seul qu'il était religieux.

Cet écrit a peut-être un défaut, c'est celui d'être trop poétique ; tout y est sans démonstration : il ne manque ni de verve ni de coloris, mais il n'offre rien au logicien sévère.

La *Revue Encyclopédique*, dans son numéro de janvier 1822, en rendit compte ; et ce journal, quoique destiné à la propagation d'une philosophie bien différente, en parla avec beaucoup de modération ; mais, imbu du condillacisme, l'auteur de l'article ne pouvait faire l'éloge d'un livre où le spiritualisme est préféré,

Richer m'écrivait alors :

« Plus que jamais je rejette Condillac ; je suis entré dans un champ si vaste et si nouveau , j'aperçois tant d'objets réels dans le spiritualisme, que je suis comme accablé sous le nombre de ces imposantes pensées. Enfermé ici bas dans un monde avec lequel nous n'avons de rapport qu'au moyen de nos cinq sens, nous avons cru que nous connaîtrions d'autant mieux cet univers, que nous nous en rapporterions davantage au témoignage de ces sens. De là cet axiôme de tout soumettre à l'expérience, de regarder le sentiment comme une sorte de maladie de nerfs, la religion, comme un préjugé accrédité par les prêtres pour duper les gens crédules, de n'admettre pour certain que ce qui se voit ou ce qui se touche, et de ne trouver de réalité que dans la matière, ce sont ces principes des sensualistes que professent encore aujourd'hui tous les hommes qui ne réfléchissent pas.

» Toutefois, long-temps et après les maîtres et les disciples de cette doctrine, sont venus des philosophes profonds qui ont découvert que l'espace et le temps, ces conditions nécessaires de tous nos raisonnements, n'étaient que des *modes sensibles de notre entendement.* Ils ont distingué , entre le mouvement communiqué et le mouvement spontané, des lois qui différenciaient ce qui est purement matériel de ce qui tient à la vie. Après avoir examiné les *cinq ouvertures* par lesquelles l'âme communique avec cet univers visible, ils ont recherché s'il n'était pas pour l'âme un mode primitif de perception qui fût indépendant des sens. Ce mode, une fois découvert, le monde immatériel n'a plus été une énigme. L'âme l'a vu comme l'œil voit la lumière. C'est alors que Mallebranche imagina son système de la vision en Dieu. Ne faisant qu'un tout de ce qui est immatériel, il a pu dire que Dieu était le lieu des esprits, comme l'espace est le lieu des corps.

» Cette découverte, à la vérité, était fort ancienne, car on lit dans l'Evangile que les âmes des hommes et celle de Dieu se confondent dans l'unité. »

On voit combien il marchait à grands pas vers ce spiritualisme transcendant qui ne tarda pas à se développer en lui sous l'influence des doctrines de Swedenborg. Sa *Philosophie morale et religieuse* n'est, en quelque sorte, qu'une première inspiration ; ce n'est qu'un premier élan vers certaines vérités du christianisme dont il n'a pas encore la conviction, parce qu'il n'a pu jouir du calme nécessaire pour les approfondir ; mais il lui faut une croyance plus en rapport avec ses lumières, plus consolante que celle que lui offre le catholicisme battu de toutes parts par la raison des siècles. Il en sent vivement le besoin, et, pour l'obtenir, nous le verrons bientôt employer tout le feu d'une intelligence admirablement appropriée à l'étude des connaissances religieuses.

C'est à cette époque qu'il publia son ode sur *l'Immortalité de l'âme*, dédiée à son ami, M. le docteur Fouré. Les poëtes qui, jusqu'alors, avaient écrit sur ce sujet, s'étaient bornés à des preuves morales. Richer entreprit de fonder les siennes sur la métaphysique, science dont le langage est souvent obscur et se prête peu au charme de la poésie ; mais aucun obstacle ne l'effrayait, et son ârdeur semblait s'accroître à l'aspect des difficultés. En effet, il n'est pas aisé d'exprimer avec précision et d'une manière poétique les pensées les plus abstraites ; aussi cette pièce, de plus de cent cinquante vers , se ressent-elle des défauts inhérents à la matière ; cependant plusieurs strophes sont fort belles, ont de la force et du mouvement. Je me contenterai de citer ici les trois suivantes qui se rapportent davantage à la philosophie idéaliste de l'auteur :

« Salut homme immortel ! le ciel est ton partage !
» Le temps est une épreuve et la terre un passage ,
      » Tes sens ne sont pas toi ,
» Ces ouvriers d'un jour s'usent avec la vie ;
» Quand son âme agit seule et n'est plus asservie
      » L'homme est un Dieu pour soi.

» Hors des temps et des lieux, s'ouvre un monde invisible ,
» Où l'esprit créateur remplit l'orbe paisible
      » De son éternité,
» C'est là qu'est notre jour, aveugles que nous sommes !
» Ce ne sont pas les sens qui conduisent les hommes ,
      » C'est cette autre clarté.

» Le suprême architecte à l'esprit se révèle ;
» Mais notre corps tiré de l'argile mortelle
      » Ne le découvre pas.
» La matière partout s'unit à la matière ;
» Ainsi l'être éternel, de sa seule lumière
      » Est compris ici-bas. »

VII.

Moins majestueuse à la vérité que les forêts d'Amérique, où souvent nulle trace de destruction n'indique même le passage de l'homme , la forêt du Gâvre, l'une des plus belles de France, avait dû exciter la curiosité de Richer, et il l'avait visitée dans le seul but d'y chercher des émotions nouvelles et de me les communiquer. Ce ne fut qu'un an après qu'il songea à en publier la description dans la deuxième livraison de son *Voyage Pittoresque*; il m'en avait adressé le manuscrit sans en garder copie, il me le redemanda en termes bien propres à me prouver qu'il l'avait écrite sans prétention et pour moi seul. « Si vous l'avez égaré, me mandait-il, adieu mon travail, je ne le recommencerai certainement pas, je puis bien retourner à la forêt, mais je n'y retrouverai plus une seconde fois les impressions pour ainsi dire vierges de ma première excursion. »

Cette description, qui comprend aussi celle des communes d'Orvault, de vigneux, de Blain, des anciennes voies romaines et d'une partie des landes de la Bretagne, ne le cède en rien à la description de la rivière d'Erdre. Elle est comme elle de nature à intéresser le voyageur, à inspirer le poëte et à faire penser le philosophe.

Ces deux premières livraisons lui attirèrent la considération de plusieurs personnages distingués, et, par contre coup, celle d'une foule de gens toujours disposés à flatter celui qui jouit de quelque faveur.

« Je suis invité, m'écrivait-il, à aller descendre chez la plupart des riches propriétaires qui habitent les campagnes que je parcours, je n'accepte à coucher nulle part, mais en véritable parasite, je vais de châteaux en châteaux, dont, quoiqu'on dise, la vie n'est pas sans quelque charme; toutefois de jour en jour cette vie échappe à nos mœurs et s'éteindra à mesure des progrès de la civilisation. Je multiplie mes connaissances et j'oublie trop souvent dans la conversation des hommes, les impressions que je trouvais naguère dans la solitude. Ah! ces connaissances vaudront-elles jamais pour moi mes bons parents, mes bons amis de Noirmoutier? Est-il au monde un site que je puisse préférer au bois de la Chaise. C'est ce malheureux fantôme de la patrie qui m'apparaît à chaque instant, c'est lui qui m'empêche de me fixer ici, d'y occuper une place lucrative, d'y faire peut-être un mariage avantageux! que les sensations de l'âge viril auquel je touche sont ternes, lorsque je les compare à celles de mon jeune âge, de cet âge où la vie était nouvelle et remplie de si douces illusions; mais ce monde ressemble à l'horizon lointain de la mer par un beau jour; tandis que la vague se brise à vos pieds, vous considérez d'un œil d'envie cette courbe d'azur où tout vous semble aplani et silencieux. Quittez-vous le rivage pour vous élancer vers elle, les ondulations deviennent plus fortes, et où vous vous imaginiez rencontrer le calme, vous êtes surpris de ne trouver qu'une mer en courroux et des vents déchaînés. Hélas! le soleil éclaire continuellement devant nous cet horizon trompeur; et ici je m'abuse encore, car vous me connaissez trop bien pour ne pas penser que si j'habitais Noirmoutier maintenant que j'ai bu à une coupe de nouvelles illusions, les souvenirs de Nantes et de ses environs viendraient bientôt me tourmenter comme ceux de mon île me poursuivent actuellement. »

Une certaine réputation d'homme qu'on appelait alors

ultrâ, et que lui avait donnée son *Voyage à la Trappe de Melleray*, le faisait accueillir dans tous les châteaux comme un champion du parti féodal. Il devint même dans une riche famille des environs de la Chapelle-sur-Erdre, l'objet des attentions les plus délicates, et il eut de fortes raisons de croire que les démarches qu'il aurait faites pour s'allier à elle n'auraient pas été dédaignées. Cette perspective l'éblouit un instant. Il mit encore une fois dans la balance son pays qu'il espérait toujours pouvoir revenir habiter, ses goûts et sa chère indépendance. Il songea qu'une union dans le seul but de sa fortune était indigne de lui ; qu'en la contractant il lui faudrait probablement vivre à la ville, au sein de nouveaux parents qui, bien que respectables, seraient loin de partager ses sentiments, exigeraient qu'il utilisât ses talents selon leurs désirs ou leurs intérêts particuliers, qu'il fît le sacrifice de son bonheur pour s'élancer dans la carrière de l'ambition; il se sentait incapable d'en prendre l'engagement, surtout de le remplir, et il se détermina plus que jamais à renoncer au mariage.

Pendant les jours où le mauvais temps le retenait chez lui, il travaillait sans relâche à son *Histoire de Bretagne*, qui, comme il le dit, nécessitait de longues et fastidieuses recherches. « Je suis tout à fait transformé en historien, les énormes in-folios de la bibliothèque de Nantes surchargent ma table: je feuillette, je compile. L'histoire de Bretagne, pendant les premiers siècles, est obscure et confuse. On n'y trouve que des noms barbares et des dates incertaines. J'ai entrepris une tâche pénible, et je prévois combien il me sera difficile d'attacher quelque intérêt à mes récits. N'importe, une pensée m'encourage, c'est qu'il résulte toujours d'une histoire locale un charme puissant qui attache le lecteur à la peinture des événements qui se sont passés sur les lieux qu'il habite; que si mon précis est traité défavorablement par le préjugé qui, dans la république des lettres, tend à discréditer les histoires de province, au moins dois-je espérer qu'en Bretagne il n'aura pas à souffrir de cette injuste prévention. »

Il ne tarda pas à en publier l'introduction, qui fut immédiatement suivie des deux premiers livres, et presqu'aussitôt des deux derniers et de l'appendice.

Jusque-là il n'avait été rien écrit de mieux sur cette ancienne contrée : quelle basse naïveté, que de trivialités, que de longueurs dans les histoires précédentes ! Mûri par des études fortes et rationnelles, Richer comprenait le but et la dignité de l'histoire trop long-temps méconnus parmi nous. Il savait qu'elle doit moins consister dans des récits de batailles, dans la généalogie et la biographie des princes que dans le tableau de la destinée des peuples, et dans les causes premières de leurs agitations et de leurs guerres; il savait qu'elle doit être écrite sans prolixité, sans emphase, et, comme le dit La Harpe : « satisfaire la raison par des pensées, » l'imagination par des tableaux, et l'oreille par la dic- » tion. » Il a fait tous ses efforts pour remplir ces conditions, et s'il en est quelques-unes qui soient restées incomplètes, c'est plus la faute de son sujet que la sienne. Le style en est pur, mais trop sévère pour admettre des détails qui lui auraient donné de la vie. C'est plus l'ouvrage d'un homme qui sait écrire que celui d'un historien qui se fait distinguer par des aperçus nouveaux. Au reste, ce n'est pas ici le lieu de reproduire l'examen critique que j'ai fait de ce précis (1). Il se peut, je l'avoue, que je l'aie écrit sous l'influence des préventions de l'amitié ; cependant je puis affirmer que je n'ai rien négligé pour m'en défendre ; que si j'avais le désir de contribuer au succès du livre, j'avais aussi la prétention de le juger avec impartialité. Depuis, j'ai éprouvé la douce satisfaction d'avoir sanctionné d'avance des conclusions que le temps et le bon goût ont consacrées. La Bretagne accueillit favorablement cet ouvrage. Ses journaux et tous les hommes instruits dont elle s'honore, s'empressèrent de lui payer le tribut d'estime qu'il mérite. Quelques censeurs se montrèrent injustes à son égard ; mais leurs objections ne servirent qu'à mieux prouver combien Richer a su, dans cette histoire, apprécier la dignité de l'homme et le perfectionnement de sa belle intelligence. Personne plus que lui ne croyait aux progrès de la raison. Il pensait aussi, et il a toujours pensé depuis, que cette dignité et cette intelligence ne peuvent mieux s'allier qu'avec la religion.

Au milieu de travaux si graves, la poésie avait encore son tour et venait animer du feu de son prisme les sentiments et les pensées qui le dominaient, lorsqu'il

---

(1) Voyez le *Lycée Armoricain*, an 1823, 2.ᵉ volume, page 245.

voulait se distraire de l'ennui de ses recherches historiques. — Son épître à M. L. Impost est remarquable
autant par la verve et la facilité que par l'heureux enchaînement des vers et leur douce harmonie. L'auteur
s'y place à une haute élévation d'idées, y retrace quelques-unes des grandes vérités de la philosophie et de
la morale, engage son ami à dédaigner un monde qui
ne peut contenter ses désirs, pour se réfugier au sein
de l'infini, qui peut seul satisfaire une âme immortelle.

Je ne puis résister au plaisir de citer ici quelques-
uns des beaux vers de cette épître. Après avoir peint
le poëte plein d'ivresse, agité des plus nobles transports,
s'élançant d'un vol hardi par delà le temps et l'espace,
il ajoute :

> Sait-il, à ces hauteurs célestes,
> S'il est un globe infortuné
> Où l'homme aux douleurs condamné,
> Coulant sans fin des jours funestes,
> Se plaint du malheur d'être né ?
> Mais, vers cet atôme d'argile,
> Descendant des sommets du ciel,
> S'il abaisse un regard tranquille,
> Ce regard n'est plus d'un mortel :
> Affranchi de l'erreur commune
> Il rit des jeux de la fortune
> Et des orages de la cour.
> Il voit tout un peuple folâtre,
> Semblable aux héros du théâtre,
> Briller et mourir en un jour.
> En vain à leur nouvelle idole
> Les grands prodiguent tour-à-tour
> L'hommage d'un encens frivole,

Lui seul, il juge du même œil
César assis au Capitole
Ou descendu dans le cercueil.

VIII.

Vers la fin de l'année 1821, un événement, aussi désastreux qu'imprévu, vint troubler son existence, froisser son cœur et y porter de nouveau le découragement ; voici sa lettre à ce sujet :

« Je suis venu passer quelques jours à Nantes pour y faire des recherches à la bibliothèque, et je me proposais de retourner au plus tôt à *La Coutancière*, quand des voleurs m'y ont devancé. Ils s'y sont introduits par l'une des petites fenêtres de ma cuisine. Ils ont fait sauter les barreaux de fer dont elle était garnie, et sont entrés, sans obstacle, dans la maison. Là, ils ont enfoncé les portes fermées, ont trouvé, dans un des tiroirs de mon buffet, mes clés réunies, à l'aide desquelles ils ont pénétré partout ailleurs. Dans l'espoir de s'emparer de mon linge et de mon argenterie, ils ont ouvert ma commode, mon bureau, mes placards, en ont visité les divers compartiments. Trompés dans leur attente, irrités sans doute de s'être exposés sans profit, ils ont poussé vers la cheminée tous les papiers qu'ils avaient d'abord jetés au milieu de ma chambre, y ont mis le feu et ont consumé, en un instant, le fruit de douze années de travail : mes Notes astronomiques, ma Poëtique naturelle, tout ce que j'avais recueilli sur la métaphysique et sur le département pendant cinq années de recherches et de voyages. Je n'aurai jamais la force de recommencer tant de travaux. Privé de ces écrits et de mes notes,

je ne prendrai désormais la plume que d'une main dé-
couragée. Ah! mon cher monsieur, j'ai besoin de toute
ma philosophie pour supporter un tel coup!

» Ce vol est inoui, car depuis trente ans on n'avait pas
entendu parler d'un seul objet dérobé dans la commune
que 'j'habite. Mes faibles succès littéraires m'ont fait
beaucoup d'ennemis à Nantes, et plusieurs personnes
soupçonnent quelques-uns d'eux capables d'avoir profité
de mon absence pour venir brûler mes manuscrits. Quelque flatteuse qu'une telle supposition puisse être pour
mon amour-propre, je suis loin de croire qu'elle soit fondée : je suis plus disposé à penser que ce sont des Bretons qui, vous le savez, voyagent par troupes dans nos
pays. A la vue d'une maison isolée et abandonnée, ils se
sont hasardés à s'y introduire. La perte qu'ils m'ont oc-
casionnée en brisant mes meubles et d'autres objets s'é-
lève à peine à cent francs. Ce sont mes papiers que je regrette: ils étaient pour moi d'une valeur inappréciable! Ce
vol a fait bruit à Nantes, la justice est à la poursuite des
brigands, mais quand on les aura saisis et condamnés
aux galères, en serai-je plus avancé. Je vais garder moi-
même ma maison, je ne la quitterai plus; je renonce aux
travaux littéraires, à la réputation, à la gloire qu'ils me
promettent. Je ne veux, à l'avenir, m'occuper que de ce
que les voleurs les plus habiles ne pourront jamais m'enlever.

« *Invisibilia non decipient.* »

Parfois le voyageur, que la tempête a rejeté sur la côte,
peut explorer les débris de son naufrage et rassembler ce
qui a été épargné. Richer n'eut pas même cette triste
consolation ; ses papiers, sans exception, avaient été

brûlés, et il n'en retrouva que les cendres. Pouvait-il revenir sur des matières qui ne lui auraient offert que les traces effacées de ses anciennes impressions? Pouvait-il recommencer laborieusement, et par une froide nécessité, ce qu'il avait entrepris librement, par une sorte d'inspiration et de culte pour la science? On conviendra que cette tâche était, non-seulement difficile, mais pour ainsi dire impossible. Son *Voyage Pittoresque* était le seul ouvrage qu'il pût continuer; son découragement s'étendit jusqu'à lui. « Il en restera là, m'écrivit-il, du moins de ma part. L'éditeur seul est obligé de le terminer, et il peut faire écrire les lettres qui doivent suivre par plusieurs autres personnes capables, telles que MM. de Tollenare, Athenas, Huet et Le Boyer. »

Sa vie, d'abord, redevint ce qu'elle avait été tant de fois, rêveuse et contemplative; il retomba dans une nouvelle mélancolie, qu'il alimenta d'idés philosophiques et religieuses, et dont ses lettres à ses amis furent les seuls épanchements.

« Je suis consolé de mon malheur, me mandait-il, je n'écris plus; je veux passer le reste de mes jours dans une *seule* et vaste contemplation. Mon *Histoire de Bretagne* sera peut-être le seul souvenir qui restera de moi sur la terre. Le nombre des livres se multiplie si prodigieusement qu'avant peu les hommes ne seront probablement jaloux que de conserver ceux qui se rattachent aux lieux qui les ont vus naître. Au surplus, quel que soit le sort qui attend mon précis, je ne veux pas plus y songer, qu'à ceux de mes manuscrits brûlés à *La Coutancière*.

» Lorsque je réfléchis sur les agitations de ma vie passée, je m'étonne d'avoir pu, quelque temps, ambitionner la gloire orageuse des lettres, comme si j'avais besoin de ce bruit extérieur pour m'encourager à marcher dans la vie, comme si j'avais besoin d'un éclat qui est tout entier dans l'opinion des autres, comme si enfin le bonheur était dans cette situation périlleuse où, quand on a obtenu quelque succès, on est en butte à la haine et à l'envie, où la sottise et l'ignorance vous poursuivent de leurs risées, quand le succès ne répond pas à vos espérances. Je sens aujourd'hui que l'oubli est le meilleur garant du bonheur. On ne s'occupe pas de vous, vos démarches ne sont pas épiées, vous pouvez suivre sans obstacle vos goûts, vos penchants, et il est très-vrai que, dans la grande scène de la vie, il est plus avantageux de se ranger parmi les spectateurs que parmi les acteurs. »

Dans le même temps, il m'écrivait encore : « Je vous le répète, je n'écris plus, et je suis tout-à-fait dégoûté d'écrire, c'est avec bien de la vérité que Saint-Paul a dit que *la sagesse humaine est folie aux yeux de Dieu*. Il n'y a de vrai que ce monde moral que la frivolité dédaigne.

Tout est faux sur la terre, excepté l'invisible.

« A quoi sert de ranger des lignes les unes à côté des autres pour faire part aux hommes de quelques vérités qu'ils ne veulent ni adopter ni comprendre, tandis que la religion, qui est une vie intérieure pour chacun de nous, renferme en un faisceau toutes ces vérités éparses. »

On voit que le spiritualisme de Richer, qui s'accroît

de plus en plus, commence à se colorer de nuances ardentes et le pénètre d'un nouveau dédain pour le monde.

Autrefois, il cherchait dans la solitude des aliments pour son esprit; actuellement, plus aigri peut-être par l'injustice et les faux jugements de quelques hommes que par la perte de ses manuscrits, il est devenu insensible aux charmes des lettres; il semble déjà avoir épuisé cette source de félicité et ne s'être réfugié en lui-même que pour y vivre seul avec Dieu. Il ne s'occupe que d'ouvrages théosophiques. Il lit et annote Swedenborg, Jacob-Boëhme, Saint-Martin, Muralt, etc. Ce n'est plus que dans les idées religieuses qu'il cherche des consolations, ce sont les seules jouissances qu'il se promette, le reste est flétri pour lui; et, ce n'est même pas assez de cesser d'écrire, il ne veut plus lire.

« Quand on vit avec Dieu et la nature, dit-il; quand l'âme n'aperçoit plus que l'immensité dans l'espace, l'infini dans le temps, les intérêts humains paraissent bien petits, et les vanités étroites de chaque homme pour chaque jour s'anéantissent à nos regards. Que reste-t-il de tous ces peuples, de tous ces rois qui ont couvert la surface du globe depuis tant de siècles? La trace de leur demeure ensevelie sous des ronces, leurs ossements mêlés aux sables des déserts, et un souvenir que conservent d'eux à peine quelques-uns de leurs descendants, encore ce souvenir quel est-il? Quoi de plus confus, de plus incertain? Ce sont ces réflexions, et d'autres du même genre, qui me dégoûtent du passé, qui m'encouragent à jouir du présent, sans me tourmenter de ce que les hommes ont dit et pensé, diront et penseront de moi. Aussi, je ne lis plus. Je ne veux être influencé et guidé ni par les vivants, ni par les morts. Depuis quelque temps, j'éprouve un plaisir qui m'était inconnu, celui que procure la vie domestique à la campagne ; elle me rafraîchit le sang et me reporte à vingt siècles de nos jours. Souvent je coupe moi-même le chou qui doit faire mon dîner ; et, quand les détails de mon petit ménage cessent de m'occuper, c'est dans mes rêveries que je trouve un refuge contre les importuns, les méchants et les envieux. Dites que je suis un fou, mais laissez-moi mes plaisirs chimériques ; et, pour peu que vous m'aimiez, ne soufflez point sur des fantômes sans lesquels je ne puis être heureux. »

Il se pouvait sans doute que Richer, dans cette circonstance comme dans d'autres, eût abandonné d'utiles réalités, pourcourir après des chimères, et que, victime de sa propre conviction, il se trompât lui-même ; mais il se disait heureux, pourquoi l'aurais-je tourmenté de mes observations ? Quelques-uns de ses amis ne purent garder le silence, et quoiqu'ils connussent l'impatience caractéristique qui l'irritait contre ceux qui contrariaient ses déterminations, ils tentèrent de le rappeler à ses travaux littéraires, qu'ils regrettaient de lui voir discontinuer. Ils lui représentèrent qu'un des premiers devoirs de l'homme doué de quelques talents est d'en consacrer l'emploi au profit de ses semblables, qu'une abnégation complète de l'existence sociale est à la fois un outrage fait aux lois divines et humaines, que la vie contemplative n'est qu'un égoïsme ardent et déguisé, que si chacun voulait s'y livrer exclusivement, les liens de la société seraient bientôt dissous ; qu'il était né pour

cultiver les sciences et les lettres, et non pour les occupations de la vie commune qui, de son propre aveu,
rappetissaient les idées, détruisaient les nobles élans
de l'intelligence et nous courbaient vers la terre. Il resta
sourd à leurs instances et leur prouva encore une fois
qu'il ne voulait pas être détourné de la route qu'il avait
choisie.

IX.

Cependant l'espèce de dédain et de dégoût qu'il ressentait de nouveau pour le monde, n'était ni de l'abbat-
tement ni même de l'ennui, cette inquiétude accablante
qui nous ôte parfois jusqu'à la réflexion. Sa vie, pour
être intérieure, n'en était pas moins tout intellectuelle ;
le domaine de son imagination était toujours aussi vaste,
sa pensée n'avait rien perdu de son activité, et il ne la
concentrait que pour mieux se livrer à de profondes
méditations religieuses et s'élever dans les hautes régions de l'infini.

Les cinq premiers mois de l'année 1822 s'écoulèrent
presque tout entiers sans qu'il parût cesser de se com-
plaire dans cet état moral, qui n'était que passager. A son
âge, combien n'était-il pas difficile de se débarrasser de
tous ses souvenirs, d'oublier ses amis et de renoncer
sans retour aux relations de bienveillance et de sympathie qui tendent à rapprocher tous les hommes ? Et,
quoique la gloire ne soit pas un bien désirable, puisque
toujours l'envie lui dispute ses succès, de tous les
plaisirs de l'âme n'est-elle pas celui auquel un écrivain
est le plus vivement sensible ? Ces divers sentiments,
loin d'être anéantis dans le cœur de Richer, y conser-

vaient de profondes racines , et ce sont eux qui, plus que les instances de ses amis, l'arrachèrent encore à ses rêves, et le rendirent à la société et aux lettres : il recommença ses excursions pour la suite de son *Voyage Pittoresque.*

Le premier juin de cette même année 1822, il alla visiter Clisson, et n'y resta qu'un jour, qui lui suffit pour en peindre les sites si beaux, si pittoresques. Sa description, malgré la rapidité avec laquelle elle fut composée, n'en est pas moins d'une exactitude remarquable. On y retrouve, avec la fraîcheur et la force de ses impressions, toute l'éloquence de sa plume. Elle eut six éditions, et lui valut des lettres de félicitations de la part de quelques-uns des nombreux voyageurs qui faisaient alors de Clisson un but de pélerinage et se servaient de ce petit ouvrage comme d'un itinéraire pour mieux parcourir et admirer ces lieux enchanteurs. (1)

Il alla peu de temps après passer trois mois à la *Martinière*, petit village à une demi-lieue du bourg du Pellerin. C'est de là qu'il explora les deux rives du fleuve, depuis Nantes jusqu'à son embouchure, et écrivit la lettre cinquième du voyage pittoresque, qu'il dédia à son ami M. Thomine, président de la Société Académique de Nantes et publia l'année suivante. Il entreprit de nouveaux travaux littéraires, et les multiplia au point

---

(1) Je conserve les originaux de deux de ces lettres dont l'une est d'une nantaise Mme R..xel, née Anth..y, à qui cette description inspira un vaudeville intitulé : *le Voyage à Clisson, ou le Trompeur Trompé.*

de ne plus m'écrire que fort rarement. Voici comme il s'en excuse :

« Croyez que ce n'est ni la distance qui nous sépare, ni le temps qui s'est écoulé depuis notre séparation qui, en refroidissant l'amitié que je vous ai vouée, me rendent moins désireux de correspondre avec vous. J'aime à vous le répéter, cette amitié est fondée sur des précédents qui la rendent inaltérable. Privé de bonne heure de celui qui me donna le jour, dans mon enfance, j'ai trouvé en vous un guide, dans ma jeunesse un ami qui a pu lire dans mon cœur et connaître tous les secrets de ma vie morale ; mais à l'avenir je vous écrirai moins souvent, parce que je serai pour vous tout entier dans mes écrits. La vie d'un auteur, a-t-on dit plusieurs fois, est dans ses ouvrages. Je veux que ceux que je publierai à l'avenir ne soient en quelque sorte qu'une continuation de ma correspondance avec vous, et que vous y retrouviez toujours les émotions que j'aurai éprouvées et les sentiments qui domineront mon âme. »

On ne peut nier, en effet, que Richer ne se soit peint dans tous ses ouvrages. Tous les sentiments qu'il y exprime sont les siens. Si parfois quelques-uns d'eux s'y contredisent et le présentent sous des aspects opposés, c'est que certaines circonstances, l'âge, les progrès de ses études, ont modifié ses idées et ne leur ont pas laissé à toutes cette fixité qu'on remarque surtout parmi celles qui importaient le plus à son indépendance et à son bonheur.

D'après cette résolution qu'il prit de ne plus m'écrire qu'à des intervalles éloignés, il ne faut pas s'étonner si , lorsque j'aurai occasion de le faire parler lui-même , ce soit moins d'après sa correspondance qu'à l'aide de ses écrits et de mes souvenirs.

La religion, ce pain de l'âme, redoublait sa vie , soutenait ses forces physiques et morales. Il se repliait toujours de plus en plus en lui-même pour y chercher et y nourrir les sentiments qu'elle lui inspirait. Plusieurs de ses croyances s'étaient confirmées par ses méditations et commençaient à se fixer pour bientôt ne plus former qu'un tout indivisible.

Le naturalisme avait pendant quelque temps laissé sa foi incertaine ; mais , enfin, convaincu que le christianisme est la source de toute sagesse , de toutes vertus , qu'il est le père de la liberté et de la civilisation, qu'il fait fleurir les lumières, hâte leurs progrès, et qu'en portant les hommes à la charité, il combat et détruit l'égoïsme, ce cancer des sociétés modernes , il l'adopta sans retour et reconnut en même temps que si la religion du Christ peut se soumettre au raisonnement, au moins ne peut-elle exister qu'avec la révélation.

Ce fut au mois d'octobre 1822 , qu'il écrivit le *Mot de l'Enigme* , qui ne fut imprimé à Paris qu'en 1826; l'idée principale lui en fut suggérée par Law, auteur de la Voie de la Science Divine, et par Saint-Martin. Un ecclésiastique de Nantes en rendit un compte assez honorable dans un journal appelé l'*Union*.

Dans cet ouvrage , plein d'érudition , Richer explique l'origine du mal, en démontrant la vérité de l'un des principaux dogmes du christianisme, celui de la chute de l'homme. La Bible dit à l'homme qu'il est tombé, et lui promet un temps où il pourra se relever. L'Evangile, dont la lecture ne semble qu'une énigme perpétuelle, est l'accomplissement de cette promesse, et n'a plus rien de mystérieux, aussitôt que l'on admet cette vérité.

Il avait adressé au père Antoine, abbé de Melleray, sa lettre sur cette abbaye, et celui-ci l'en avait remercié en termes très-flatteurs. Il fut curieux d'avoir son avis sur le *Mot de l'Enigme*, et il lui en transmit le manuscrit. L'abbé le lui renvoya accompagné d'une réponse qu'on ne sera peut-être pas fâché de lire, et que pour cela j'ai placée à la fin de ce volume.

X.

Au commencement de 1823 parut le *Lycée Armoricain*, recueil uniquement consacré à la philosophie, aux sciences et aux arts, et qui a compté plus de neuf années d'existence. Richer en fut un des principaux collaborateurs, et M. Camille Mellinet, à qui nous devons l'impression de presque tous les ouvrages de notre compatriote, en fut l'éditeur. Cette publication devint entre eux l'aliment actif d'une correspondance et de relations qui se convertirent bientôt en une amitié que, de part et d'autre, la confiance et le désintéressement ont rendue inaltérable.

Richer publia, dans le premier numéro, quelques réflexions sur le romantisme, qui occupait alors beaucoup les esprits ; il en défend les beautés et en blâme les abus. « Admirons, imitons, dit-il, les chefs-d'œuvre du siècle d'Auguste et de Louis XIV, mais ne proscrivons pas ce qui sort du cercle dans lequel d'imprudents législateurs cherchent à renfermer la pensée, comme si l'immatériel qui échappe au temps et à l'espace pouvait être limité. La littérature romantique, puisée à sa véritable source, ne peut que nous agrandir à nos yeux et exciter le talent partout où il y aura de l'âme et du sentiment. »

Il me semble que, depuis, on n'a rien pensé ni rien écrit de plus sensé sur cette matière, et je l'avoue, c'est à ce peu de lignes que je dois l'idée de *l'Entretien sur le romantique et le classique*, inséré dans le 4.ᵉ volume du *Lycée*.

On conviendra que Richer s'est constamment efforcé de joindre l'exemple au précepte, et que si, par la nature de ses ouvrages, en général, il appartient plus à l'école romantique qu'à l'école classique, au moins il a su éviter les extravagances et le ridicule de l'une et le pédantisme et la sécheresse de l'autre. Quelques personnes lui ont reproché de l'affectation, elles ont pris pour de l'emphase ce qui n'est chez lui que l'expression animée d'idées abondantes et fortement senties ; car s'il ne se montre pas l'esclave des règles que préconisent les rhéteurs, il est toujours soumis à celle du bon goût, et son originalité n'est ni d'un grandiose outré ni prétentieusement familière.

Son poëte favori devait être et était en effet La Martine. Il affectionnait comme lui les pensées religieuses, il aimait comme lui à s'abandonner aux émotions d'une âme tendre et élevée, et à se réfugier au sein d'un monde meilleur. Aussi le citait-il souvent, et prenait-il plaisir à parler de ses ouvrages.

« M. de La Martine, dit-il, dans la deuxième livraison

du *Lycée*, a, le premier, revêtu du langage poétique ces sentiments qu'éprouvent aujourd'hui tous les hommes éclairés, troublés dans leur croyance, inquiétés dans leurs affections. Partout il a présenté des tableaux en harmonie avec cette partie de notre âme, qui ne se nourrit que d'amour et de sentiments. Tantôt, sa poésie, vague comme une musique délicieuse, donne plus d'aliments à la rêverie qu'à la pensée ; tantôt, au contraire, c'est un langage concis, où, sans nuire à l'élégance, chaque vers est une idée , chaque phrase une vérité. »

Toutefois, après avoir loué les poëmes de M. de La Martine, Richer, dont le spiritualisme était austère, et qui avait déjà prouvé, par son Ode sur l'immortalité de l'âme, combien il dédaignait une métaphysique puisée dans les objets sensibles, reproche à l'auteur des *Méditations* d'avoir méconnu le genre de poésie dont il aurait dû revêtir les idées religieuses. Il regrette que, pour démontrer l'existence de Dieu, il ait préféré les images brillantes de la nature aux preuves non moins frappantes dont les écritures sont remplies, surtout le nouveau testament, qui lui eût offert des pensées plus graves, des vérités d'un ordre plus sublime et plus dignes d'un talent aussi supérieur que le sien. Sans nier tout ce que les livres saints renferment de beautés poétiques, il est permis, ce me semble, de n'être pas entièrement de l'avis de Richer, et de croire qu'un tel genre serait, sans doute, avantageux à la religion, mais pourrait n'être pas aussi favorable à la poésie.

Dans cette même livraison du *Lycée*, M. Le Boyer

fit paraître un mémoire sur cette question : « *La langue des Bas-Bretons est-elle la même que la langue Celtique ?* » Question qui avait déjà été agitée, et qui n'était pas encore éclaircie. Ce savant considère l'affirmative comme un préjugé, le combat, réfute les raisons qu'on a alléguées, pour de ces deux langues ne faire qu'une seule et même langue, et essaie de démontrer, par des faits, surtout par des preuves tirées de l'Histoire et des étymologies, qu'elles sont différentes.

Richer, ne pouvant partager cette opinion, publia aussitôt une dissertation sur l'identité du Celtique et du Bas-Breton. Il y affirme que, s'il est un point d'histoire qui offre quelque certitude, c'est, sans contredit, cette identité. Il énumère les objections de M. Le Boyer, répond à chacune d'elles, et confirme également ses assertions par des faits, des étymologies et des démonstrations historiques.

M. Le Boyer ramassa le gant et soutint le combat par un second mémoire, auquel Richer ne tarda pas à répliquer. M. de Kerdanet, jaloux de soutenir l'honneur du Bas-Breton, sa langue maternelle, entra en lice, appuya, par une foule de preuves, ce qu'avait avancé Richer, que les Bretons-Armoricains faisaient partie des Celtes et des Gaulois, avaient la même langue que ces peuples, et que cette langue est bien le Bas-Breton.

Après plusieurs articles pour et contre, Richer résuma avec autant de clarté que de talent tout ce qui avait été dit sur ce sujet, et déclara qu'il se retirait de la lutte avec l'entière conviction que son opinion était désormais à l'abri de toute discussion, et parce qu'il lui semblait impossible d'amener à la vérité un adversaire qui s'obstinait à nier tout ce qu'on lui opposait, sans donner aucune raison du refus d'y acquiescer.

Cette discussion, à laquelle Richer prit une part très-active, ne lui fit pas moins d'honneur qu'au savant dont il combattit l'opinion et qu'à celui qui s'était rangé sous sa bannière. Tous trois invoquèrent de part et d'autre les témoignages des auteurs anciens et modernes, qui se sont occupés des antiquités de la Bretagne ; tous trois firent preuve d'une érudition profonde, et Richer, par son style souple et varié, sa diction élégante et animée, réussit à répandre quelque intérêt sur une matière naturellement fastidieuse.

XI.

Dans ce même temps, se succédèrent les livraisons du *Voyage Pittoresque,* qui fut terminé par la description du *Croisic* et d'une partie de la côte qui en est voisine. Richer la dédia à M. Le Boyer ; et celui-ci, dans le deuxième numéro du *Lycée*, en fit l'analyse, parla de cette lettre, ainsi que des précédentes, avec éloge. Tous deux, par cette conduite, prouvèrent qu'ils réunissaient, ce qui est assez rare, la grandeur d'âme au talent ; que l'intérêt de la science l'emportait en eux sur l'amour-propre, puisqu'après une discussion soutenue de part et d'autre avec quelque vivacité, ils n'avaient pas cessé d'être amis.

Le *Voyage Pittoresque* (1), cet ouvrage, fait avec des

---

(1) M.** Belloc en a rendu compte dans la *Revue Encyclopédique* ; il a été cité par Marchangy dans son *Tristan le Voyageur,* et par M. d'Arlincourt dans l'*Etrangère*.

notes prises en face des objets et sous l'inspiration du moment, cet ouvrage où l'auteur se montre à la fois poëte et savant, fut néanmoins l'objet des critiques de quelques-uns de ces esprits médiocres et envieux, qui s'occupent toujours moins de rechercher les beautés d'un livre que d'en faire remarquer les fautes.

Certes, je suis loin de prétendre que celui-ci soit sans défauts, mais je crois facile de démontrer qu'il est exempt de ceux qu'on lui a reprochés.

« L'auteur, a-t-on dit, aime trop à décrire ; » ce ne peut être un défaut, lorsque les descriptions sont vraies, naturellement placées, coloriées et relevées par des observations justes et instructives.

« Ces descriptions, a-t-on ajouté, ont des simili-
» tudes. »

Ce point de critique est injuste, car la nature offre souvent les mêmes modèles, et le voyageur, en rencontrant des sites à peu près semblables, et en les peignant tels qu'ils se présentent encore à ses yeux, se copie nécessairement ; mais ces répétitions sont des similitudes dans l'aspect des lieux, et non des réminiscences.

« Richer, a-t-on prétendu, attache trop d'importance
« aux lieux qu'il décrit. »

Peut-être, après avoir passé une partie de sa jeunesse sur un petit coin de terre, où les mêmes images frappaient ses regards, était-il trop disposé à l'admiration. Il était difficile qu'à la vue de paysages plus vastes, au milieu de plus grandes scènes de la nature et plein d'idées acquises presque sur tout, son imagination riche et féconde ne saisît et ne peignît pas les objets sous tous leurs rapports. Il accumule les tableaux, les souvenirs, mais sans qu'il en résulte aucun désordre dans l'esprit ; et, s'il décrit avec quelques détails, c'est qu'il voit et sent beaucoup. Quand on observe la nature avec quelque attention, on y découvre une infinité de choses qui échappent au commun des hommes.

« Ce voyage, a-t-on dit encore, est incomplet ; l'auteur » n'a point décrit plusieurs parties intéressantes du » département. »

Richer n'avait prétendu retirer aucun profit de ce travail, et l'avait entrepris sans ambition et sans vanité. Il avait peint successivement des coteaux, des vallées, des bois, des étangs, des ruisseaux, des rivières, des châteaux antiques et modernes, des monuments de toutes les époques ; il avait offert le spectacle du grand fleuve qui donne son nom au département, de la mer qui en baigne les côtes ; et les communes qu'il n'avait pas visitées, se composant en partie de coteaux plantés en vignes, il n'y eût trouvé que des tableaux presque sans vie ; car les vignes ne peuvent même suppléer les haies, les buissons, pour l'effet pittoresque. Elles sont peu agréables à l'œil, et ne lui présentent, pendant une grande partie de l'année, que des souches nues et régulièrement disposées. Il jugea à propos d'en rester là. Je suis loin de l'en blâmer, parce que je sais trop bien que, s'il avait cru s'apercevoir qu'on exigeait qu'il continuât son voyage, dans le but arrêté de voir de nouveaux objets, de chercher de nouvelles émotions, il eût aussitôt senti l'encrier peser sur sa poitrine, et l'eût rejeté bien loin.

Les recherches laborieuses auxquelles il avait été obligé pour soutenir avec avantage la longue discussion sur l'identité du celtique et du bas-breton, l'impression des dernières lettres du *Voyage Pittoresque*, ainsi que d'autres compositions qu'il méditait et pour lesquelles il avait à consulter les bibliothèques et ses amis, l'éloignaient et le rapprochaient alternativement de la *Coutancière*, et le mettaient en quelque sorte dans la nécessité de partager son existence entre la société et l'étude; mais ses deux trésors les plus chers étaient toujours le temps et son indépendance, et plus que jamais il savait employer l'un sans compromettre l'autre.

Son activité était sans bornes. Il semblait craindre ne pouvoir assez vivre pour exprimer tout ce qu'il sentait au dedans de lui, et pour en faire jaillir tout ce que sa féconde intelligence, pareille à une source bouillonnante et inépuisable, renfermait de pensées. Outre les ouvrages de quelque étendue dont il s'occupait, il composa et fit insérer pendant le cours de l'année 1823, dans chaque livraison du *Lycée*, deux et souvent trois articles en prose ou en vers. J'ai déjà fait mention de quelques-uns de ceux en prose; je vais en indiquer sommairement d'autres, et je rappellerai ensuite ceux de poésie.

LETTRE A L'ÉDITEUR DU LYCÉE ARMORICAIN.

Cette lettre est la première de celles publiées dans ce recueil en 1824 et 1825, sous le nom d'un armorique (de Mériadec), lettres d'une originalité aussi piquante que spirituelle, écrites dans le but de traiter avec détail quelques-uns des points les plus intéressants de l'histoire et des antiquités bretonnes.

Dans celle-ci, Richer met déjà en scène ses deux amis, le poëte et l'antiquaire. La peinture qu'il fait de leurs goûts, de leurs opinions, le récit de ses promenades et de ses conversations avec eux, rappellent trop bien notre *Académie ambulante* (1) pour qu'on puisse se méprendre sur le nom des deux personnages qu'il a voulu désigner ; mais auxquels, surtout à propos de l'*Histoire de Bretagne*, il prête une érudition qu'ils n'avaient pas, des talents, des raisonnemens et des plaisanteries qui appartiennent à lui seul.

LA VANITÉ.

Voici l'idée principale de ce petit article, dont, en raison de sa briéveté, je n'aurais peut-être rien dit, s'il n'était l'expression tout entière du but que Richer s'est constamment proposé en s'adonnant aux lettres. Selon lui, celui qui les cultive pour s'en faire honneur n'en recueille qu'une satisfaction fort imparfaite, puisqu'elle n'est rien pour le cœur ; tandis que celui qui est épris du véritable amour de l'étude, qui écrit selon son âme, trouve dans ce sentiment seul le charme et la récompense de ses travaux littéraires, et jouit d'un bonheur d'autant plus inaltérable qu'il est indépendant des conventions humaines.

SUR LA HAINE DES BRETONS CONTRE LES ANGLAIS.

M. Brousmiche, de Brest, dans un fragment sur les

---

(1) Voyez page 20 de ces mémoires.

mœurs des Bretons, avait parlé de la haîne des Armoricains contre les Anglais, et avait ajouté qu'il pourrait être curieux de rechercher les motifs de cette haîne entre deux peuples qui semblent avoir une origine commune. Richer connaissait assez leur histoire pour donner à ce sujet une explication suffisante. Il l'attribue à un ressentiment des vaincus contre les vainqueurs, c'est-à-dire des anciens habitants de la Grande-Bretagne contre les Saxons qui les chassèrent de leur patrie. Dispersés sur les rivages de l'Armorique, les Bretons du Continent ont conservé contre les Anglais une aversion dont ils ont pu oublier les motifs, mais qu'ils ont reçue de leurs pères et qu'ils transmettront à leurs enfants.

MÉMOIRES DE LA SOCIÉTÉ DES ANTIQUAIRES DE FRANCE.

L'Académie celtique, créée en 1807, a généralement montré plus d'enthousiasme que de véritable érudition, a accumulé plus de conjectures et de paradoxes que de faits réels et de travaux utiles. Aussi ne tarda-t-elle pas à tomber dans le discrédit, et dès 1810, elle avait cessé d'exister. Néanmoins, l'importance de ses recherches avait fait sentir le besoin de la rétablir. Elle reparut en 1814 sous le titre de *Société Royale des Antiquaires de France*, et de 1817 à 1823 elle avait publié les cinq premiers volumes de la collection de ses mémoires. C'est dans cet article que Richer, fort de la connaissance de l'histoire des monuments anciens de la Bretagne, fait un examen critique de ceux de ces mé

moires qui, dans les trois premiers volumes, se rappór-
tent à cette contrée. M. Athenas s'était chargé de rendre
compte des deux volumes suivants; mais le *Lycée* ne
contenant aucun article de ce savant sur les mémoires
qu'ils renferment, il est présumable qu'il ne s'est point
occupé de ce travail.

SUR LA DESTRUCTION DE CORSEUL.

M. Nadaud, dans ses lettres sur *Dinan, Corseul,
St.-Malo, etc.*, attribue la ruine de Corseul à Charle-
magne, ou à Louis-le-Débonnaire; mais, comme les preuves
sur lesquelles il appuie cette assertion ne sont rien moins
que concluantes, Richer la combat par des faits qui lui
sont contraires, et se résume en disant que s'il est avéré
que Corseul ait été détruit ou incendié, qu'on recon-
naisse dans ses ruines les traces de la fureur des
hommes et non celles des injures du temps, il faut faire
remonter cet événement aux siècles où les Romains
étaient maîtres des Gaules, ou bien à l'époque posté-
rieure où ces vainqueurs, occupés à réprimer les révoltes
des anciens rois bretons, ont voulu laisser un souvenir
effrayant de leur vengeance.

SUR BARBE-BLEUE.

Dans la Bretagne, Gille-de-Retz passe pour le héros
du conte de Perrault; mais M. de Kerdanet avait prétendu que Barbe-Bleue n'est autre que le prince bas-
breton désigné sous le nom de *Comorre ou Canao*, et
c'est contre cette dernière opinion que Richer se prononce dans cet article.

DU NEUF EN LITTÉRATURE.

Richer contredit vivement ici cet adage vulgaire et accrédité dans une certaine classe d'hommes de lettres. « Tout a été dit. » Les nombreuses figures du Kaléïdoscope, dit il, différeraient peut-être moins entre elles que les divers écrits des hommes, si chacun d'eux se proposait de transmettre fidèlement les impressions qui lui sont propres, au lieu de se copier les uns et les autres. Il indique plusieurs des causes qui nous empêchent d'atteindre le neuf et quelques-uns des moyens d'y parvenir.

LA FILLE DE MOAB, OU L'ANATHÈME.

Il fait l'éloge du petit ouvrage de M. Walsh, qui porte ce titre, et dont le sujet est pris dans l'écriture au temps du roi David. Il saisit en même temps l'occasion de relever une erreur de M. de Châteaubriant « qui, dit-il, » si supérieur dans le genre descriptif, n'est jamais au » niveau de son sujet lorsqu'il traite des idées et des » sentiments religieux ; il n'applique son imagination » qu'à la surface des choses. Quoi qu'il faille un grand » génie pour se tromper comme cet auteur, le *Génie du* » *Christianisme* et les *Martyrs* seront toujours sous un » rapport des modèles dangereux à imiter. »

Ce même reproche qu'il a fait aussi à M. de Lamartine, et que selon lui n'a pas mérité M. Walsh, atteste plus encore combien il tenait à ce que, même en poésie, on n'entourât point d'images sensibles les preuves en faveur de la religion chrétienne, qui est la science de l'âme et ne peut s'expliquer que par la métaphysique qui lui est propre.

DU MAGNÉTISME ANIMAL.

M. Le Boyer avait publié dans le *Lycée* quelques réflexions sur le magnétisme animal; mais, laissant aux médecins à le considérer comme moyen de guérison, il n'en parlait qu'en physicien et indiquait les différentes manières de magnétiser avec succès. Richer, dans cet article, se livre à des considérations générales sur les phénomènes; et, sans se ranger plus du côté des physiciens qui ont cherché à les expliquer que du côté des enthousiastes qui leur ont attribué des effets surnaturels, il observe que ce qui fait du magnétisme une science en butte à tant de contradictions, c'est que, par ses principes, elle tient à une philosophie profonde, et que, par ses effets, elle trouve des juges parmi les personnes les moins instruites. Il prétend avec raison, selon moi, qu'il n'est pas conséquent de nier ces phénomènes, parce qu'on ne peut dire comment ils s'opèrent, qu'il n'en est pas moins vrai que les faits existent et ne s'expliqueront probablement que lorsqu'on aura montré la concordance intime qui règne entre notre volonté et nos organes.

LES SOUVENIRS DE L'ARMORIQUE.

Cette pièce, dédiée à M. de Kerdanet, est la première de celles en vers que Richer a publiée dans le *Lycée*. Elle était de nature à augmenter l'intérêt que pouvait inspirer ce recueil littéraire. Elle est surtout remarquable par la grandeur des images, la pompe et l'harmonie des vers : on en jugera par quelques citations,

Salut terre de gloire, immortelle Armorique!
Quels rayons éclatants ornent ton front antique !
Du culte du grand être instruisant les mortels
Chez toi le vieux druide élevait ses autels ;
Les neuf vierges de Saine, annonçant les oracles,
Sur tes rochers déserts appelaient les miracles ;
Tes bardes apprenaient à voler aux combats,
Et des bords de l'Afrique au séjour des frimas,
Tes fiers navigateurs (1) sur l'empire de l'onde,
Au tribut de la force avaient soumis le monde.

Les vers suivants ne le cèdent en rien à ce début.

Tu vis naître Abeilard consumé tour-à-tour
Du flambeau du génie et des feux de l'amour,
Descartes t'appartient, etc., etc.
Salut noble Armorique, orgueil du nom Gaulois,
Tu régnas par le glaive et la lyre et les lois.
Aucun génie encor n'avait poli la Grèce,
Et le monde idolâtre honorait ta vieillesse.

Comme les souvenirs de l'Armorique sont historiques et ont besoin de quelques éclaircissements, l'auteur
a placé, à la suite, des notes explicatives.

INVOCATION.

Cette invocation au Dieu de l'univers a des beautés
poétiques, mais elle se distingue plus par le sentiment
religieux qui y domine, par l'élévation et la profondeur
de la pensée que par le mouvement et les figures. Le
poëte s'y montre fidèle à son système de ne point revêtir
les idées religieuses d'images terrestres. On y reconnaît

____

(1) Les Venètes.

aussi sa philosophie à ces trois seuls vers qui s'adressent
à Dieu.

> Si l'homme te conçoit, ce n'est que par l'amour ;
> Lui seul, fait pour t'aimer, est ton plus bel ouvrage,
> Ton essence est l'amour et l'homme est ton image.

L'ÉTUDE DE L'HISTOIRE.

Ce morceau de poésie, qu'on peut ranger parmi les
discours en vers, est adressé à M. Le Cadre. L'auteur
y retrace rapidement quelques-uns des traits les plus
saillants de l'histoire ancienne, en fait autant de petits
tableaux qui comportent avec eux des vérités et des
leçons importantes.

Cette composition n'est pas exempte de quelques défauts, mais ils sont rachetés par la noblesse des pensées
et la beauté d'un grand nombre de vers parmi lesquels
je citerai ceux-ci :

> Le marbre pare en vain la demeure des rois ,
> Le monarque succombe et ce marbre est sans voix ;
> Qui dira si ce prince , idole du vulgaire ,
> Fut en effet l'amour ou l'horreur de la terre ?
> Néron eut des autels, et le peuple romain
> Du bourreau d'Agrippine allait baiser la main ;
> Mais l'histoire a frémi de ce zèle hypocrite ,
> Et pour peindre Néron , elle a produit Tacite .

Certes , personne ne niera que ces vers ne soient
excellents !

LE BONHEUR.

Cette pièce , à laquelle on pourrait donner le nom
d'Ode , se compose de pensées tout-à-fait en harmonie

avec la philosophie religieuse de l'auteur, cette philosophie qui apprécie si bien le néant des choses humaines
et ne s'attache qu'aux vérités dont la base est éternelle.
La versification en est parfois inégale, quelques pensées
pourraient être mieux exprimées. Toutefois il y a plusieurs stances qui me paraissent fort belles, entre autres
celles qui suivent:

> Trouvez donc un OEdipe à cette énigme obscure.
> A chercher le bonheur chacun est occupé,
> Chacun de son mécompte, accusant la nature,
> Lui crie, en gémissant, pourquoi m'as-tu trompé?

Ce dernier vers est une imitation de ce passage de
l'ecclésiaste « et j'ai dit au plaisir pourquoi m'as-tu
» trompé? »

> Que peut désirer l'homme environné d'entraves,
> Le plaisir? Un éclair, la gloire? Un bruit pompeux.
> L'or peut-être? Le soin de s'entourer d'esclaves,
> De les imiter même, ou de penser comme eux.

Cette stance a du mouvement et surtout de la con-
cision.

> Le temps emporte tout dans sa fuite rapide,
> Pourquoi tant s'agiter pour un trajet d'un jour,
> Notre dernier plaisir est toujours le plus vide,
> Rien ne remplit nos cœurs hors *l'éternel amour*. (1)

---

(1) Dans le système religieux de Richer, l'amour est notre vie,
la vie de tout notre corps, de toutes nos pensées et de leurs moindres parties. Dieu seul est l'amour même, parce qu'il est la vie
même.

Dans le fracas des cours, au sein de la retraite,
L'homme a besoin d'un Dieu qui lui serve d'appui,
Partout, c'est lui qui manque à notre âme inquiète :
Un monde sans soleil, c'est notre âme sans lui.

LIVRE QUATRIÈME.

I.

AMAIS la vie intellectuelle de Richer n'avait été plus active; mais si tant de travaux et d'agitations, au lieu de diminuer l'énergie de son âme, semblaient l'avoir augmentée, ils avaient altéré sa trop frêle santé. Plusieurs accès d'hémopthysie lui imposèrent encore ce repos et cette vie tranquille qui, dans de semblables circonstances, lui avaient été déjà d'un si grand secours.

Soit que son médecin lui eût dit ou qu'il eût jugé par lui-même que *La Coutancière* n'était plus le séjour qui lui convenait, au moins pour le moment; soit enfin par un de ces caprices communs à son organisation délicate et malade; aussitôt que sa convalescence lui permit de quitter Nantes, il alla occuper *Le Tertre*, campagne ap-

partenant à son ami, M. Thomine, possesseur de plusieurs domaines dans les environs de Nantes, mais plus
riche encore de ses solides connaissances et de ses hautes
qualités morales. Cette maison, peu distante d'*Orvault*,
de *la Chapelle-sur-Erdre*, des beaux sites qu'aimait
Richer et qui lui avaient prêté leur charme inspirateur,
de tous les lieux où la générosité et la bonté de son cœur
avaient laissé les plus doux souvenirs, il s'y trouva
comme en famille.

Les méditations et les promenades furent d'abord ses
seules occupations, et la lettre qu'il m'écrivit alors se
ressentait tout-à-fait de ses impressions du moment.

« Il y aura peut-être, me disait-il, un inconvénient à
cette vie qui repose mon sang, et qui n'en est pas moins
oisive. Je perdrai peut-être l'habitude du travail, et cet
inconvénient serait grave, si je méditais quelques nouveaux ouvrages littéraires; mais, actuellement, je ne
m'occupe que de pensées religieuses, et, encore, n'ai-je
pas le projet de les publier; car je commence à croire
qu'un sentiment bien simple et bien sincère, parti du
fond du cœur de l'homme le plus ignorant, vaut mieux
que toute ma science acquise. En cet instant, je suis dégoûté de cette activité sans résultats, de cette agitation
sans vie qu'on trouve en tout ce qui ne nous conduit pas
à la source des vérités éternelles. Je prends en pitié
toutes ces vaines occupations que nous voulons passer
en ligne de compte aux hommes, comme autant de choses
importantes. J'ai tant trouvé de sciences inutiles ou trom-
peuses, prônées comme des merveilles, que je ne puis
concevoir qu'on mette sérieusement la plume à la main

pour les traiter ; j'ai écrit, il est vrai, de ces balivernes, et peut-être même en écrirai-je encore ; mais, en cela, du moins, je ne vois qu'un amusement, et rien ne me l'interdit. »

Il n'avait pas toujours dédaigné la gloire littéraire, et ne niait même pas, qu'après la vertu, elle ne fût un des plus nobles sentiments du cœur humain, quand on la poursuivait dans un but utile. Elle avait été une des premières et des plus puissantes illusions de sa jeunesse, et il y avait été souvent ramené par de vifs élans de l'âme ; mais son existence passionnée avait rapidement dévoré l'avenir de bonheur que lui avaient offert les rêves de cet âge fortuné où l'on prend tout au sérieux ; sa confiance ingénue avait été souvent trompée, une expérience précoce des hommes et des choses avait promptement détruit une à une toutes ses illusions, et n'avait même pas épargné celles qui disposent à poursuivre la célébrité dans les lettres. Toutefois, la passion, en lui, n'avait fait que changer d'objets, son point de concentration était seulement déplacé. Il était toujours susceptible d'enthousiasme ; ce n'était plus pour les séductions, pour les vanités du monde, c'était pour les idées religieuses qui le dominaient de plus en plus ; c'était pour la vertu, qui est elle-même une passion. C'était toujours aussi pour l'étude et les lettres dont il savait apprécier les véritables jouissances, et qui lui donnaient les moyens, nonseulement de se distraire du spectacle des folies humaines et des maux de la vie matérielle, mais encore de féconder et de propager les vérités utiles qui se pressaient sous sa plume.

Bien qu'il fût dans sa nature de contredire ses résolutions, il n'en changeait jamais par l'effet d'un calcul froid et intéressé. C'était toujours par une soudaine inspiration et avec le désir de mieux faire. Il n'eut pas plutôt retrouvé aux champs de l'espace, de l'air, un peu de santé et surtout des loisirs d'une vie sans entraves, qu'il oublia le projet qu'il avait formé de ne plus écrire et confia au papier le sujet de ses nouvelles méditations. Ce fut au Tertre, et pendant les deux derniers mois de 1823 qu'il écrivit l'ouvrage intitulé *Mes Pensées,* ainsi que la pièce de vers qui a pour titre *La Science.*

II.

MES PENSÉES.

Ce livre ne fut imprimé qu'en 1825, mais un grand nombre des Pensées, choisies par l'éditeur du *Lycée,* parurent dans ce journal en 1824 et excitèrent vivement l'attention des personnes qui les lurent. Elles reconnurent que l'auteur, quoique jeune, avait beaucoup observé, et que son esprit fin et délicat avait su saisir et démêler plusieurs des fils mystérieux qui dirigent le cœur humain, que si Larochefoucault, en voulant l'expliquer par l'amour-propre, avait avili le principe de nos actions et, en quelque sorte, flétri la vertu, Richer, au contraire, exalte ce principe, fait ressortir tout ce qu'il y a dans l'homme de grandeur et de dignité, et l'élève à ses propres yeux, en lui enseignant tout le bien dont il est susceptible.

Quoique ces sortes d'ouvrages n'exigent ni ordre ni méthode, dans ce recueil, les Pensées sur un même sujet se suivent, s'enchaînent. Elles se rapportent toutes aux diverses passions du cœur humain, à la religion, à la morale, aux arts et aux sciences; mais la foi philosophique et religieuse de l'auteur se trouve empreinte dans la plupart; elle les domine et les colore.

Richer, à cette époque, avait déjà lu les meilleurs écrits de Swedenborg, les avait appréciés, adoptés; ils étaient entrés dans sa conviction; il en parlait avec un haut degré de chaleur et les regardait comme àpropres inspirer aux hommes les sentiments les plus nobles, les plus saints, à leur inculquer cet esprit de charité, cette fraternité universelle qui peuvent, en effet, puissamment améliorer notre condition sociale. C'est sous l'influence de ces écrits, dans le repos de l'âme et avec la plus intime persuasion, qu'il a composé son livre.

Pour en rendre l'intelligence plus facile, il a, dans une courte introduction, donné la clef de son système philosophique et religieux; et cette clef aide à saisir le véritable sens de certaines expressions qui appartiennent à sa nouvelle doctrine, comme dans les pensées suivantes, pour les mots *amour, vie, esprit.*

« Je voudrais croire, mais je ne le puis! Commencez par aimer, l'amour amènera avec lui la croyance.

« Un sentiment est mort, quand il ne va pas jusqu'à l'*amour;* car bien qu'un sentiment soit de la *vie,* la *vie* ne peut se manifester que par l'action, et l'amour est cette action-là.

« L'ennui n'est point le repos de l'esprit, c'est le manque de la vie.

» Il n'y a qu'un *esprit* pour toutes les âmes, comme

il n'y a qu'une atmosphère pour tous les poumons ,
etc. »

Dans le volume de la *Revue Vendéenne*, publié en
1830, page 285, l'auteur de l'article intitulé *Réflexions
générales sur l'état littéraire de la Vendée*, en parlant
de ce livre de Richer, dit qu'il peut être placé à côté des
Pensées de Duclos. J'avoue que je ne vois pas quelle
sorte de rapprochement on peut établir entre ces deux
ouvrages. Ils diffèrent totalement dans les vues générales
qui déterminent les fondements de la morale. Duclos ,
dont le livre ne porte pas le titre de *Pensées ,* mais bien
celui de *Considérations sur les mœurs* , peint les mœurs
de son siècle , cherche à démêler dans la conduite des
hommes quels sont les principes de leurs actions, et
attribue , en grande partie, leurs inconséquences et leurs
contradictions à l'inconstance de ces principes. Richer
pénètre plus avant dans le cœur humain, et voit la cause
de nos aberrations dans l'absence du sentiment religieux
dont il fait la base de la morale. Duclos, à la vérité, a
des pensées justes, et qui offrent des leçons utiles ; mais
on sent qu'elles ne partent point du cœur et qu'elles ne s'a-
dressent qu'à la raison et à l'esprit.

En général, celles de Richer parlent moins à l'esprit
qu'au cœur ; beaucoup ont de l'élévation, de la chaleur,
mais on n'y remarque pas de ces mots saillants qui,
semblables au phosphore, brillent sans éclairer. C'est à
ce sujet qu'il dit :

« Il y en a qui préfèrent le langage de l'esprit à celui
de l'âme, à-peu-près comme ces personnes qui sont indifférentes au spectacle d'une nuit étoilée , et qui courent
après les feux d'artifice. »

Je pourrais citer ici beaucoup de pensées qui m'ont paru belles et profondes, mais par celle qui suit, et dont on ne peut nier la justesse, Richer semble m'avertir de n'en rien faire, sous peine de m'exposer à ce que mon choix soit désapprouvé.

« Un livre de pensées, dit-il, est comme un instrument de musique qui a des cordes pour toutes les fibres, chacun en reçoit selon son organisation ou selon ses goûts. Le même homme n'en reçoit lui-même que ce qu'il est disposé à sentir, et cela varie tous les jours. »

Je laisse donc à chacun à déterminer quelles sont les plus remarquables, et ce seront, sans doute, celles qui ont le plus d'analogie avec les siennes.

La critique a trouvé à reprendre dans ce recueil. Elle a reproché à certaines pensées d'être communes, à d'autres d'être obscures ou exprimées trop séchement, à quelques-unes d'avoir entre elles de si grands rapports, qu'on peut les considérer comme les mêmes quant au fond, à plusieurs d'être vagues et de manquer de développement. Je ne puis m'empêcher de convenir que ces reproches sont plus ou moins mérités, mais j'observerai que, sur environ douze cents pensées qui composent l'ouvrage, il est d'autant plus impossible qu'un certain nombre ne présente pas des défauts, qu'elles ont été toutes écrites avec beaucoup de précipitation, et que la langue du cœur n'a pas toujours la correction de la grammaire. Celles qui paraissent un peu vagues, ont besoin d'être relues avec attention. L'auteur paraît avoir prévu cette espèce de blâme, quand il nous dit:

« Le vague n'est pas, comme on le croit, le vide de

l'esprit, c'est presque toujours, au contraire, la vie de l'âme que les sensations physiques ne peuvent peindre, et que les mots ne peuvent rendre. »

Il ajoute ailleurs :

« C'est presque toujours ce qu'il y a de moins définissable qui donne le plus à penser. »

Toutefois, je sens que, dans ce siècle d'indifférentisme et d'incertitude raisonnée sur toutes les choses morales, dans ce siècle où notre société ne sait plus où se prendre, si ce n'est à ce qui flatte ses goûts et ses plaisirs, où chacun, enfin, ne croit qu'en soi-même, ce livre trouvera peu de lecteurs ; encore, parmi le petit nombre de ceux-ci y en aura-t-il qui ne l'entendront pas et ne voudront pas moins le contredire ; mais il sera lu avec intérêt par ceux qui, pénétrés du sentiment de la dignité humaine, aiment la morale et la religion, et qui gémissent au fond de leur âme du culte exclusif, consacré à ce qu'on appelle l'utile, sans égard à des besoins moraux peut-être plus pressants. Il sera lu, enfin, par ceux qui, comme le dit Richer dans son introduction, vivifient l'esprit par le cœur.

III.

LA SCIENCE.

La science est un bien précieux, et c'est participer en quelque sorte à la suprême intelligence que de l'acquérir. Aussi, ne s'agit-il point ici de cette science, source du bon et de l'utile, de cette science qui civilise une nation, éclaire son esprit, épure ses mœurs et ajoute à sa félicité, en multipliant ses jouissances. Richer n'a eu en vue que la science qui se rapporte à l'homme, à sa nature, à son bonheur et à sa fin; science qu'on peut regarder comme un mystère impénétrable, même au mortel doué du plus grand génie, lorsqu'il ne consulte que sa raison.

Richer n'était plus écrivain que parce qu'il avait en vue quelque chose de grand, la religion. Elle était la poésie de son cœur, tout son amour, toute sa vie. Dans ces jours d'une mélancolie alimentée par son dédain pour le monde extérieur, lorsque, souffrant et solitaire, il attendait encore au *Tertre* le retour de sa débile santé, ce fut elle qui lui inspira la pièce dont il s'agit ici, et qui n'a pas moins de trois cents vers.

Son personnage principal aime la sagesse, cherche partout la vérité. Jusque-là, il s'est épuisé en vains efforts pour obtenir l'une et pour rencontrer l'autre. Il s'est laissé éblouir par des sophismes ; les livres l'ont trompé et ne lui ont rien appris, ni de l'univers ni de lui-même. Il se décide à consulter les sublimes esprits de son siècle, et dit au début :

Demi-Dieux de la terre, ô lumières du monde,
Venez, guidez mes pas dans cette nuit profonde !
Etc..... etc........

Il vient à Paris.

Un poëte y régnait, farouche et solitaire,
Pour médire de l'homme il parcourut la terre,
L'homme, s'écriait-il, rebut de l'univers,
Comme un vil animal, sert de pâture aux vers,
Et cet insecte impur a cru, dans sa folie,
Que du fond de la tombe allait sortir la vie.
Le rameau desséché ne peut plus refleurir,
L'homme en perdant les sens ne doit plus rien sentir,

Quel monde imaginaire offrirait ses merveilles,
A qui ne peut plus voir, à qui n'a plus d'oreilles ?

A ces mots, il ne peut se modérer, et répond à ce
matérialiste :

Le secret de ta vie est-il donc dans la mort ?
O poëte insensé, l'âme répond à l'âme !
Eh qu'importe le vase où s'allume sa flamme !
Je vois l'homme insulté, mais est-il défini ?
Respecte cet atôme.... il comprend l'infini.

Il quitte le poëte, rencontre un vieux docteur, et
l'interroge :

Dis-moi quelle est mon âme et qui m'a donné l'être ?
Pourquoi je dois mourir, pourquoi Dieu m'a fait naître,
S'il est une autre vie, un univers plus beau,
Ou si l'homme s'éteint dans la nuit du tombeau !
De son livre à l'instant, secouant la poussière,
Chez son auteur fidèle il trouva la lumière.
Les anciens, je le sais, ont tout pensé pour toi ;
Mais je voudrais quelqu'un qui m'entretînt de moi,
Tu dois croire à ton maitre et non pas à toi même.
Toujours de tes pareils ce fut là le système.
Va donc et meurs en paix avec tes beaux esprits,
Qu'un autre les admire, ils ne m'ont rien appris.

Il entre ensuite chez un rhéteur :

De l'homme sur la terre il proclamait l'empire :
C'est le roi ou plutôt le Dieu de l'univers,
Contemplez ces palais élancés dans les airs ;
Voyez-vous ces vaisseaux dominateurs des ondes,
Lui porter eu tribut les produits des deux mondes ?
Oui, me dis-je, et pourtant cent villes ne sont plus ;
La mousse a recouvert leurs restes disparus,
Oui, j'admire avec toi ces monuments superbes ;
Mais détournons la tête, ils rampent sous les herbes,

> Ton navire orgueilleux, au gré des flots amers,
> Comme un flocon d'écume est chassé sur les mers ;
> Et quand le jour renait sur le prochain rivage ,
> Ses débris sont mêlés avec l'algue sauvage.

Il interroge un sceptique qui lui répond :

> Je ne sais rien, je doute, et voilà ma sagesse....

A ces mots il se dit à lui-même :

> De nos penseurs fameux voilà donc le modèle !
> Il doute, c'est là tout ; et son cœur agité
> Comme un doute peut être a vu l'éternité.
> L'insensé croit en lui ! la prudente vieillesse
> N'a pu même à son âme inspirer la sagesse !

Après avoir inutilement questionné les savants, c'est au milieu du peuple qu'il cherche à s'instruire :

> Il l'entend s'écrier tout pâle encor d'ivresse ,
> Aujourd'hui le plaisir, à demain la sagesse !
> Du pain pour chaque jour, l'oubli pour chaque soir.
> Vieillir sans y songer, voilà tout mon espoir !

Enfin, désespérant de rencontrer au loin les lumières qu'il invoque, il revient sous le toit paternel, y retrouve un vieillard ami de son enfance, auquel il fait l'aveu de ses peines, et celui-ci réussit à les calmer par des paroles consolantes, pleines d'une véritable sagesse, c'est-à-dire de cette sagesse qui a la religion pour base. Ici, il n'y a plus à s'y méprendre, ce sont les points de sa propre doctrine que Richer met dans la bouche de ce vieux philosophe chrétien. Voici le dogme de la chute déjà si savamment démontré dans le *Mot de l'Enigme.*

> Soumis aux lois du temps, prisonnier dans l'espace ,
> L'homme en vain s'interroge, il n'est plus à sa place,
> Il est tombé du ciel ; c'était là son séjour,

> C'est un Dieu sur la terre exilé pour un jour,
> Etc. , etc. . . . .

Plus loin, il ajoute :

> Voilà l'homme, ô mon fils, l'énigme est dévoilée !

Il termine ainsi :

> Qu'importe la science à ton cœur inquiet,
> L'amour explique l'homme et la raison se tait,
> Tu demandes la vie et non pas un système.
> A résoudre avec peine un frivole problème
> Que ton esprit enfin ne soit plus appliqué,
> Lève les yeux au ciel et tout est expliqué.

Cette pièce a bien quelques vers faibles et prosaïques, quelques taches, mais on conviendra qu'elle renferme des beautés poétiques. En vain objectera-t-on que c'est encore de la métaphysique en vers. Ce ne sont pas moins des vers qui, la plupart, sont pleins de mouvement et de verve, et qui ont de l'éclat sans la moindre apparence de travail.

Puis, il ne faut pas oublier ce que j'ai déjà dit ailleurs, que s'il est vrai que la poésie ne vive que d'images et prête peu son langage à la métaphysique, il y a du mérite à réunir avec quelque succès les beautés de l'une aux investigations ardues de l'autre. J'ajouterai que, plus le moraliste religieux se montre profond et creuse son sujet, plus il se crée de difficultés comme poëte, et plus il lui faut de talent pour les surmonter.

IV.

Richer, toujours alternativement en proie au besoin de repos et au besoin de mouvement, désireux d'ailleurs de se rapprocher des amis qui partageaient ses préférences toujours croissantes pour les écrits de Swedenborg, abandonna le *Tertre*, et revint à Nantes au commencement de 1824.

« J'y reviens, me mandait-il, avec l'intention de m'y mettre en relation avec les âmes grandes et élevées que je puis y rencontrer. Je vais continuer mes travaux littéraires, parce que l'étude est aussi nécessaire à mon existence morale que le mouvement l'est à mon existence physique. C'est dans l'exercice de ses facultés que mon âme trouve son bonheur suprême. J'écrirai, mais ce sera sans m'embarrasser de l'opinion. Quels sont ceux en faveur desquels elle se prononce ? Ce sont les intrigants qui entreprennent de l'usurper, les riches qui l'éblouissent avec leur or, et les grands qui la fascinent avec leur pouvoir. Je laisserai marcher le troupeau des êtres vaniteux qui courent après la réputation. Je continuerai de vivre solitaire, même à la ville; de m'abandonner à mes inspirations, et si je fais quelque chose de bien, la postérité l'accueillera ou le rejettera, sa détermination ne m'agitera pas dans le tombeau. »

Vers ce temps, il eut occasion de faire la connaissance du capitaine Bernard (1), enthousiaste avide de jouissances spirituelles, et qui joignait, à beaucoup d'exaltation, cette chaleur de prosélytisme qu'enfante une conviction profonde. La conformité de leurs sentiments religieux les

---

(1) Capitaine des grenadiers au 23.e régiment de ligne, né à Nantes, et mort à Paris en 1828, d'une fièvre cérébrale. On a de lui un ouvrage intitulé *Opuscules théosophiques.*

disposa à se voir pendant le séjour que cet officier fit à Nantes, et leurs entretiens les fortifièrent réciproquement dans les doctrines qui leur étaient communes.

Les lettres que je recevais de Richer, de temps à autre, étaient datées de l'ère du rétablissement de la *Nouvelle Jérusalem*, et se composaient, en partie, d'enseignements qui avaient pour but de m'initier à ses théories : comme je ne me montrai pas entièrement disposé à approuver toutes ses idées nouvelles, il devint plus réservé, plus mystérieux avec moi, et m'écrivit plus rarement encore. Cependant, si nos rapports d'intelligence ne furent plus tout-à-fait les mêmes, ceux d'amitié restèrent intacts, et ils étaient trop profondément empreints dans nos cœurs pour n'être pas à l'abri de toute atteinte ; mais il y eut, entre nous, dissentiment et non désaffection. Depuis cinq ans, il s'était réellement passé en lui des choses qui en avaient fait un homme nouveau. Il professait un dédain marqué pour tout ce qui est ici-bas. Il ne trouvait, disait-il, qu'erreurs, niaiseries de toute espèce dans les livres les plus renommés ; les hommes auxquels on accordait du génie n'étaient, à ses yeux, que des nains littéraires qui donnaient le ton à une société d'hommes plus petits qu'eux. Il ne voyait plus sur la terre que des fous caressant leur marotte, rétrécissant la vie dans le présent, bornant l'univers à ce qu'ils aperçoivent, et n'ayant d'avenir que l'intervalle qui existe entre la sensation présente et celle qui doit suivre. Il m'avait laissé, ajoutait-il, dans un monde où tout est incertain et variable, pour entrer dans celui où tout est vrai, où rien ne passe et ne s'anéantit, et gémissait de mon refus

de l'y suivre. Lorsque je lui témoignai que je craignais
qu'il ne se jetât dans l'illuminisme, il me répondit qu'il
avait prévu ce reproche , mais qu'il aimait mieux courir
les risques de déchoir dans l'opinion de ses amis que d'y
prendre une place qui n'était pas la sienne.

Il continua d'écrire. Toujours fort de sa conscience ,
toujours peu soucieux des jugements de ses contemporains , il entreprit avec courage de lutter contre l'influence des opinions les plus accréditées , d'évoquer des
doctrines en opposition avec les goûts de son siècle et de
les propager à l'aide de son talent comme écrivain.

V.

LETTRES D'UN ARMORIQUE.

En 1824 et 1825, il publia, dans le *Lycée*, la suite
des *Lettres d'un Armorique.* Ces lettres, au nombre de
quatorze, éparses dans les volumes 3, 4 et 5 de ce recueil,
méritent d'être conservées et pourraient être réunies en
un volume in-8.° Il serait d'autant plus fâcheux qu'elles
fussent oubliées, que rien de semblable n'existe, et
qu'elles offrent, à la fois, des leçons de morale et de
philosophie aux lecteurs de tous les pays, et des sources
poétiques aux littérateurs de la Bretagne.

De tous les ouvrages de Richer c'est, selon moi, celui
où il a montré davantage la fécondité, la variété et la
flexibilité de son esprit. Il nous transporte tout-à-tour
d'un sujet à un autre, et ces divers sujets étant du
ressort de tous les genres d'écrire, il s'abandonne alternativement aux mouvements de l'éloquence et à ceux de
la poésie ; son style se plie à tous les tons et prend toutes

les couleurs. C'est une effusion de tous les sentiments qui remplissaient son cœur, et qui s'en échappent tantôt avec cette expression de badine et maligne sagesse, cette liberté d'allure, cette philosophie railleuse et parfois mordante qui faisaient un peu le fond de sa conversation habituelle; tantôt avec cette élévation de pensée, cette chaleur poétique qui donnent à ses meilleurs écrits tant de vie et de fraîcheur. C'est un mélange de souvenirs historiques, de remarques judicieuses, de traits piquants d'érudition et de fines plaisanteries, d'essais de poëmes-épiques, de tragédies, de romans que l'auteur imagine comme en se jouant, et dont il donne non-seulement le plan et l'exposition, mais des scènes et des fragments d'une poésie éclatante d'images et d'harmonie.

Quoique cette œuvre, par sa forme et sa variété, soit peu susceptible d'analyse, puisque, jusqu'à ce qu'elle soit réimprimée, on ne peut guère la lire qu'en se procurant les dix-huit volumes qui forment la collection du *Lycée Armoricain*, je vais en indiquer les divers sujets, et en transcrire quelques passages, qui suffiront j'espère pour justifier ce que j'avance.

J'ai dit, en parlant de la première de ces lettres (1), dans quel but elles avaient été écrites. Ce n'était pas le seul, et il entrait dans les vues de l'auteur de les faire servir au développement de quelques-uns des points de sa nouvelle doctrine. Toutefois, ce n'est qu'au commencement de la cinquième que son dessein à cet égard devient apparent.

_____

(1) Voyez page 163.

Dans la seconde, Mériadec rapporte une conversation entre l'Antiquaire et le Poëte sur la manière d'écrire l'histoire. L'un veut qu'on se renferme dans les temps historiques ; l'autre prétend que ceux qui circonscrivent ainsi l'histoire ne sont que des gazetiers ; qu'où il n'y a pas de poésie, il ne peut y avoir aucune émotion morale. Il cite Walter-Scott ; et l'antiquaire, en convenant qu'en effet le genre adopté par cet écrivain est susceptible d'amuser et d'intéresser, ajoute qu'il doute fort qu'avec tout le talent possible on puisse tirer grand parti des Annales bretonnes.

Le poëte prétend, au contraire, que la Bretagne est sans exagération le pays du monde qui présente le plus de matériaux historiques à employer sous ce point de vue. Il en prend à témoin ses rochers sauvages, ses dunes solitaires, ses grèves abandonnées, ses écueils même qui furent autrefois des villes florissantes. Il redit les noms de la plupart des lieux dont la signification est si éminemment poétique, rapporte une foule de faits merveilleux qui tous appartiennent à l'Histoire de Bretagne, et sont on ne peut plus propres à inspirer un poëte. Enfin, l'antiquaire se rend aux raisons de son ami. Celui-ci s'en réjouit, sa tête s'exalte, il va se promener seul quelques instants, revient, tire de sa poche un papier écrit au crayon ; c'est un résumé de leur entretien en vers, et en vers, qui, pour être improvisés, n'en sont pas moins bons. A peine a-t-il achevé les quatre derniers ainsi conçus :

« Sur ces coteaux qu'illustra la victoire
Tout parle encor de combats et d'amour ;
Mais c'est en vain qu'il prétend à la gloire,

Ce beau pays n'a point son troubadour. »

que Mériadec et l'antiquaire s'écrient : « Soyez-le, mon » cher poëte, vous êtes trop bien pénétré de votre sujet » pour manquer votre but! »

Les lettres 3me, 4me et 5me offrent des choses plus étonnantes. Huit jours s'étaient écoulés sans que Mériadec et l'Antiquaire eussent aperçu le Poëte. Impatients de le revoir, ils se rendent chez lui, et, avant d'entrer, ils l'entendent parcourir sa chambre à grands pas et déclamer ces vers :

> « Fille d'Odin, toi qui des Scandinaves
> Au Valhalla raconte les exploits,
> Muse du Nord, je vais chanter tes braves :
> Puisse ton luth raisonner sous mes doigts!
> La nuit régnait sur la nature entière,
> Un vent glacé sifflait sur la bruyère ;
> Des feux épars, allumés près des flots,
> Des fiers Saxons signalaient les vaisseaux,
> Et des Romains la cohorte guerrière
> D'un cri d'alarme effrayait les échos.
> Le jeune Hermann, aux bords de l'Armorique,
> Guidait alors l'élite des héros.
> Fier d'un grand nom et d'une gloire antique
> Il préludait à ses nobles travaux.
> Soixante esquifs entouraient sa nacelle.
> Une peau souple en formait les contours,
> Et leurs flancs bruns à la vague rebelle,
> En résistant semblaient céder toujours. »

C'est le début d'un poëme épique, dont le sujet est puisé dans les Annales bretonnes, et qui est intitulé *l'Ile Conquise*. Le poëte en donne l'analyse, et récite une partie du premier chant dont voici un autre fragment. C'est celui où Ulda, reine des Amazones, que Strabon appelle des femmes samnites, conduit Hermann, chef des Saxons, dans des grottes merveilleuses qu'habitent des nains blancs :

> « Lorsque la nuit, dans sa majesté sombre,
> Sous ses pavots assoupit l'univers,
> La belle Ulda guide ses pas dans l'ombre
> Et le conduit sur les rochers déserts.
> Des Kouricans vois la grotte profonde,
> Viens, lui dit-elle, et descends sans effroi :
> Là, je suis reine, on n'obéit qu'à moi.
> De mille nains la troupe vagabonde
> A leur aspect rapidement s'enfuit.
> Mais lors Ulda, d'un coup de sa baguette,
> A rassemblé cette foule inquiète
> Qui cherche en vain les ombres de la nuit.
> Tous sont plus blancs que la neige nouvelle.
> Comme un éclair leur regard étincelle.
> Qui peut nombrer l'éblouissant essaim !
> Sylphes brillants, et lutins et sylphides,
> Tous à la fois se prenant par la main
> Forment un cercle, et leurs walses rapides
> Ne cessent plus qu'aux feux du lendemain.
> Plus loin encore, ô merveilleux prodiges !
> Le roc fait place à de riants bosquets,
> Des arbres d'or recèlent sous leurs tiges
> Un peuple entier de nouveaux farfadets,
> Les uns, panchés sous l'éclatant ombrage,
> Comme Narcisse admirent leur image ;
> D'autres, remplis d'un sentiment plus doux,
> Cherchent le temple où le plaisir repose,
> Au son des luths prennent le nom d'époux,
> Et vont danser sur des tapis de rose. »

Mais si le poëte se flatte de devenir l'Homère de la Bretagne, Mériadec veut en être le Sophocle. L'histoire de son pays lui apparaît comme une mine inépuisable de tragédies. Il se met aussitôt au travail, crée ses plans, arrange ses ressorts dramatiques, dispose ses scènes même, et, lorsque à la première réunion des trois intimes, le poëte a achevé la lecture d'un passage du troisième chant de son poëme, morceau qui mérite, sans contredit, les louanges que lui donne Mériadec, celui-ci annonce son théâtre breton et le plaisir qu'il éprouve d'avance de voir ses pièces reçues et jouées sur tous les théâtres de la Bretagne, par des artistes bretons ; ce qui surprend davantage le poëte et l'antiquaire, c'est que les tragédies de leur ami ne sont pas seulement dans sa tête, elles sont déjà presque en entier sur le papier.

La première est intitulée *Oïla*. Le sujet est le massacre des vierges de l'île de *Saine*, que le roi Conan, pour extirper l'hérésie de ses états, envoie exterminer par Arvin et sa troupe ; mais la druidesse Oïla touche le cœur de ce jeune guerrier qui, au lieu de la faire périr, se propose de l'enlever et de fuir avec elle ; c'est dans cette situation que ce personnage prononce ce beau monologue :

> « Un désert et l'amour, deux cœurs faits l'un pour l'autre,
> Où trouver un destin aussi doux que le nôtre ?
> Toute à moi, etc. »

Ce morceau, de près de quarante vers d'une énergique expression, est pourtant inférieur au monologue de la druidesse, dont la situation a quelque chose de plus pathétique ; cette prêtresse, après avoir inutilement tenté de vaincre la passion qui s'est allumée dans son sein

pour l'envoyé du roi Conan, sachant qu'une mort affreuse
et qu'un avenir plus cruel encore doivent suivre l'infrac-
tion de ses vœux, s'écrie hors d'elle :

« Le ciel le veut ainsi, le serment qui m'enchaîne
D'avance a condamné la prêtresse de Saine ;
Je n'ai qu'un jour... aimons ! perdons-nous avec lui !
L'avenir n'a plus rien qui m'effraie aujourd'hui.
Qu'importe qu'après moi mon corps, sans sépulture,
Des oiseaux de nos bords devienne la pâture,
Et que mon âme errante au vaste sein des airs,
Sans trouver de repos, parcoure l'univers ?
De ces mêmes tourments, je ferai mes délices :
Du même crime, Arvin, nous serons les complices....
Tu me suivras là haut : l'un sur l'autre appuyés,
Nous verrons sans regret, les mortels à nos pieds.
Glissant avec les vents, tonnant avec la foudre,
Nous régnerons encor sur l'univers en poudre ;
Où cachés quelquefois dans la coupe des fleurs,
D'un parterre embaumé respirant les odeurs,
Nous nous balancerons sur l'aile du zéphire,
C'est nous qu'on entendra dans les sons de la lyre.
Ce destin dont les Dieux t'avaient tant alarmé,
Vaut bien l'ennui d'un cœur qui n'a jamais aimé :
Qu'ils gardent notre encens, nos prières, nos larmes ;
Leur séjour monotone à mes yeux est sans charme,
Leur bonheur se dérobe à mes regards confus !
Et qu'importe un asile où l'on ne s'aime plus !
Sur le pâle rayon de l'astre du mystère,
Grâce à mon crime, enfin, nous viendrons sur la terre,
Sur ces mêmes rochers, retrouver tous les deux
Le souvenir des jours où nous fûmes heureux.

C'est bien là le langage désordonné d'un amour presque sauvage, qui ne connaît plus de frein, et s'aban-

donne à toute son impétuosité. Quel accord entre les images et les sentiments! quelle harmonie ont les vers!

Mériadec expose la suite de son Théâtre. On vient de voir que le sujet de son premier drame est un événement qui amène la fin de l'institution du célèbre oracle de Saine; le sujet du second est la fin de la royauté en Bretagne. Cette pièce, qui porte le titre de *Salomon*, est encore un massacre, celui de *Salomon* III, dernier roi de Bretagne. Mériadec en développe le plan ainsi que celui de dix autres. Il fait plus que Marchangy dans sa gaule poétique, il ne se borne pas à en indiquer les sujets, à préparer les situations des personnages, il en compose les scènes et les embellit du charme de la versification.

Le Poëte, de son côté, toujours occupé de son poëme épique, pour faire trève aux émotions pénibles excitées par Mériadec, débite le rêve de son Hermann.

> « Le jour fuyait, sur la rive des mers,
> Je promenais mes vagues rêveries,
> Lorsque d'un char entraîné dans les airs,
> Ont descendu les belles Welkyries.
> Enfant d'Odin, viens par-delà les flots,
> Sous d'autres cieux illustrer ta mémoire,
> Viens te former au grand art des héros,
> Disant ainsi, etc., etc... »

Cette tirade, de plus de soixante vers, est réellement digne de l'épopée, et nulle ne refusera sans doute de joindre ses applaudissements à ceux de l'Antiquaire.

Dans les lettres suivantes, comme dans celles qui précèdent, l'histoire de Bretagne est toujours en majeure partie le texte que commentent les trois amis. C'est la Bretagne qui provoque de la part de Mériadec de graves et de savantes remarques, des réflexions philosophiques, de fines et ingénieuses plaisanteries, c'est elle qui inspire le poëte et dirige l'antiquaire dans les recherches de la plus profonde érudition.

Ce dernier fait observer à ses collaborateurs qu'ils ont considéré la Bretagne sous ses rapports poétiques, mais que la poésie peint et ne juge pas; qu'elle enflamme le cœur pour des événements qui ne sont le plus souvent que des fictions, et il leur annonce une Histoire de Bretagne de sa façon, dont il fait d'abord la préface et expose ensuite le plan; et comme il prend les choses dès leur origine, il débute par des considérations sur Dieu et sur l'univers. En spiritualiste instruit et en habile théologien, il donne l'histoire des premiers êtres, c'est-à-dire des préadamites qui, selon lui, étaient de purs esprits. Il s'établit une discussion sur cette matière. Le Poëte se rappelle aussitôt tout le parti qu'en ont tiré Klopstock, Milton, et Thomas Moore qui a chanté les amours des anges; il brûle d'envie d'imprimer quelques-uns de ses pas dans cette carrière. Il communique son enthousiasme à Mériadec, et il en résulte entre eux un défi qui donne lieu à une espèce d'invocation, dont l'un fait une strophe et l'autre celle qui doit suivre. L'Antiquaire est là comme le berger qui, dans les églogues de Virgile, adjuge le prix au vainqueur.

LE POËTE.

« Je vous invoque, essences immortelles,
» A mes regards, ouvrez l'heureux séjour.
» Oh! laissez-moi, sous l'abri de vos ailes,

» Rêver une heure à l'immortel amour. »

MÉRIADEC.

» Trop de soins ici-bas pour l'instant qui s'écoule !
» Pourquoi tant s'agiter pour ce qui doit finir ?
» Le plaisir d'un moment est le lot de la foule :
» En rampant sur la terre, on ne peut rajeunir. »

LE POÈTE.

« Je ne sens plus le lien qui m'enchaîne :
» J'ai tout laissé dans le brouillard impur ;
» De cette vie, il me souvient à peine,
» Et l'univers s'efface dans l'azur. »

MÉRIADEC.

» Sur ce globe d'argile, où tout meurt, où tout passe,
» Je n'ai jamais connu que l'ombre du bonheur,
» Du songe évanoui, quand j'ai cherché la trace,
» L'espérance déçue a gémi dans mon cœur. »

Cette invocation est composée de dix strophes ; mais, obligé de borner mes citations, j'omets les six autres.

L'Antiquaire, après avoir reproché à ses deux amis de s'être élevés trop haut pour lui, continue son Histoire de Bretagne, fait connaître les Celtes, arrive aux peuples de l'Armorique et indique au Poëte un nouveau sujet de poëme épique : *La Conquête de l'Armorique par Jules César* ; Mériadec le trouve grave et sévère. Cette nouvelle épopée est tout-à-fait de son goût, et il en improvise l'exorde.

« Des Vénètes soumis je vais chanter la gloire,
Je dirai leur malheur éclipsant la victoire,
On ne les a point vus refusant d'obéir,
Promettre à l'univers de vaincre ou de mourir,

Fatiguer les destins d'une plainte importune ,
Ou du vainqueur superbe encenser la fortune.
Pour sauver l'Occident, ils ont cherché la mort ,
Et sur eux de César attiré tout l'effort.
Je n'invoquerai point , etc., etc...... »

Le Poëte, à son tour électrisé, suppose un barde déplorant la perte du vaisseau amiral de la flotte des Vénètes.

« Ainsi , sur ce globe où nous sommes ,
Le sceptre court de main en main !
J'admire aujourd'hui les grands hommes ,
Je gémirai sur eux demain.
Que nous importe un jour de gloire !
Nous croyons briller dans l'histoire ,
Un souffle en éteint le flambeau ;
Quand le navire a fait naufrage ,
L'oubli s'assied sur le rivage
Et l'algue croît sur le tombeau.

O peuple , ivre de ta puissance ,
Tu disais la mer est à moi !
Quand vient l'instant de la vengeance
L'Océan méconnaît son roi.
Qu'as-tu fait de ton diadème ?
Dans la foule emporté lui-même
Ton Dieu tombe avec son autel :
Un barde dont la voix expire
Est ce qui reste d'un empire
Qui se flattait d'être immortel.

Le Poëte et Mériadec continuent d'exploiter la mine si riche et si abondante que vient de leur ouvrir l'Antiquaire. Ils y découvrent des sujets gracieux d'élégies. Mériadec en improvise une sur les voies romaines , et indique le sujet d'une autre qu'il intitule l'*Ecueil*; mais il charge tellement le tableau, qu'elle lui attire avec raison les reproches de ses amis. Il revient à des idées plus sérieuses, trouve, dans les Annales Bretonnes, les matériaux propres à la composition de romans dans lesquels il essaiera de peindre la vie domestique et les souvenirs poétiques de sa patrie, des romans enfin du genre de ceux de Walter-Scott, et qui ne seront pas d'un moindre intérêt.

Le Poëte reproche en vain à Mériadec de se faire imitateur....... surtout d'un romancier; celui-ci persiste, expose ses plans dont l'idée est aussi bizarre que spirituelle, mais auxquels ses compagnons le font facilement renoncer en lui démontrant qu'ils n'aboutissent qu'à donner une forme nouvelle aux matériaux dont ils se sont déjà emparés pour leurs ouvrages précédents.

A mesure que l'Antiquaire, en poursuivant son histoire, déroule aux regards du Poëte un horizon plus vaste, ce dernier en reçoit de plus vives étincelles d'inspiration, médite et entreprend une autre épopée: *La Conquête de la Vénétie.* Il doit faire suivre cette publication de celle d'odes, de cantates, de dythyrambes, enfin d'une foule de petits poëmes bretons dont il portera le nombre à 365, ce qui fera juste un par jour. Il en formera un recueil qui sera intitulée: *Les Fastes Bretons;* mais l'excès du travail lui donne une fièvre inflammatoire, et, dans son délire, il tient des discours d'une originalité fort piquante. Enfin, le mal cède; il redevient en état d'entendre ses amis. Tous trois continuent de disserter sur différents points intéressants d'histoire et d'archéologie, entre autres sur l'*institution de la Table-Ronde*, le *Barde du roi Hoël*, le *Combat des Trente*, etc. . ... Ils s'enchantent de leur entretien et des compositions nouvelles qu'ils projettent, tant en prose qu'en vers.

Les neuvième et dixième lettres ne sont pas moins instructives qu'amusantes. Des affaires d'intérêt attirent en Basse-Bretagne un académicien de Paris, qui veut profiter du séjour qu'il est obligé d'y faire pour en étudier les antiquités. Les détails de la rencontre que les trois amis font de ce personnage sont très-plaisants. La conversation s'établit entre l'étranger, l'Antiquaire et le Poëte. Ceux-ci lui communiquent le plan de leurs ouvrages sur la Bretagne. Le poëte lui récite divers passages de son poëme, et de ce nombre les métamorphoses qu'Hermann et ses compagnons subirent dans l'île de Sein. L'académicien écoute et ne peut refuser ses applaudissements à des vers comme ceux-ci, où le poëte peint la transformation d'Hermann en un ganimède *bas-breton*, qui sert de valet-de-chambre aux prêtresses.

> Combien de fois, au réveil de l'aurore,
> De la beauté j'accompagnai les pas !
> Ses doigts erraient sur la harpe sonore,
> Et sur le mien elle appuyait son bras.
> Souvent cachés dans l'ombre du bocage,
> Nous reposions jusqu'à la fin du jour :
> Là sur son front je tressais le feuillage,
> Et dans ses yeux je m'enivrais d'amour.
> Je chérissais cet aimable délire,
> Mais le remord me rendait mes douleurs,
> Et quelquefois la coupe de porphyre
> Trompait mes lèvres et recevait mes pleurs.

Il lui lit ensuite la description de son Elysée Cel-
-tique, de son Enfer, de la Grotte des Kouricans et de
ses nains. L'Académicien se permet quelques remarques,
mais le Poëte réplique avec une supériorité marquée, et
lui apprend une foule de choses qu'il ignore, notamm-
ment que les îles de la Bretagne étaient les îles fortunées des anciens. Le savant parisien, que le Poëte vient
de faire entrer dans un monde nouveau, n'y retrouvant
ni les traditions mythologiques, ni les croyances populaires, ni les systèmes scientifiques qui lui sont fami-
liers, s'y perd complétement, avoue que toutes ses idées
sont brouillées, mais n'en accorde pas moins son suf-
frage au chantre d'Hermann.

Mériadec, à son tour, fait connaître à l'Académicien
son Théâtre Breton. Il lui fait l'analyse de sa troisième
tragédie, intitulée : *Artur*, en lit une scène entre Jean-
Sans-Terre et son neveu Artur, dont le dialogue parfai-
-tement adapté aux circonstances et aux personnages, se
termine ainsi :

JEAN-SANS-TERRE.

J'ai supporté long-temps l'orgueil de tes refus,
Tu devrais craindre enfin de lasser ma clémence.
Je veux bien avec toi partager ma puissance :
Dis un mot. . . . .

ARTUR.

Partager ! quand le trône est à moi !
Respecte mon malheur et reconnais ton roi.
Sur mon front l'Angleterre a mis le diadême ;
Guillaume sous tes yeux m'a couronné lui-même.
Je te connus dès lors, et craignant tes projets,
Je te laissai languir au rang de mes sujets,

Ah ! j'aurais dû prévoir que , nourri dans le crime ,
Ton prince quelque jour deviendrait ta victime.
Quoi , ce n'est pas assez que ton père expirant
Ait appris ta révolte et pleuré son enfant ,
Qu'appelant ses deux fils à son vaste héritage
Toi seul maudit de lui, fut laissé sans partage !
Traînant en tous lieux l'opprobre de ton nom ,
Tu vois unis sur moi les droits de ta maison.
Ton orgueil offensé t'a fait jurer ma perte.
Je sais que sous mes pas la tombe est entr'ouverte ,
Mais tremble ! un Dieu vengeur punit les scélérats ;
La fortune t'attend à ma mort. . . . .

JEAN-SANS-TERRE.

Tu mourras.

« Voilà le cri du tigre, s'écrie l'Académicien , puis il ajoute: Cette réponse de Jean-Sans-Terre, prononcée par Talma, serait d'un effet prodigieux !

Mériadec poursuit l'analyse de son Théâtre, et explique sa théorie du drame. L'Académicien trouve qu'il y a peut-être plus de poésie et d'originalité dans l'épopée du Poëte ; mais qu'il y a plus d'intérêt dans le Théâtre de Mériadec ; que l'un a su parler à l'imagination, et l'autre, au cœur. Ce qui ne l'empêche pas, après avoir payé à chacun le tribut d'éloges qu'il mérite, de consigner sur le procès-verbal de la séance une épigramme fort mordante contre nos trois provinciaux , qui ont le bon esprit de ne pas s'en fâcher.

Les objections froides et prétentieuses de l'Académicien , les répliques du Poëte, aussi pleines de verve et de chaleur que les fragments de son poëme, son exaltation, ses préférences pour le beau idéal , son dédain pour les

choses du monde positif , où il ne voit qu'illusions et
vanité, la lourde et naïve érudition de l'Antiquaire, la philosophie railleuse, les saillies vives et malignes de Mériadec, tout concourt à rendre la lecture de ces deux
lettres fort agréable.

Dans celle qui suit, l'Académicien, qui ne veut pas retourner dans ses foyers sans dire adieu aux trois savants bretons et surtout sans avoir entendu l'antiquaire,
vient à eux. Il s'engage d'abord une discussion sur le
plus ou le moins d'importance des académies dont l'é-
tranger se complaît à vanter l'utilité , et dont Mériadec
développe avec une malice spirituelle , mais sans la
moindre amertume, les faiblesses , les ridicules et les
inconvénients. Tout ce qu'il dit à ce sujet est loin de
convaincre l'Académicien, qui trouve ses arguments vagues , fondés sur le seul désir de s'affranchir des lois
du goût et du bon sens et de déraisonner tout à
son aise. Mériadec décline la juridiction du lettré parisien, et l'entretien revient sur l'histoire de l'Antiquaire , qu'il a composée, dit-il, non comme on compose l'histoire à Paris, avec des livres , mais bien
avec des manuscrits authentiques et trouvés sur les
lieux. Ici, il improvise en quelque sorte l'histoire critique de la Bretagne , éclaircit beaucoup de faits obscurs et douteux , relève un grand nombre d'erreurs
des historiens qui l'ont devancé, et, pour donner un échan-
tillon de son style, cite un parallèle d'Artur de Riche-
mont et de Duguesclin. L'Académicien convient que c'est
bien là le véritable style de l'histoire, en félicite l'Antiquaire et l'assure que si sa philosophie répond à son

érudition et à sa manière d'écrire , il est le phénix des historiens.

L'Antiquaire n'obtient pas les mêmes éloges sous ce rapport. L'Académicien lui reproche d'avoir adopté une doctrine mystique , née au milieu des brouillards de la Germanie. Le Poëte défend avec feu cette philosophie , qui est la sienne et celle de Mériadec , donne à entendre au savant étranger que s'il ne la comprend pas, c'est qu'il ne s'est pas mis en état de la comprendre , que les brouillards dont il se plaint et qui s'interposent entre la *vérité* et lui ne tiennent pas à l'essence de la *vérité*, mais bien à la sienne propre. L'Académicien ne tarde pas à s'ennuyer des idées métaphysiques du Poëte et demande grâce , en lui proposant ainsi qu'à ses deux amis le séjour de la capitale, pour perfectionner leur éducation poëtique et philosophique ; mais l'Antiquaire , le Poëte et Mériadec, dirigent à l'envi contre les savants de la capitale , contre leur orgueil, leur monopole scientifique et littéraire, une nuée de traits perçants dont le pauvre académicien se trouve seul accablé. Ensuite, tous trois s'encouragent à persister dans leur philosophie si consolante, à la mettre en pratique ; et , dans la crainte, disent-ils , de changer d'avis, ils lèvent aussitôt la séance.

Lors de leur première réunion, Mériadec, le Poëte et l'Antiquaire, sans s'être dit un seul mot , sont en même temps frappés de l'idée de voyager dans le but de compléter leurs ouvrages et de les empreindre de couleurs locales. Ils en concluent que les âmes vivent dans une sphère immatérielle et s'entendent malgré toutes les distractions du dehors. Mériadec saisit cette occasion de disserter sur les visions, sur cette vue que les Anglais appellent *la double vue*, et prétend que la théorie en est si bien à l'abri de la critique qu'on la retrouve dans les auteurs les plus opposés, et il rapporte des faits à l'appui de cette assertion.

Après cette digression, ils tracent l'itinéraire de leur voyage en Bretagne. La conversation tombe ensuite sur les divers genres en littérature, et Mériadec lit le début de son poëme intitulé : *Des Quatre Parties du Jour sur les côtes de Bretagne.*

> Que m'importent à moi ces tableaux imposteurs,
> Ces ruisseaux serpentant sous des berceaux de fleurs,
> Ces gazons toujours frais, cet éternel feuillage,
> Et d'un pâtre amoureux l'insipide langage.
> Aux bords de l'Armorique, en présence des mers,
> Sur des objets plus grands mes yeux se sont ouverts.
> Que de fois en silence admirant la nature,
> Des flots battus des vents j'écoutais le murmure ;
> Je ne sais quoi de fier dans ces âpres climats
> Me plongeait dans l'extase et suspendait mes pas,
> Et de l'art que j'aimais, nourrissant le délire
> Pour soulager mon cœur, je saisissais ma lyre,
> Je chantais cette plage, etc., etc...

C'est le poëte qui est chargé de la partie descriptive du voyage; et, pour justifier le choix de ses amis, il les entretient longuement du genre descriptif et de l'influence qu'exerce le spectacle de la nature sur l'âme du poëte. Il les félicite, ainsi qu'il s'en applaudit lui-même, d'avoir rejeté le conseil que leur donnait l'académicien d'aller à Paris. Il ne se borne pas à rappeler la boue, la fumée et le fracas assourdissant de cette capitale, il en fait un sombre tableau, auquel il oppose celui d'une douce et attrayante solitude.

En explorant la Bretagne, les trois voyageurs doivent peindre non-seulement l'aspect des lieux et les impressions de l'âme, mais ils doivent encore indiquer tous les êtres, toutes les productions du pays et ne remplir leur travail que d'observations utiles. Mériadec lit à ce sujet un discours parfois interrompu par les objections glaciales de l'Antiquaire et par les déclamations chaleureuses du Poëte. Il décrit en philosophe qui possède et domine la matière, les avantages et les plaisirs que procure l'histoire naturelle, se prononce contre les systèmes qui ne sont, selon lui, que des échafaudages, contre les nomenclateurs, qui ne sont bons qu'à persuader que la science consiste dans des noms; contre les livres qui nous empêchent de voir et d'étudier par nous-mêmes, enfin contre l'empressement que l'on met à envoyer à grands frais des naturalistes dans les quatre parties du monde, tandis que les richesses de nos propres rivages sont encore ignorées. Ce discours, qui se ressent un peu de l'allure folâtre et vagabonde de l'orateur, se distingue néanmoins autant par l'étendue et la profondeur de la pensée que par la puissance du langage.

Ici finissent les *Lettres Armoricaines*. Je ne sais si j'ai réussi à donner une juste idée de cette singulière production. L'auteur s'y généralise tellement, et, nouveau protée, s'y montre sous tant de formes qu'il en devient, pour ainsi dire, insaisissable. Aussi, ce n'est pas sans quelque raison que l'Académicien, au bas de l'un des procès-verbaux des séances auxquelles il assiste, déclare que cette œuvre présente l'art inconnu jusqu'ici de composer un livre de façon à empêcher que le prote le plus intelligent puisse en faire la table des matières.

Quelques personnes ont paru regretter qu'abusant en quelque sorte de la facilité et de la souplesse de son talent, Richer se soit fait un badinage de choses qu'il était capable de traiter sérieusement. Il paraît, en effet, n'avoir voulu cueillir des fleurs à profusion que pour le plaisir de les effeuiller; mais on doit prendre ses plaisanteries pour ce qu'elles valent, et ne pas y attacher plus d'importance qu'il ne leur en accordait lui-même. D'autres, au contraire, lui ont reproché d'établir comme certains des faits douteux. On peut dire à ces dernières qu'il a rapporté des traditions peut-être incertaines, mais qu'il les a données pour ce qu'elles sont.

J'ai dit que, lorsque Richer conçut l'idée des *Lettres d'un Armorique*, il eut en même temps celle de s'en servir pour mettre au jour quelques-unes de ses croyances morales et religieuses. Ses plaisanteries, ses morceaux de poésie, ne devaient être que comme des lieux de repos où l'esprit se serait arrêté dans une route longue et pénible : « Mes essais d'épopée, de tragédies, m'écrivait-» il à ce sujet, ne seront eux-mêmes qu'une glu pour » attraper les oiseaux qui se jetteront dessus et reste-» ront peut-être attachés aux branches. »

Ce commencement de la 5.ᵉ lettre : « Qu'est-ce donc que l'homme ? etc., etc. » semble avoir été écrit dans l'intention de préparer le lecteur aux théories qui vont suivre. Ailleurs, il fait déplorer par le Poëte, comme un malheur de notre condition ici-bas, de n'être pas de purs esprits et d'avoir besoin à chaque instant de reposer sur des objets sensibles cette âme qu'éblouit et fatigue bientôt la contemplation des choses célestes. Il revient sur ces matières dans plusieurs endroits, particulièrement dans la douzième lettre, où les trois amis exposent à l'Académicien la philosophie qu'ils professent. Mais il sentit apparemment que de telles doctrines étaient trop loin des idées reçues pour être comprises et bien accueillies des lecteurs du *Lycée*, il en réserva les développements pour des ouvrages ultérieurs, et discontinua les *Lettres d'un Armorique*.

VI.

On a appelé Giordano (Luc) le *fa-presto* de la peinture. Richer méritait alors le surnom de *fa-presto* de la littérature. Rien n'égalait la facilité et la promptitude avec lesquelles il composait ses ouvrages. J'eus occasion de m'en convaincre pendant l'impression de ces lettres. Comme si la presse avait été un aiguillon puissant pour son imagination, je l'ai vu, au moment même où on allait en tirer les feuilles, y ajouter de nombreux passages, les pensées les plus graves, les traits les plus spirituels, les vers même se succédaient sous sa plume avec une si grande rapidité qu'elle semblait ne pouvoir suffire à les transcrire.

Il se trouvait à cette époque de la vie où les facultés morales sont parvenues à leur entier développement. La nature, sous ce rapport, lui avait tout accordé et ne lui avait encore rien repris. A ces théories générales par lesquelles toutes les sciences se tiennent l'une à l'autre , il joignait cette philosophie qui est pour les sciences elles-mêmes ce qu'est pour notre globe le soleil qui l'anime et le vivifie. Il pouvait exprimer ses pensées avec énergie, ses sentiments avec chaleur; il était en état de juger le langage des poëtes, d'apprécier les divers systèmes des philosophes et les idées des moralistes. Il avait la conscience de ses moyens et se sentait capable de cette puissance d'abstraction que réclament les travaux littéraires les plus profonds. Peut-être même présumait-il trop de ses forces et surtout de ses forces physiques , qui étaient loin de répondre à celles de son âme. L'ouvrage de la plus vaste étendue , les abymes d'érudition qu'il exigeait, rien n'effrayait son cerveau ; en voici un exemple.

En même temps qu'il écrivait ses *Lettres d'un Armorique*, où il se montrait à la fois historien, archéologue, philosophe , poëte et romancier, en jetant un coup-d'œil sur l'ensemble des connaissances humaines , il crut pouvoir discerner ce qu'elles ont de vrai et de faux, d'utile ou de dangereux, et conçut le plan d'un ouvrage immense qui manque à toutes les littératures, et auquel il était décidé à consacrer le reste de sa vie. Il lui avait donné le titre *d'Essai sur les Progrès et les Erreurs de l'Esprit Humain* et m'en avait esquissé le plan qu'il m'avait adressé; mais, dans l'impossibilité de lui donner place ici en raison de son étendue , je vais faire en sorte d'en retracer succinctement les principales dispositions.

D'abord, l'histoire naturelle en main, il trace rapidement l'histoire civile et politique de chaque peuple. Dédaignant le tableau des crimes, et quelquefois des vertus des hommes, il ne s'arrête qu'à l'histoire de leurs idées et de leurs institutions ; il s'occupe moins des fastes de la société que de ceux de la raison humaine. Il arrive à l'examen approfondi de la philosophie de ces peuples, remonte aux principes des choses, pour juger ce qu'il y a de vrai ou de spécieux dans chaque système. A l'aide de la science du cœur humain, il cherche à apprécier ce qui, en littérature, est écrit selon ou contre les règles, qui, dit-il, cessent d'être arbitraires, quand elles sont d'accord avec notre véritable nature. Rien pour lui n'est exclusif, mais il n'omet rien d'intéressant, et fait, aussi exactement que possible, le dénombrement de toutes les richesses et de toutes les pauvretés de l'esprit humain. Il traduit les poëtes, cite les meilleurs historiens, analyse les écrits des plus grands philosophes, ceux des savants dans tous les genres ; signale celles de leurs découvertes, de leurs travaux, qui ont été les plus utiles ou les plus funestes à l'humanité ; ne laisse pas un nom célèbre sans l'honorer ou le flétrir, une opinion importante, sans l'examiner avec attention ou la peser avec sagesse.

Il divise cet ouvrage en seize livres, subdivisés eux-mêmes en autant de chapitres que le nécessite l'ordre des matières. Il indique le sujet de chacun de ces livres, ainsi que tous les ouvrages à consulter dans toutes les langues, pour traiter ce sujet convenablement. Le dernier livre devait contenir un résumé de tous les autres, et présenter des considérations philosophiques sur les tendances de notre époque et les progrès futurs de l'esprit humain.

Son imagination sourit d'abord à ce projet, et, quand je je lui objectai que, pour l'exécuter, il fallait être une encyclopédie personnifiée et avoir plusieurs siècles à vivre, il me répondit :

« Vous vous trompez, il ne s'agit, pour cela, que de bien savoir consulter et analyser beaucoup de livres en peu de temps. « Le sujet le plus vaste, dit Buffon, peut » être renfermé dans un discours. » Je me bornerai à énoncer des généralités. Ce ne sera là qu'une compilation, diront beaucoup de gens ? En effet, ce ne serait que cela, si tous les matériaux que j'aurai recueillis, élaborés par mes soins, ne passaient pas au crible d'une philosophie qui m'est propre, et n'en acquéraient pas une nouvelle essence ; ainsi que les aliments que reçoit l'estomac prennent du suc gastrique une qualité qui, en les décomposant, change leur nature. »

Cependant, soit qu'à la réflexion il entrevit toutes les grandes difficultés de ce travail, qu'il eût reconnu que ces idées philosophiques qui, dans la spéculation avait quelque chose de grandiose, n'étaient, en réalité que vides, et ne seraient d'aucune application dans la vie ; que dans le monde naturel rien n'est fixe, que l'esprit humain a ses phases périodiques dans la succession des siècles, comme dans le cours de l'existence humaine ; que son ouvrage subirait le sort commun à tant d'autres, et tomberait bientôt dans l'oubli ; soit, enfin, que plus fortement sous l'empire d'idées qui lui paraissaient d'un ordre plus élevé et d'une source véritablement éternelle, il eût déjà conçu le plan de sa *Nouvelle*

Jérusalem, il renonça à l'*Essai sur les progrès et les erreurs de l'esprit humain*, comme il avait renoncé à l'histoire de l'établissement du christianisme, dont il avait aussi esquissé le plan.

VII.

Richer continuait d'habiter tour-à-tour Nantes ou la Coutancière, suivant que l'état de sa santé, ou la disposition de son esprit lui faisait un besoin de la campagne ou de la ville. Toujours ennemi de ce qui porte l'empreinte de la vie commune, de cette vie dont les détails, disait-il, nous rendent toute espèce d'illusions impossible, il n'existait que par l'esprit et l'imagination ; rien ne lui semblait préférable à ce loisir studieux qui, en le laissant tout entier à lui-même, à l'amitié, à la nature et aux lettres, était pour lui une source intarissable de calme et de bonheur.

Celles de ses *Lettres d'un Armorique*, imprimées en 1824, et cette esquisse des progrès et des erreurs de l'esprit humain, qui annonçait si bien un homme capable de résumer la masse des idées de son temps, ne furent pas ses seuls travaux littéraires de cette année là. Il publia en outre, dans le *Lycée,* les articles suivants :

Sur la capitale de la Bretagne.

Dans ce petit écrit, plein de recherches savantes et érudites, Richer prouve que Rennes et Nantes ont été tour-à-tour capitales de la Bretagne avant son union à la monarchie française, et que l'évidence historique les oblige à partager cet honneur.

Sur la charte attribuée à Alain-le-Long.

M. H.*** de Brest, dans un article inséré page 415 du second volume du *Lycée,* avait démontré l'impossibilité d'attribuer cette charte à Alain-le-Long, et avait en même temps essayé de prouver qu'elle provient de l'un des successeurs de ce prince; mais Richer détruit par des faits cette dernière hypothèse, et est d'avis que cette pièce est supposée et doit être rejetée.

Canal de Pornic.

Il rappelle ici le projet du canal de Pornic à Nantes, par M. de Brie-Serrant; canal d'une bien grande importance, puisqu'il donnerait à la ville de Nantes une communication avec la mer plus courte et plus sûre que celle qui existe, et à l'Etat un nouveau port de mer dont les avantages seraient précieux.

Le Marin.

Cet article, que M. de Corbière a placé en tête d'un de ses romans, offre, en style élégant et coloré, tout ce que l'existence de l'homme de mer a d'attraits et de périls, de variété et de monotonie, d'activité et d'ennuis, de joies et de douleurs.

Du vague en littérature.

Richer distingue plusieurs espèces de vague, notamment le vague qui résulte du défaut de clarté, et celui qui tient aux pensées. Le premier dépend beaucoup de l'habitude d'écrire, et l'autre du manque de logique. Mais, combien de gens qui ne voient le vague que dans ce qu'ils ne comprennent pas, et ne rejettent un auteur que parce qu'ils ne peuvent l'entendre. Richer développe ces idées et en conclut que les écrits d'un homme qui respecte la grammaire et la logique, doivent être toujours exempts de ce vague dont on fait tant de bruit.

De la Critique.

L'article sur le vague fut critiqué avec la plus insigne mauvaise foi. On en cita des phrases différentes de celles qui avaient été imprimées, et cet injuste procédé détermina Richer à écrire celui-ci. Il y pose en principe qu'avant de chercher à détruire d'un trait de plume la réputation d'un écrivain, il faut, non-seulement la connaissance des matières dont on s'établit le juge et une grande habitude de la langue, mais encore une condition plus importante et malheureusement plus rare, *la bonne foi.*

HISTOIRE
De la république de Venise, par P. Daru.

En rendant compte de cette histoire, Richer en tire occasion de publier une dissertation sur l'origine des Vénitiens que les érudits et les historiens Bretons attribuent aux Venètes, et qu'au contraire M. Daru paraît rapporter aux peuples d'Asie. Richer cite et discute toutes les traditions écrites, et les diverses hypothèses pour et contre; mais, dans l'impossibilité de découvrir la vérité, il préfère consigner ses doutes sur les deux opinions plutôt que de préconiser l'erreur en faisant prévaloir l'une aux dépens de l'autre. D'ailleurs il se plaît à reconnaître que la critique est le cachet du talent de M. Daru ; qu'entièrement dépouillé de préjugés, cet historien juge tout avec la plus grande impartialité

De la philosophie idéaliste.

Il y a deux manières d'étudier l'homme moral ; la première, en ne considérant que le principe indépendant de la matière qui constitue l'être intellectuel ; alors c'est professer la métaphysique *idéaliste* ou spéculative ; la seconde, en se bornant aux impressions des objets extérieurs, et c'est employer la métaphysique des sensations. Richer passe rapidement en revue les grands hommes qui ont adopté l'une ou l'autre de ces deux philosophies, combat à outrance le condillacisme, démontre qu'aussitôt qu'on traite des grandes questions de Dieu et de l'âme humaine, c'est toujours à la métaphysique idéaliste qu'on doit en appeler, puisqu'avec l'idéologie, les sens sont tout, et que pour la religion ils ne sont rien.

Commentaire sur les passages astronomiques des Géorgiques de Virgile.

Ainsi que je l'ai dit, Richer avait commencé en 1811 une *Histoire des Constellations anciennes* Ce travail n'était dans le principe qu'un extrait d'ouvrages mythologiques, relatifs aux quarante-huit constellations connues des anciens. Depuis, il y avait ajouté tout ce que de nombreuses lectures lui avaient fourni sur cette matière. Il avait copié plusieurs planisphères et figures symboliques, tant dans l'Atlas de Dupuis que dans les planches de Court de Gebelin. Il s'était procuré la traduction française de Pingré, des poëmes d'*Aratus* et de *Manilius*,

avait recueilli tout ce que lui avait offert la vaste collection des mémoires de l'Académie des inscriptions et
avait réuni en un corps d'ouvrage ce que nous possédons sur cet intéressant sujet. Ces manuscrits ont disparu lors du vol de la Coutancière. Il n'est resté des
recherches de l'auteur que cet article où il établit le véritable sens de plusieurs passages astronomiques des
Géorgiques de Virgile, jusqu'alors obscurs et inexplicables et qu'il discute en même temps que les opinions des commentateurs qui l'ont précédé.

VIII.

TABLETTES LITTÉRAIRES.

Sur la fin de 1824, entraîné, subjugué par ses nouvelles études religieuses et morales, Richer aurait bien
voulu se dispenser de coopérer à la rédaction du *Lycée
Armoricain;* mais l'éditeur de ce recueil le pressant
vivement de lui fournir des articles, il en composa en
janvier et février 1825, un assez grand nombre dont
l'impression, en se prolongeant plusieurs années, devait
lui laisser le temps de se livrer à d'autres occupations.

Bien que les morceaux qui composent ces tablettes
n'offrent pas tout l'intérêt et le mouvement de ses meilleurs ouvrages, au moins sont-ils empreints de cette
sensibilité qui s'étend à tout ce qu'il écrit, et qui est
en lui le principe de son imagination brillante et poétique.
L'idée principale est toujours une vérité utile dont les
développements se composent de réflexions ingénieuses,
d'aperçus neufs et délicats. Ils ne font éprouver ni
fatigue ni ennui, répandent sur l'âme la douce mélan-

colic qui les a inspirés et nous pénètrent en même temps des leçons de la plus haute philosophie.

Ils sont au nombre de quarante-six , dont le recueil pourrait former un volume. Dix-huit ont été publiés dans le *Lycée* de 1825 à 1829 , trois dans la *Revue de l'Ouest* en 1832, vingt-cinq sont encore inédits entre mes mains et d'autres aux mains de M. Mellinet.

TABLETTES PUBLIÉES DANS LE *Lycée* ET DANS LA *Revue de l'Ouest.*

En 1824.	En 1828.
La Coquetterie.	La Vie domestique.
La Gaucherie.	Les Châteaux en Espagne.
L'Amour.	La Timidité.
La Pudeur.	**En 1829.**
En 1825.	L'Opinion.
L'Amour-propre.	L'Homme du monde.
Des Sciences exactes et des arts d'imagination.	Le Souvenir.
En 1826.	Les Deux Sortes de Grandeurs.
Les Lettres.	**En 1832 et 1833.**
En 1827.	La Religion.
La Beauté.	La Rêverie.
L'Habitude.	Le Mystère.
La Mort.	

TABLETTES RESTÉES INÉDITES ENTRE MES MAINS.

Le Malheur.	L'Inconstance.
Le Luxe.	La Gaieté.
L'Indifférence.	La Malice.

La Curiosité.
L'Ennui.
La Curiosité.
La Grâce.
Le Ridicule.
Les Ruines.
La Louange.
Les Préventions nationales.
Les Distractions.
L'Originalité.
Le Suicide.

L'Inspiration.
Des Impressions Morales.
Du Paysage.
Le Sentiment.
Des Pressentiments.
L'Illusion.
Gurvand et Moreau.
De la Métaphysique, et pourquoi elle est obscure.
L'Imagination.

IX.

LES COSMOPOLITES.

Voici encore un ouvrage d'un caractère peu commun, et qui doit son origne à une circonstance particulière.

M. Thomine, alors président de la Société Académique de Nantes, s'occupait d'un écrit qu'il destinait à l'instruction de sa famille, et qui avait pour titre : *De la Nécessité du Travail dans toutes les Conditions de la vie*. Il pria Richer de l'aider de quelques-unes de ses idées sur ce sujet. Celui-ci se mit aussitôt à l'œuvre ; maîtrisé, débordé par son extrême fécondité, il écrivit en peu de jours les *Cosmopolites*, qu'il envoya à M. Thomine, et composa ainsi un livre, lors même qu'il n'avait eu l'intention que de tracer quelques lignes.

Les Cosmopolites et le Pêcheur furent imprimés sous le nom de Mériadec, en 1825 (1). M. de Tollenare en

____

(1) Un vol. in-12, de l'imprimerie de Mellinet.

rendit compte dans la 31.ᵉ livraison du *Lycée*, et surmonta, avec autant de talent que de succès, les difficultés que présentait l'analyse du premier de ces deux écrits. Je me bornerai ici à en indiquer le cadre.

Des philosophes et des savants de tous les pays se réunissent à Paris dans le but de se communiquer leurs lumières sur les grandes questions de culte, de législation et d'économie politique, d'en former un faisceau qui, comme un phare éclatant, puisse éclairer toutes les nations du globe. Ces questions sont en nombre égal à celui des jours de l'année, temps que doit durer la session de l'assemblée.

La première, qui doit être soumise à son examen, est le *Travail* qu'il s'agit d'analyser dans son origine et dans ses résultats. D'abord le président démontre l'inutilité des discours d'ouverture et la nécessité de les abolir. On va aux voix, et la majorité se prononce pour la continuation de l'usage établi. Une discussion aussi vive que prolongée s'engage sur ce sujet. Quelques orateurs appuient l'opinion du président ; plusieurs la combattent. Les uns veulent proscrire la coutume d'en appeler à la majorité, d'autres veulent qu'elle soit respectée et continuée. Un lettré chinois fait l'éloge du silence, un ambassadeur vénitien, d'un esprit subtil et délié, fait celui de la parole. Un montagnard suisse déclame contre le bavardage ; il est contredit par un juif polonais. Un murmure de mécontentement se manifeste dans l'enceinte. La société qui comptait à peine deux heures d'existence, était déjà prête à se dissoudre, quand un Suédois entreprend de ramener son attention sur l'objet principal de sa réunion. Un Grec s'en éloigne encore en dissertant sur la vérité et sur la sagesse des proverbes.

Toutefois, le président entre en matière, préconise les avantages du travail ; mais ce qu'il en dit est relevé par un médecin prussien, un quiétiste espagnol, un derviche et un poëte italien. Un économiste breton leur succède à la tribune, y expose avec autant de franchise que de brusquerie les dangers d'une vie oisive et la nécessité du travail. Un naturaliste hollandais lui réplique, et, à son tour, est combattu par un membre du parlement d'Angleterre. Un quaker soutient que le travail est un mal pour celui qui le supporte, et ne sert que l'ambition et le luxe des hommes puissants. Son discours cause quelque effervescence dans l'assemblée. Un professeur de *Gottingen* parvient à se faire entendre. Quatre autres orateurs prennent la parole après lui, envisagent la question chacun d'eux à sa manière, en tirent des conséquences opposées. Enfin un professeur de rhétorique de Bourgogne rappelle qu'il y a urgence de prendre une conclusion ; mais il se fait bafouer, et les cosmopolites se séparent sans aucune délibération.

Chaque discours est modifié selon la nature du sujet qu'il comporte, suivant le caractère, les dispositions et les moyens du personnage qui le prononce. On y remarque la diversité des esprits sans qu'il y ait disparité de talents. Aussi ne sait-on auquel accorder la préférence, et il y a d'égales raisons en faveur des uns ou des autres. Cependant, s'il est difficile d'assigner à l'un d'eux une prééminence quelconque, on ne peut nier que chacun n'ait son mérite particulier, que tous, en général, n'étincellent d'esprit, ne renferment d'excellentes maximes et des vues utiles ou élevées. Ce livre donna lieu à diverses conjectures sur le but que s'était proposé l'auteur. Quelques-uns ne voulurent y voir que des essais dans le genre oratoire, et les comparèrent à ce qu'on appelle dans les colléges des amplifications. Plusieurs supposèrent que Richer avait eu l'intention de se désigner dans un des orateurs cosmopolites. Les uns disaient que c'était au quaker qu'il avait attribué ses sentiments ; d'autres, à l'économiste breton ; ceux-ci, au derviche ; ceux-là, au montagnard suisse ; mais nul ne rencontrait juste : car il est évident qu'il a disséminé ses propres pensées dans chacun des discours, et qu'il n'a placé exclusivement ses opinions dans aucun.

Qu'a-t-il donc voulu prouver, dira-t-on ? Que résulte-t-il de tous ces discours où chaque orateur s'efforce de faire prévaloir ses vues et briller sa dialectique ? Que signifient tant d'arguments contradictoires présentés avec cette logique serrée, cet art si fin, si délicat qui distinguent les meilleurs ouvriers de la parole, puisque les cosmopolites se dispersent sans avoir pris aucune délibération, et sans que Mériadec lui-même daigne donner ses conclusions ? Quoiqu'il ne soit pas facile de justifier la conduite des cosmopolites, néanmoins, si l'on consulte l'histoire, et ce qu'ont produit les discussions d'un grand nombre de réunions politiques ou religieuses, de juntes, de congrès et de conciles, on verra qu'en se séparant sans résultat, les cosmopolites n'ont fait que suivre l'exemple de la plupart de ces sortes d'assemblées ; mais, pour absoudre Mériadec qui les a si bien fait disserter, et le laver du reproche de n'avoir pris aucune conclusion, il suffit d'indiquer l'épigraphe qui termine l'ouvrage, et on reconnaît aussitôt qu'il a su en tirer une fort juste de l'inutilité de leurs débats.

> Ce que j'ai trouvé seulement, est que Dieu a créé l'homme droit et juste, et qu'il s'est embarrasé luimême dans une infinité de questions. Qui est semblable au sage ? et qui connaît l'éclaircissement de cette parole ? (*Ecclésiaste, chap. 7, v. 30.*)

X.

LE PÊCHEUR.

Cette boutade philosophique, quoique imprimée à la suite des *Cosmopolites,* n'a aucun rapport avec eux et leur est bien inférieure. Elle fut composée dans un de ces instants où Richer, plus vivement pénétré de la vanité de nos sciences littéraires, éprouva le besoin de les poursuivre, non de son indifférence, puisqu'il les aimait et les cultivait lui-même comme un amusement, mais d'une dérision qui, bien qu'elle aurait pu être exprimée avec plus de ménagements, ne pouvait l'être avec plus d'esprit et moins d'amertume.

Le choix du petit nombre de livres substantiels qui composent la bibliothèque du *Pêcheur,* tels que la Bible, Plutarque, Homère, Virgile, Bernardin-de-Saint-Pierre, ce qu'il dit de l'inutilité de la lecture pour acquérir la science, la préférence qu'il accorde aux merveilles de la nature sur les ouvrages de l'art, indiquent assez quelle est sa philosophie ; mais avant de l'avoir mise en pratique, il avait beaucoup lu, avait assez approfondi notre littérature pour apprécier nos meilleurs écrivains et la faiblesse de certains endroits de leurs écrits réputés supérieurs. Ce sont ces passages qu'il reproduit malignement. La Martine, Châteaubriant et autres auteurs modernes, sont convaincus de lourdes méprises, et d'avoir quelquefois écrit dans le plus mauvais style. Boileau, La Fontaine, Voltaire, ces grands maîtres eux-mêmes ne sont pas épargnés.

Bien que les erreurs que signale le *Pêcheur* soient aussi réelles qu'incontestables, il aurait pu, j'en conviens, les relever avec plus d'égards pour les idées reçues, d'un ton moins tranchant et parfois moins brusque, et ne pas oublier que la critique a des bornes au-delà desquelles elle est inutile ou nuisible. Il avait trop d'instruction pour ignorer qu'en littérature les beautés n'apparaissent que par élans et par éclairs, qu'ainsi que l'a prouvé Johnson, il n'existe pas de poésie parfaite, et que, pour celui qui exige une justesse irréfragable dans la pensée et dans l'expression, une exactitude rigoureuse dans les comparaisons ou dans les descriptions prises dans la nature, il n'est point d'auteur, si parfait qu'il paraisse, qui n'offre quelque chose à reprendre. Mais le *Pêcheur* est de ces personnes pour lesquelles c'est un malheur de voir avec une sagacité trop pénétrante. Certaines imperfections les affligent, et, incapables de capituler avec leur conscience, elles ne peuvent s'empêcher de les censurer. Ce vieillard, chez lequel le désenchantement avait succédé à des sentiments vrais et passionnés dont il avait été la dupe ou la victime, après avoir cru reconnaître toute l'inanité de nos sciences littéraires, ne peut se défendre de l'humeur qui le domine ; il exprime sa pensée avec le langage d'un solitaire plein de conviction, de franchise et d'indépendance ; mais ce qu'il dit, loin de donner une idée fixe des choses, détruit, au contraire, toutes les opinions, et laisse plus incertain qu'auparavant.

XI.

Notre conduite dans la vie dépend beaucoup de la manière dont nous envisageons les choses contemporaines. Richer, dont les idées avaient constamment leur essor vers les régions élevées, et étaient toujours empreintes d'un noble dédain pour les influences terrestres, redoutait par-dessus tout les embarras et les affaires. Toutes espèces de relations d'intérêts matériels lui étaient insupportables ; elles lui semblaient toujours hérissées d'épines et de griffes humaines, et les services de ses amis qu'il acceptait plus volontiers, étaient ceux qui avaient pour but de les lui éviter. Il n'avait même jamais pu s'astreindre aux détails de l'administration des domaines qui composaient son patrimoine, il en avait chargé un de ses frères ; mais lorsqu'il fut obligé de quitter Noirmoutier, il lui fallut recevoir des lettres pour cet objet, y répondre, vérifier des comptes, les arrêter, donner parfois des procurations, des quittances ; il résolut de s'affranchir encore de ce soin, de vendre ses biens, d'en placer les capitaux à intérêts, et de n'avoir plus qu'à signer un ou deux reçus par an. Toutefois, comme il affectionnait plus que jamais les rives de l'Erdre, aussitôt que cette vente fut consommée, il acheta une petite maison de campagne située sur le bord de cette rivière, à peu de distance du bourg de *Sucé*. Elle nécessitait des réparations urgentes ; il n'alla s'y fixer qu'à la fin du printemps de 1825, et continua jusqu'à cette époque d'habiter alternativement la Coutancière et Nantes.

Le succès du *Lycée Armoricain* augmentait de jour en jour (1), et Richer, après avoir composé ses *Tablettes Littéraires*, cédant aux nouvelles instances de

---

(1) Voici un extrait d'un journal de la capitale, *la Pandore*, du 24 mai 1825, qui confirme les éloges que méritait généralement le *Lycée* :

M. l'abbé de La Mennais a fait un livre sur l'indifférence en matière de religion dont on a beaucoup parlé, mais qu'on a peu lu. On en pourrait faire un dont on parlerait moins et qu'on ne lirait peut-être pas davantage : *De l'indifférence en matière de littérature.*

Dans le plus grand nombre des preuves qu'on pourrait apporter à l'appui d'un pareil reproche, on ne manquerait pas de citer l'espèce de surprise où nous sommes sûrs de jeter même les hommes de lettres de Paris, en leur apprenant que l'on imprime tous les mois à Nantes, sous le titre de *Lycée Armoricain*, un excellent recueil périodique, dont il a déjà paru quatre volumes.

Pourquoi craindrions-nous d'ajouter que le *Lycée Armoricain*, qui ne se compose que de pièces inédites, est le seul ouvrage de ce genre que l'on puisse, avec la *Revue Encyclopédique*, comparer à ces Revues, à ces Magasins, que l'amour des lettres multiplie chaque jour en Angleterre. (*Note de l'auteur.*)

l'éditeur de ce recueil, s'occupa de la rédaction de quelques autres articles qui y furent insérés, et que nous allons passer en revue.

Histoire des ducs de Bourgogne, par M. de Barante.

Cet article fut d'autant plus remarqué à l'époque de sa publication, qu'il fut peut-être le seul où l'on reprocha à M. de Barante d'introduire le pittoresque et le romantisme dans l'histoire. On s'abandonna au charme que l'on trouva dans la lecture de son ouvrage, sans s'occuper des défauts de ce nouveau genre de composition. Cependant, on est forcé de convenir que l'auteur ne s'y montre ni historien érudit, ni historien philosophe. Il copie les écrivains du temps, conserve religieusement leurs impressions, leurs pensées, sans les soumettre à sa manière propre de sentir et de juger. En un mot, il se borne au rôle de narrateur.

Peindre les lieux des scènes, mettre les personnages en action et s'abstenir de toute discussion critique, c'est sans doute, dit Richer, un moyen de plaire et de réussir, mais ce n'en est pas moins donner à l'histoire la forme légère et variée du roman. Sans approuver l'histoire classique, surtout telle que la considèrent ceux qui préfèrent les lieux communs ambitieux et de mauvais goût, à ce qui est simple et naturel, on peut affirmer qu'écrire l'histoire comme M. de Barante, c'est la dépouiller de l'impression sérieuse qui est à la fois le caractère de son utilité et de son impartialité, c'est sacrifier des vues utiles à des images propres à amuser l'esprit, compter l'instruction pour rien et renoncer enfin à l'expérience des siècles.

Richer, dans cet article d'une certaine étendue , fait ressortir tout ce que le plan adopté par M. de Barante offre de défectueux : il est purement écrit, et renferme des vérités qui peuvent n'être pas du goût des partisans de la nouvelle école historique, mais qui, pour cela, n'en semblent pas moins d'une évidence incontestable.

Histoire de Bretagne, manuscrite, de dom Bonnard.

Richer dit avec raison que presque toujours l'on accorde aux ouvrages manuscrits un mérite qu'on refuse à ceux qui sont imprimés, et que c'est à ce motif que Bonnard doit l'avantage d'être compté parmi les écrivains qui ont travaillé sur l'histoire de Bretagne. Son histoire manuscrite n'est qu'un médiocre abrégé du grand ouvrage de dom Maurice, où l'auteur a passé sous silence des choses importantes , tandis qu'il en a conservé d'autres complétement inutiles.

Discours en vers sur les facultés de l'homme , par P. Daru de l'Académie française.

Richer rend le compte le plus avantageux de ce discours, et témoigne combien il est satisfait de voir un des écrivains les plus judicieux du siècle, le traducteur d'Horace et l'historien de Venise , proclamer hautement la philosophie idéaliste , cette noble philosophie qui prend ses démonstrations plus dans les inspirations du cœur que dans les investigations de l'esprit. A propos de cette question : Qu'est-ce que l'homme? Il approuve la critique qu'a faite M. Daru de cette pensée de Pascal , « *l'homme n'est qu'un roseau, mais un roseau pensant* » Il nie également l'exactitude de celle de M. de Bonald

« *l'homme est une intelligence servie par des organes* »
et prouve que ni l'une ni l'autre de ces deux définitions
ne peut être admise par le métaphysicien.

Sur le roman du brut.

Ce roman, si original, d'un ou de plusieurs auteurs
inconnus, et dont le nom signifie qu'il a pour but de célé-
brer les actions de Brutus et de ses descendants, est une
chronique écrite en langue bretonne, en quatre livres
et en vers. Richer entreprend de le faire connaître,
et le recommande comme une source abondante de souvenirs poétiques et historiques de la grande et de la
petite Bretagne, comme un ouvrage qui rappelle la plupart des lieux chantés dans les anciens lais armoricains,
et où l'on trouve une mythologie qui a inspiré l'Arioste
et le Tasse, mythologie fondée sur des croyances et des
mœurs qui remontent jusqu'au temps de la théocratie
druidique.

Tristan le Voyageur, ou la France au XIV.ᵉ siècle par M. de Marchangy.

M. de Marchangy, avantageusement connu par sa
Gaule Poétique, venait de publier *Tristan le Voyageur,*
ouvrage dont le but était de faire revivre à nos yeux
notre vieille France, de reproduire ses monuments et
les scènes naïves de la vie domestique de nos ancêtres.

Ce XIV.ᵉ siècle, dont M. de Marchangy se rendait l'historien, était précisément le siècle de gloire de la Bretagne, celui de la lutte mémorable de Jean-de-Monfort
et de Charles-de-Blois. Il était donc impossible que les
Bretons instruits n'attendissent pas avec impatience les

récits de Tristan, sur les événements, les mœurs et les usages de leur pays à cette époque: Richer était de ce nombre. Il ne tarda pas à rendre compte des impressions que lui avait fait éprouver la partie consacrée à la Bretagne. Elle lui parut tellement remplie d'erreurs, d'anachronismes, de détails de mœurs si faux , qu'après en avoir signalé un grand nombre, malgré la réputation de l'auteur et la justice qu'il était disposé à lui rendre, il ne poussa pas plus loin l'examen de son livre.

Le journal le *Globe* a cité avec éloge cet article qu'on ne peut accuser Richer de n'avoir pas écrit consciencieusement et sans une grande connaissance des matières; aussi , après l'avoir lu, on est forcé de convenir que si M. de Marchangy n'a pas été plus exact pour ce qui concerne les autres parties de la France, en publiant son *Tristan le Voyageur*, il a partagé la faiblesse de tant d'autres écrivains qui ont eu en vue de flatter le goût dominant pour le romantisme et de lui sacrifier la vérité historique.

L'île de Saine.

Cet article, où l'auteur essaie de prouver que l'ancienne île de Saine n'était autre que celle de Noirmoutier , avait été composé pour mon ouvrage inédit sur notre île. Il en fut extrait par l'éditeur du *Lycée*, qui le jugea propre à fixer l'attention des lecteurs de ce journal.

Walter-Scott.

Sans doute, il n'est pas facile de résumer le jugement que la postérité portera des ouvrages de Walter-Scott mais on peut affirmer d'avance que son école ne sera jamais comparée à celle de nos romanciers français, surtout à cette école qui froisse tous les sentiments humains en les exagérant, et qui déshonore la littérature de notre siècle par ses extravagances.

Les romans de Walter-Scott tendent au beau et à l'utile, et s'il descend quelquefois à des détails pittoresquement bas et ignobles, c'est toujours sans cesser d'être chaste, et ses tableaux n'en sont pas moins pleins de vérité et de moralité.

Richer, après quelques réflexions judicieuses sur l'embarras qu'on éprouve, quand il s'agit de juger de grandes réputations littéraires, suppose que Scott, quoique vivant encore, appartient à la postérité, et entreprend de le juger sans préventions. Aussi n'est-ce pas le talent qu'il lui conteste, mais seulement le genre qu'il a adopté. Il convient que tout est mort dans les récits d'un historien qui ne donne que les résultats de l'histoire, tandis que tout est vivant chez un romancier qui, sans s'inquiéter de ces résultats, cherche et trouve, dans les moyens qui les ont amenés, des descriptions de lieux, de mœurs, de scènes, de conversations pleines d'intérêt et d'animation. C'est ce qu'a fait Walter-Scott, ce n'est pas la vie politique, c'est la vie privée qu'il s'attache à peindre. Il excelle à retracer des vues d'intérieur, à dessiner des sites pittoresques. Il nous charme, il nous entraîne, et comme romancier historique, il a fait tout ce qu'on pouvait attendre de mieux. Ses ouvrages sont des chefs-d'œuvre, si toutefois il peut en exister dans un genre qui, tout au moins, n'en comporte pas de véritables, par cela même qu'il est vicieux et d'une exécution trop aisée. Ils sont recherchés, parce qu'ils amusent. Cependant ce qui suffit à l'avide curiosité du public ne suffit pas au sage qui veut s'instruire. On peut reprocher avec raison à cet auteur de n'avoir pas assez fait pour les érudits, de ne répondre rien aux questions des philosophes, d'attacher la curiosité aux destinées d'un personnage imaginaire sans intéresser le cœur par la peinture des passions pour lesquelles il montre la plus grande insouciance.

En résumé, Richer pense que, comparé aux meilleurs historiens et aux meilleurs romanciers, Walter-Scott est inférieur aux uns et aux autres, mais qu'il les surpasse tous dans ce qui leur manque relativement à la peinture des lieux, des mœurs, des costumes. Ses romans sont des monuments précieux qui doivent être jugés, non d'après les lois du goût, mais d'après le plaisir qu'en procure la lecture.

Saint-Bernard et Bossuet.

L'Académie de Dijon avait proposé pour le prix à décerner en 1826, un sujet historique ainsi conçu « Saint-Bernard et Bossuet comparés dans leurs écrits, » dans leur caractère et dans leur influence sur leur » siècle. » Richer, sans vouloir se mettre au nombre des concurrents, donne ici son opinion sur ces deux hommes célèbres, et voici les principaux points de leur vie et de leur caractère qui ont servi de base aux comparaisons qu'il établit entre eux.

Saint - Bernard, mu par une piété vraie, qui avait sa source dans les affections de l'âme, inspira à son siècle un enthousiasme improvisé, et par ses exhortations et son exemple précipita la chrétienté entière sur l'Asie.

Bossuet, admiré pour son éloquence des grands seigneurs et des beaux esprits de la cour de Louis XIV, ne fut aux yeux du peuple qu'un rhéteur sublime. La religion, dans sa bouche, était des pages de rhétorique ; tandis que, dans celle de Saint-Bernard, elle était des versets de l'Evangile.

Saint-Bernard, vivant dans la retraite et dans l'abstinence, apparaissait au milieu des peuples pour éclairer, pour condamner ou pour absoudre ; les harangues de Bossuet n'exerçaient d'autre influence sur ses auditeurs que celles d'un ami qui est en droit de vous reprocher vos fautes, parce qu'il n'a pas part à vos plaisirs.

Bossuet humiliait les rois et les grands, mais c'était par des phrases ; Saint-Bernard leur imposait des pénitences. Tous deux ont fait une faute. Saint-Bernard a provoqué les croisades, et Bossuet a approuvé la révocation de l'Edit de Nantes.

Tous deux ont eu pour ennemi l'homme le plus célèbre de leur siècle. Saint-Bernard a combattu les erreurs d'Abeilard, et Bossuet a combattu et même persécuté Fénélon.

La Soirée de Stockholm.

Cet article, qui parut sous le nom de Mériadec, est le premier de ceux publiés dans le *Lycée*, où Richer ait parlé ouvertement de la doctrine de Swedenborg. Cependant il semble l'avoir composé plutôt avec l'intention de provoquer la critique sur quelques points difficultueux de cette doctrine, que dans le but de la préconiser.

Dans un des salons les plus brillants de Stockholm, il s'engage sur les classiques et les romantiques une discussion qui en amène une autre sur la doctrine de Swedenborg. Un des interlocuteurs convient qu'on ne peut l'adopter sans restriction, en ce que Swedenborg, abusant de la théorie des visions, suppose des formes dans l'autre monde, idée platonique tout à fait rejetée aujourd'hui par les bons critiques. Un autre allègue des motifs de croire à l'existence de ces formes, puisqu'on ne peut nier que les somnambules ne voient pas les objets tels qu'ils les ont vus dans l'état de veille.

Un disciple de Kant prétend n'avoir rien trouvé que de très-profond et de très-bien raisonné dans les ouvrages de Swedenborg; toutefois, il ne sait ce que ce philosophe veut dire, quand il affirme que le ciel a la forme humaine; mais que, pour deux ou trois assertions qu'il ne comprend pas, il en est trente qu'il conçoit et qu'il s'explique fort bien.

Un professeur de l'Université de Cambridge défend Swedenborg avec plus de zèle et de chaleur. Selon lui, il n'est pas seulement extraordinaire comme *voyant*, il l'est encore plus comme philosophe, il cite ses écrits avec la plus grande admiration; mais il fait aussi ses objections.

Alors éclate un grand bruit dans le salon, les uns nient, les autres affirment, tous parlent à la fois, s'étourdissent et se séparent sans être d'accord.

Scènes de la nature sous les Tropiques, par *M. Ferdinand Denis*.

Cet article se distingue à son début par un très-beau parallèle entre Jean-Jacques Rousseau et Voltaire, sous le rapport des impressions que nous recevons du spectacle et de l'étude de la nature. Les grands génies qui ont fait la gloire du régne de Louis XIV, excepté La Fontaine et Fénélon, n'avaient que fort peu étudié la nature extérieure. Plus tard, Buffon l'étudia et la peignit en philosophe, mais il n'eut ni la sensibilité de Fénélon, ni la simplicité de La Fontaine. Il appartenait à Jean-Jacques Rousseau, admirateur passionné de l'un et de l'autre, de puiser dans la nature les impressions morales qui lui donnent tant de charmes à nos yeux et nous la font aimer davantage. Voltaire, au contraire, naturellement caustique, disposé à railler ses semblables pour s'en faire craindre, ou à les louer pour s'en faire admirer, s'attachait à la peinture de leur caractère et de leurs passions, et se doutait à peine qu'il y eût pour l'homme d'autres jouissances que celles qui résultent des regards et des applaudissements du public.

Après Rousseau, Richer cite son disciple, Bernardin-de-Saint-Pierre qui, s'il est inférieur à son maître, sous le rapport du style, l'a surpassé dans l'étude de la nature et de la philosophie qui l'explique.

Il arrive à l'ouvrage de M. Denis, ouvrage fort intéressant, qui rappelle la manière de Bernardin. Il en rapporte plusieurs fragments propres à donner l'idée la plus avantageuse du talent de l'auteur. Il ne lui reproche que de n'être pas assez naturaliste et de citer trop souvent les autres au moment où l'on a plus de plaisir à l'entendre lui-même.

XII.

Richer habitait enfin sa maison de Sucé et y vivait comme à la Coutancière, renfermé dans le cercle étroit de ses habitudes solitaires et domestiques. Sa santé était rarement bonne; mais seulement accessible à un très-petit nombre d'amis, il souffrait en silence, cachait au monde sa vie simple et modeste, et s'inquiétait fort peu de ce qui s'y passait. Aussi son existence, si extérieurement monotone, quoique si pleine à l'intérieur, n'offre-t-elle, comme par le passé, d'autres événements que ceux de ses travaux littéraires, et qui lit ses ouvrages connaît tout ce qu'il a vu et senti.

Si la nature l'eût doué d'une meilleure santé, qu'il eût dépendu de lui de diriger ses pensées vers un but déterminé, on pourrait peut-être lui reprocher de n'avoir pas payé son tribut à la société comme père et citoyen ; mais si l'on considère l'état précaire auquel sa débile organisation le condamnait, on l'excusera d'avoir renoncé à des devoirs qu'il ne se sentait pas la force de remplir en conscience, et on lui pardonnera d'autant plus facilement d'avoir cherché des distractions et des consolations dans les divers genres d'études auxquels il s'est livré, qu'ils sont loin d'être au nombre de ceux dont les hommes ne retirent aucun plaisir ni aucune utilité.

C'est ici le lieu de parler de sa correspondance avec M. Daru, à propos de la nouvelle *Histoire de Bretagne*, dont cet académicien est l'auteur,

Cette correspondance se compose, de la part de M. Daru, de douze lettres que Richer a données à M. Impost, et que celui-ci possède sans doute encore. La première est du 26 mars 1824, et la dernière du 22 décembre 1826 (1). Elles sont toutes empreintes de bienveillance pour sa personne, d'estime et de considération pour ses ouvrages, surtout pour son *Précis de l'Histoire de Bretagne* « qui, » lui dit-il, prouve une érudition profonde dont l'emploi » a été dirigé par le jugement le plus sain et le goût » le plus sûr. » Il le prie de lui permettre de le consulter sur celle dont il s'occupe et de lui soumettre ses doutes. Il lui demande de revoir ses manuscrits, de corriger ses fautes ; Richer consent à tout, se charge de ce travail ingrat, lit et relit les cahiers qui lui sont adressés, fait des recherches, de nombreuses observations critiques, les communique à M. Daru qui l'en remercie dans les termes les plus reconnaissants, et convient que, grâces à lui, il y aura dans son ouvrage des omissions réparées et un grand nombre d'erreurs qui seront corrigées. Eh bien ! croirait-on qu'après de telles lettres, de telles expressions, on ne trouve dans les trois volumes de l'*Histoire de Bretagne* de M. Daru, qu'une seule note de quelques lignes où il soit fait mention de Richer. Cette note se rapporte aux noms de deux députés qui, lors de la réunion de la Bretagne à la France, eurent le courage de dire à l'assemblée des Etats qu'ils ne se croyaient pas autorisés à y consentir. Elle est ainsi conçue :

---

(1) Voyez l'analyse de ces lettres à la fin de ce volume.

« L'action de ces deux députés est mentionnée dans
» les historiens, mais non pas leurs noms. J'en suis
» redevable à M. Edouard Richer, auteur du *Précis*
» *de l'Histoire de Bretagne*, qui a eu la bonté de me
» les indiquer (1). »

Richer était trop réservé et peut-être trop désabusé des vanités littéraires pour ne pas se contenter
de ce faible témoignage de gratitude, mais ses amis le
trouvèrent un peu léger. Je ne pus m'empêcher de lui
faire part de ma surprise à ce sujet. « Les sympathies
» de l'amitié vous abusent, me répondit-il, il y a de la
» partialité dans votre jugement, M. Daru est un his-
» torien dans toute la force du terme. C'est un critique
» judicieux avec lequel je ne puis, le moins du monde,
» entrer en comparaison. Il m'a cité, et c'est en vérité
» plus que je ne mérite. »

Il employa les six premiers mois de 1826 à annoter
l'Histoire de Bretagne de M. Daru; à composer quelques
nouveaux articles pour *le Lycée*; et, le 15 juillet de
cette même année, il jeta sur le papier le plan de sa
Nouvelle-Jérusalem, à laquelle il donna d'abord le titre
d'*Examen Critique de la Doctrine de la Nouvelle-Jérusalem.*

Ainsi que je l'ai dit, il avait de bonne heure abjuré le
naturalisme pour se rallier franchement au christianisme;
mais plusieurs dogmes, plusieurs pratiques du catholicisme, lui faisaient éprouver les scrupules d'une raison

---

(1) Livre 9.*, page 261.

éclairée : il ne pouvait s'y conformer sans mentir à sa conscience. Cependant, quelque persuadé qu'il fût que pour celui qui veut se soustraire aux angoisses du doute la foi devient indispensable, parce qu'elle seule met fin à ces incertitudes, à ces tournoiements de l'esprit dans le labyrinthe des opinions humaines, avant de reporter ses sentiments vers une autre croyance en harmonie avec ce christianisme si pur, si désintéressé, qu'il regardait comme le port le plus assuré où l'homme pût trouver là vertu, le calme et le bonheur, il repoussait une foi aveugle, et voulait que la sienne fût le fruit d'un examen rationnel et approfondi des enseignements religieux qu'il se proposait d'adopter. Il étudia les doctrines de la plupart des différentes sectes chrétiennes de l'Allemagne et de l'Angleterre ; il les jugea toutes plus ou moins entachées de préjugés et n'en trouva aucune qui satisfît complétement aux exigences de sa raison. Celle de Swedenborg fut la seule qui fixa particulièrement son attention. De tous les philosophes chrétiens qui ont expliqué et commenté la Bible, aucun n'avait produit sur lui un effet plus vif. Il lut et médita ses écrits, et les considéra comme ce que l'intelligence humaine pouvait trouver de mieux. Il ne savait, disait-il, lequel admirer davantage de la féconde imagination, ou du bon sens, ou de la sublimité de la morale de cet écrivain, et il méritait d'autant plus de confiance que sa doctrine s'appliquait non-seulement à l'ordre religieux et moral, mais à toutes les questions d'ordre social ; qu'elle pouvait être développée, expliquée sous toutes les formes du raisonnement et de la logique, s'empreindre même du charme de la poésie. Une fois bien convaincu des avantages qui pouvaient résulter de la pratique des vérités qu'elle renferme, il n'hésita pas à s'y conformer.

Si je cherche à donner une idée des hautes et religieuses méditations qui disposèrent Richer à embrasser le swedenborgisme, ce n'est pas qu'il m'appartienne de parler de cette religion. Il ne s'agit pas ici de littérature, et en matières religieuses, comme dans les sciences, ceux qui ne savent pas doivent garder le silence. C'est en lisant la *Nouvelle Jérusalem* qu'on pourra comprendre quelle foi intense, quel courage extraordinaire il a fallu pour consacrer tant d'années d'une vie souffrante à un ouvrage qui a demandé des études aussi longues, aussi pénibles, des recherches, des investigations aussi nombreuses, à travers les philosophies, les théogonies et les cosmogonies anciennes et modernes, surtout avec l'idée accablante que cet ouvrage ne sera lu que d'un petit nombre de personnes, et accueilli avec la plus grande indifférence, le plus parfait dédain ou la dérision la plus amère, dans un monde où les intérêts matériels, le paradoxe et le ridicule ont, pour ainsi dire, rayé la religion du code des hommes.

D'ailleurs, Richer était loin de la pensée de substituer un nouveau système religieux à celui si profondément fondée en France sur d'anciens préjugés d'éducation, par l'intérêt et l'ascendant d'un clergé redevenu puissant par la restauration. Quel moyen de répandre une doctrine inconnue et de nouveaux dogmes d'une intelligence difficile? C'est une entreprise qu'on ne peut attendre que du temps et de cette providence divine qui sait seule amener des événements au-dessus même de toute sagesse.

Le but de ses travaux n'en était pas moins noble ; s'ils ne pouvaient faire avancer plus vite pour son siècle l'aiguille qui marque les révolutions de l'esprit humain, au moins pouvaient-ils être entrepris pour lui-même , pour quelques amis désireux comme lui de s'éclairer et d'obtenir une croyance propre à faire reverdir les rameaux flétris de celle qu'ils avaient reçue de leurs pères , pour ceux encore qui, dans la perplexité fatigante où les laissent l'insuffisance de la philosophie éclectique et le vide de tout sentiment religieux, veulent une religion rationnelle qui, comme une arche précieuse , puisse les aider à sortir de l'océan de doutes et d'incertitudes sur lequel ils sont las d'errer.

Il se livra donc avec ardeur à la composition de la *Nouvelle Jérusalem.* Il possédait trop bien la faculté d'étendre ses idées jusqu'aux dernières limites de leur généralisation, pour ne pas, dans cet ouvrage, tirer parti de ses études précédentes. Tous les matériaux théosophiques qu'il avait amassés depuis cinq années , y prirent place. Ses travaux sur les Beaux-Arts, sur l'Hiéro-Astronomie, sur l'Histoire Naturelle, y trouvèrent leur développement.

Mais, laissons-le parler à son tour. Qui mieux que lui peut nous déduire les motifs qui l'ont dirigé dans le choix de sa nouvelle religion et dans la composition de l'ouvrage dont elle lui donna la pensée ? Voici ce qu'il m'écrivait alors sur ce sujet :

« Je ne suis point animé par l'esprit de prosélytisme. Vouloir ramener à la vérité ceux qui s'en écartent, c'est une entreprise plus qu'humaine ; Dieu - homme y a lui-même échoué. D'ailleurs, malgré tous les livres du monde, la nature n'en va pas moins son train. Le mal comme le bien sont deux natures qui ont la vie en propre ; on n'agit pas sur la vie en discourant. Un traité de botanique ne fait pas pousser un brin d'herbe, et un ouvrage de métaphysique ne donne pas le moindre sentiment moral. Aussi, n'ai-je pas la folie de croire qu'avec un livre on opère une révolution ; mais l'insuffisance de toute philosophie humaine me frappe plus que jamais, je ne crois plus à ses promesses. Elle a beau se remettre à faire de nouveaux systêmes sur les débris de tous ceux détruits depuis tant de siècles, je n'ai plus foi aux succès de ses recherches.

« Plus que jamais je sens qu'il n'y a qu'un même mot pour expliquer la triple unité de Dieu, de l'homme et l'univers ; que, séparer ces trois objets dans ses méditations, c'est chercher la vie dans les tronçons épars d'un serpent coupé depuis long-temps. On peut les réunir en apparence, mais ils restent froids et sans mouvement (1).

« Les hommes de tout temps ont eu, et on peut affirmer que de tout temps ils auront une religion. Puis-je n'en

---

(1) Ce mot, suivant Swedenborg, c'est l'*amour :* Dieu seul est l'amour même, parce qu'il est la vie même. L'homme est un récipient de la vie. L'amour doit, non-seulement présider à ses pensées, à ses sentiments, mais encore à ses actes extérieurs. La doctrine de Swedenborg se résume dans un mot : *l'action* de l'amour ! Peut-il y avoir rien de plus chrétien !

pas avoir une, moi qui en ai si vivement le désir et le besoin ? En revenant à la Bible, je ne dois pas craindre de me tromper, encore moins d'outrager les susceptibilités sociales. J'adopte une religion de mon choix, suivant mon cœur et ma raison; une religion qui prend aujourd'hui consistance. Ce n'est plus un théosophisme de cabinet, elle est positive. Inaperçue dans son origine comme le christianisme lui-même, qu'on l'injurie, qu'on la méconnaisse, on ne peut l'empêcher d'être. On la trouve répandue en Suède, en Danemarck, en Prusse, en Russie, et principalement en Angleterre et aux Etats-Unis. Dans ces deux derniers pays, elle a des temples et des journaux savants qui la propagent. Le mot de *Nouvelle Eglise* ne signifie pas précisément une secte religieuse séparée des autres par quelques points de controverse, il signifie l'ensemble de toutes les doctrines religieuses, appuyées sur les raisonnements de philosophie les plus plausibles. Rien n'y est donné à une foi aveugle, tout y est présenté à l'intelligence éclairée, personne n'y est contraint dans sa croyance, la liberté en est le principe, comme il est celui de tous les sentiments de l'homme. C'est dans mon ouvrage que j'essaierai de répondre avec ordre à toutes les questions, à toutes les objections qui pourraient m'être faites. Je m'efforcerai de me faire comprendre de tous et de prouver que je suis loin d'errer sans guide, sans méthode et sans but dans le nouveau monde intellectuel où je suis entré. Ce n'est cependant point un panégyrique que je me propose d'écrire, il rappellerait trop bien ce que Buffon disait de Burnett. La trop grande confiance de l'auteur l'a fait perdre au lecteur.

» En rendant compte de la *Nouvelle Doctrine*, je tâcherai de m'y maintenir ; car une raison tranquille est déjà une garantie en faveur de la vérité. Ce n'est ni en plaisantant, ni en composant des hymnes qu'on éclaire les hommes. Des écrits comme ceux de Swedenborg demandent tous les efforts de l'attention et toute la bonhomie de la conscience. Si je n'ai aucun espoir de triompher de l'indifférence de mon siècle, au moins aurai-je tracé sur la terre un sillon, où plus tard pourront germer d'utiles vérités. »

Depuis 1826, la *Nouvelle Jérusalem* devint constamment le travail de prédilection de Richer. Plus il avançait dans l'étude des écrits de Swedenborg et des théories philosophiques qui s'y rapportent, plus il rencontrait des vérités morales et des aperçus nouveaux, propres à enrichir la science de l'homme ; plus les principes de cette nouvelle doctrine entraient dans sa conviction, plus son imagination chaude et hardie, son intelligence vigoureuse en faisaient l'application à la généralité des choses humaines. Dans la ferveur de son zèle, il ne voyait que le but, et ne se tourmentait que de l'idée de ne pouvoir vivre assez pour l'atteindre et terminer son œuvre.

Cependant, son amitié pour M. Mellinet, le désir qu'il avait de contribuer au soutien du *Lycée*, le déterminèrent à continuer encore quelque temps à écrire pour ce journal ; et, comme les articles qu'il y publia ne sont pas d'un moindre intérêt que ceux qu'il y avait déjà fait insérer, je vais en rendre compte aussi succinctement que je l'ai fait pour ceux qui précèdent. Je reviendrai plus tard à la *Nouvelle Jérusalem*, dont le premier volume ne parut qu'en 1832, sous le nom de la *Religion du Bon Sens*.

XIII.

HISTOIRE NATURELLE.

Un long article sur les découvertes faites dans le département de la Loire-Inférieure et les départements voisins, sous le rapport de l'*Histoire Naturelle*, est le premier du septième volume du *Lycée*. Richer y indique d'abord la forêt sous marine, trouvée par M. de la Fruglaie en 1811 ; les Cétacés appartenant au genre Dauphin, échoués près Paimpol en janvier 1832 ; puis, les substances minérales découvertes par MM. Dubuisson, professeur et conservateur d'Histoire Naturelle à Nantes, *Hersart de la Ville Marqué*, ancien ingénieur des mines ; les plantes rares ou peu connues, observées par M. Hectot ; les insectes et les larves d'un grand nombre d'insectes, étudiés et dessinés par M. Waudouer. Il rappelle, en même temps, les recherches et les travaux de M. Dorbigny, les miens et ceux de M. Impost dans notre île. Cet article avait, non-seulement pour but de prouver que l'Histoire Naturelle n'était pas moins en honneur dans notre patrie que la littérature ; et que, sans sortir du pays qu'il habite, chacun peut y trouver des objets curieux et nouveaux à observer et à décrire.

Buffon.

Cet article, qui suit immédiatement le précédent, est selon moi un des mieux écrits qui soient sortis de la plume de Richer. Tite-Live a dit que, pour louer dignement Cicéron, il faudrait l'éloquence de Cicéron. Il semble que Richer se soit dit aussi que, pour parler de Buffon, il devait s'efforcer d'écrire comme lui. S'il n'a pas égalé son modèle, au moins a-t-il approché de la pureté et de la majesté de son style. Ce qui prouve que lorsqu'il prenait à cœur de polir un écrit, il pouvait le faire avec succès. Ici sa diction se proportionne à son sujet ; et, nulle part ce me semble, elle n'a pris un caractère plus élevé.

D'abord, il considère Buffon dans ses rapports avec son siècle, et le compare à quelques-uns des grands hommes qui en ont fait la gloire ; ensuite, comme philosophe, mettant son âme en contact avec cette âme universelle, ce principe invisible, mais certain de toutes choses, s'élançant dans les plus hautes régions d'où il embrasse d'un œil scrutateur le vaste ensemble des observations faites jusqu'à lui, en déduit ses théories générales, peint les phénomènes de la nature, fait l'histoire de l'homme et celle des animaux ; puis, comme écrivain, plein de grandeur et de majesté, alliant l'imagination du poëte au calme et à la réflexion, et donnant à ses écrits cette douce harmonie qu'on y admire ; enfin, comme naturaliste, burinánt en caractères ineffaçables, ou décrivant avec une grâce enchanteresse, avec les couleurs les plus vraies, les plus brillantes, les objets mêmes les plus arides en apparence.

Toutefois, il ne dissimule pas plus les défauts de cet homme illustre qu'il ne loue son génie ; il convient que, porté à remonter à l'origine des choses, au lieu de se borner à sentir et à peindre, il a quelquefois trop voulu expliquer et raisonner ; que, substituant alors la thèse à l'hymne, après s'être élevé au sublime, il tombe jusque dans l'amour propre ; qu'écrivain peu sensible, son style est plus pompeux qu'entraînant ; qu'oubliant qu'il n'y a rien de petit ni de grand dans le champ de la création, où tout est parfait et à sa place, il n'accorde aussi parfois qu'une légère attention aux objets qui échappent à la faiblesse de nos organes ; et que, s'il a réussi à nous faire comprendre les qualités des êtres, il a fallu les observations et les calculs de ses successeurs pour étudier ces êtres en détail et établir les rapports qu'ils ont entre eux.

Les Grecs.

A l'époque où les Grecs réunissaient tous leurs efforts pour secouer le joug des Turcs et reconquérir leur indépendance, quand toutes les nations civilisées, admirant leur valeur, se réjouissaient de leurs victoires, faisaient des vœux pour leur triomphe et leur émancipation, le *Lycée Armoricain* dut aussi leur payer son tribut d'admiration. Richer prit la plume et parla d'eux, non en politique, ni en académicien, mais en enthousiaste. Leur cause lui paraissait si sainte et si pleine d'espérances, elle l'inspira si heureusement, que nulle part, je crois, il ne s'est montré plus éloquent que dans ce petit écrit d'une dizaine de pages, où sont évoqués les plus beaux souvenirs de la Grèce ancienne, et où les plus nobles encouragements sont donnés à la Grèce moderne. Il ne peut s'analyser, c'est une sorte d'improvisation dont le mérite consiste dans la chaleur de la diction et la haute poésie des pensées.

Enfin, Richer a vu ses désirs et ceux des Philhel-
lènes accomplis. La Grèce est libre ! la liberté a été
le prix de son sang ! puisse-t-elle la conserver, voir
refleurir les arts et les sciences autrefois illustrés par
elle et si long-temps étouffés par ses tyrans.

De l'état actuel de l'esprit théosophique en Europe.

Ce long et intéressant article émut à son apparition
la bile des divers partis. Ceux des libéraux qui tolèren[t]
à regret la religion, n'y virent que de l'illuminisme ; les
absolutistes qui la veulent sous le joug de l'autorité,
y trouvèrent une audace coupable ; et ceux des prêtres qui
ont à cœur de la tenir sous le boisseau, crièrent à
l'impiété. Quelques hommes distingués par leurs lumières et leur modération, furent les seuls qui l'approu-
vèrent.

Des associations religieuses se formaient chez tous
les peuples. Les catholiques et les protestants rivali-
saient pour la publication des livres saints. En France
même, on plaçait les éléments de la prospérité publique sous la sauve-garde de la morale chrétienne. Ce
mouvement imprimé aux esprits n'avait pas échappé à
Richer, et il lui parut provenir principalement des
philosophes religieux nommés théosophes, et impropre-
ment *illuminés* par ceux qui en discourent sans les
connaître. Il voulut donner une idée de leurs doctrines ;
mais il n'en parle que comme il eût parlé de celles
des plus anciens peuples de la terre. Il expose ce
qu'elles ont de beau, de vrai, ce que la critique peut
y reprendre avec raison. Il prouve qu'elles s'accordent

toutes pour placer l'âme dans une sphère inaccessible à celle des sens, et pour faire de l'homme un être déchu, assertion sans laquelle il est impossible de concevoir l'origine du mal. Il établit ensuite les points de dogme par lesquels ces doctrines diffèrent entre elles et principalement entre celles de Saint-Martin et de Swedenborg. Certes, rien de tout cela n'est repréhensible, mais le mémorial catholique s'était déjà fortement prononcé contre la nouvelle école spiritualiste dont le globe représentait une fraction. Le mémorial convenait qu'elle était spiritualiste dans ses doctrines sur l'homme, mais que, dès qu'elle abordait les questions sociales, elle devenait matérialiste. Il était donc impossible que cet écrit ne déplût pas à MM. du Séminaire de Nantes; aussi encourut-il la censure de M. l'abbé Joly, qui fit insérer à ce sujet un article assez étendu dans le journal de Nantes. Il y mit de l'aigreur et de la passion. « L'auteur ne devait pas, y disait il, pour expliquer » un certain système philosophique, citer les révélations » reconnues par l'église » comme s'il était interdit à la raison humaine d'examiner ces révélations.

Toutefois, comment espérer trouver grâce devant ces messieurs, lorsqu'on ose dire : « Qu'il n'est pas étonnant » que les ouvrages de Swedenborg renferment des » passages susceptibles d'objections de détails, puisque » le livre le plus parfait qui existe sur la terre, l'*Évan-* » *gile*, a bien aussi des nuages qu'il n'est pas donné à » l'esprit humain de dissiper complétement. »

Un tel rapprochement n'est-il pas une horrible impiété?

Comment aussi ces messieurs auraient-ils pu tolérer patiemment des passages tels que ceux-ci ;

« Le respect pour l'autorité ne doit en aucune manière paralyser les efforts de l'esprit, quand ces efforts ne conduisent à rien de positif et de contraire à l'ordre établi. Si l'homme se perd dans les nuages, en suivant cette voie, il ne fait tort qu'à lui seul; et invoquer l'autorité pour arrêter ces excursions, ce serait la prendre pour juge dans des matières sur lesquelles elle ne doit exercer aucune juridiction.

» Il ne faut pas prendre pour ennemi celui qu'on dit tel, mais bien celui qui se cache dans l'ombre. L'autorité civile et l'autorité religieuse se taisent, c'est la philosophie des écoles qui s'alarme d'une philosophie nouvelle. »

Sans se déclarer pour aucune des doctrines dont il s'agit dans cet article, tout homme impartial conviendra qu'il est d'un écrivain religieux et profondément instruit dans les matières théosophiques qui de nos jours, en France, sont peu connues, et dont généralement on ne s'entretient qu'avec l'indifférence et le dédain qui dispensent de les étudier, ou avec l'intolérance passionnée, qui n'a pour but que de les combattre.

Le Phare, ou la Tour du Four.

Cet article, qui eût été mieux intitulé : *Les Trois Manières*, si déjà il n'eût existé sous ce titre un fort joli conte de Voltaire, est une plaisanterie fort ingénieuse à propos d'un prix à décerner par la Société Académique de Nantes, à l'auteur de la meilleure pièce de vers, dont le sujet devait être l'érection d'un phare sur l'écueil en mer nommé le *Rocher du Four;* sujet si peu propre à inspirer le poëte qu'une seule pièce parut pour le concours. C'était une charmante élégie de M. Souvestre, où l'auteur, s'occupant trop peu de la tour du Four, ne remplit point les conditions du programme, et n'obtint qu'une médaille d'encouragement.

Richer, sous le nom de *Mériadec*, imagine trois manières de traiter ce sujet, et conséquemment de gagner le prix, s'il est remis au concours. La première est mythologique. Toutes les divinités marines, tous les Dieux de la fable même sont appelés à jouer un rôle épique pour la fondation de ce phare, à laquelle Neptune voudrait en vain s'opposer en suscitant contre lui les tempêtes les plus violentes; le phare résiste, reste intact, et le Dieu vaincu par le génie moderne, se retire dans ses gouffres.

La seconde manière est toute philosophique, c'est la rêverie d'un antiquaire à qui ce phare rappelle les monuments que les Celtes avaient autrefois élevés sur les côtes de l'Armorique et que la vague recouvre aujourd'hui. La vanité des œuvres de l'homme fait naître chez cet observateur de profondes et tristes réflexions. Le phare, au lieu d'exciter son admiration, finit par provoquer son dédain, et il s'éloigne de peur qu'au lieu d'un chant en l'honneur de la Tour du Four, son monologue ne devienne un hymne en l'honneur de la nature et une satyre de l'homme.

La troisième est la plus étendue, puisque des dix-huit pages de ce petit écrit, elle seule en occupe quinze. Un jeune homme, plein de candeur, qui veut examiner de près ce qu'il va peindre, arrive de Paris pour voir le phare; mais ce phare n'est à ses yeux qu'une aiguille qui, du point où il est, ressemble à un mât de chaloupe terminé par une lanterne. Loin de s'en occuper, toute son attention se reporte sur les merveilles de l'Océan. Il décrit ses productions variées, l'étonnante végétation de ses plantes, les phénomènes de sa phosphorescence, la singulière organisation des animaux, qui s'offrent à chaque instant à ses regards, surtout celle des polypes, des mollusques nus et conchylifères. Puis, la beauté d'une nuit sans nuage, d'un ciel étoilé sous l'éclat duquel la lumière du phare s'éclipse de honte, attire son admiration. Ce spectacle sublime le plonge dans une profonde méditation. Il ne voit plus, il pense.

Après avoir fait la topographie de tout ce qui l'environne, il quitte les lieux en proférant une boutade qui commence par ces mots : « Va donc homme si fier de ton génie, tu ne fais rien qu'un animal ne fasse mieux que toi. Ton phare ne vaut pas la lueur que le lampyre femelle porte à son derrière, tes digues ne valent pas les rochers qu'ont produits les polypes coralligènes, etc., etc. »

Mériadec termine ainsi: « Quant à moi, si j'ambitionnais le prix, je mettrais en vers alexandrins de la façon de ceux de Buffier (1), la note savante de l'ingénieur Rapatel, insérée dans un *Voyage au Croisic* ; et comme je ne dirais rien que d'incontestable, il s'en suit que sans injustice on ne pourrait me refuser le prix. »

---

(1) Ce jésuite, pour fixer dans la mémoire les noms propres, l'ordre et la date des faits, a employé la méthode des vers techniques.

Du Dragon et des traditions auxquelles il a donné lieu.

Le dragon, bien qu'il n'ait jamais existé dans la nature, a joué dans l'antiquité un rôle important qu'il a répété ensuite de siècle en siècle. Il figure comme constellation parmi les phénomènes célestes, comme symbole dans les religions, comme animal merveilleux dans les fables, dans les romans de chevalerie et dans les superstitions populaires.

C'est sous ces différents points que le considère Richer ; il prouve que, comme constellation, il a partout été l'image de l'esprit des ténèbres que ses divers aspects par rapport au soleil et aux constellations zodiacales, expriment parfaitement les combats qu'il a soutenus avec le bon principe ; que ce n'est qu'à l'aide de ce système astronomique qu'on peut expliquer tous les contrastes qui résultent des diverses représentations du dragon comme emblême. Il prouve également son identité et celle du mauvais principe dans les théogonies des Mages et des Egyptiens sous les noms d'*Ahrimane* et de *Typhon*, dans la Mythologie grecque sous le nom de *serpent* ou *dragon Pithon*, dans les allégories de nos livres saints, particulièrement dans l'*Apocalypse* où il est appelé le *Grand Dragon*, *Diable*, *Satan* ; qu'enfin il est partout où il y a lutte du bien contre le mal, de la lumière contre les ténèbres.

Cet article parut ce qu'il est, d'une profonde érudition ; aussi fut-il compris de peu de personnes. Cependant, s'il n'est pas à la portée de tous les lecteurs dans ses détails, au moins est-il intelligible dans son ensemble et dans son but.

Il est là!

Petit tableau délicieux des amours de la femme. *Il est là!* ce mot sur les lèvres d'une épouse, d'une mère, c'est le bonheur, c'est la jouissance que procure la présence de l'objet aimé. La mort lui a-t-elle ravi son époux, son fils, elle croit à une autre vie et redit encore *il est là!* puis, convaincue que Dieu est le complément et la garantie de toutes les amours, elle se réfugie dans son sein, parce qu'elle sait que c'est de lui seul qu'on peut dire sans cesse *il est là!* Cette petite pièce, pleine de sentiment et de poésie, offre du commencement à la fin un charme indéfinissable, mais elle ressemble à une fleur à laquelle l'analyse enlèverait ses couleurs et son parfum. Je me borne donc à rappeler qu'elle fit des enthousiastes, et qu'il est difficile de la lire sans une vive et douce émotion.

Nahazal, ou la Résurrection nouvelle orientale.

Ce conte, loin d'être du nombre de ceux qui endorment le lecteur, est plutôt de nature à l'amuser et à l'éveiller.

Nahazal venait de mourir à Bagdad, et bien qu'il eût dans le ciel la perspective d'un bonheur parfait, il n'en regrettait pas moins la félicité dont il avait joui sur la terre. L'ange Kackabiel, qui préside à la vie, lui accorde le privilège d'y retourner et consent même à l'y accompagner sous une forme invisible. Si, au bout de vingt-quatre heures, Nahazal ne redemande pas le ciel, l'ange doit lui faire don de l'existence qu'il est si désireux de recouvrer.

Il reparaît d'abord subitement dans la salle où d'avides parents se partageaient son héritage ; mais, au lieu de pleurs de joie auxquelles il s'attendait, il ne retrouve que les protestations hypocrites d'un désapointement inattendu, et il est forcé de reconnaître que partout où il y a calcul d'intérêt, il ne peut y avoir attachement véritable.

C'est près de Zora, la plus belle, la plus vertueuse et la plus aimante des filles de Bagdad, qu'il espère retrouver les témoignages d'une affection sincère. Quoi de plus désintéressé que l'amour ! Hélas ! nouveau mécompte ! Il s'approche d'elle sans en être vu ; un autre nom que celui de Nahazal sort de ses lèvres, et ce nom est celui d'un nouvel amant. Il a peine à contenir son indignation ; il conclut qu'il est oublié et que l'amour n'est qu'un besoin animal.

Mais il pense que l'amitié peut le consoler de la perte d'une famille et d'une amante. Il va chez ses amis et ne tarde pas à se convaincre qu'ils ne l'aimaient que par désœuvrement ou par habitude. L'un l'accuse déjà et s'amuse de ses ridicules, un autre lui préfère un chien. Toutefois ces épreuves ne suffisent pas encore pour le faire renoncer à l'attrait qu'a pour lui l'existence terrestre. Il est, dit-il, de nobles associations qui ont tout le charme de l'amitié sans être fondées comme celle-ci sur des habitudes. Aussitôt il va revoir un savant qui lui avait inspiré le goût de l'étude et avait encouragé ses succès. Il le surprend causant avec sa conscience d'un ouvrage qu'il vient d'achever. Ce dialogue, dont Nahazal ne perd rien, lui apprend que ce savant n'est qu'un plagiaire et un sophiste. Celui-ci n'en court pas moins vîte vendre son manuscrit au poids de l'or chez un libraire, en présence de Kackabiel et de son protégé, qui restent confondus de sa faiblesse et de sa dissimulation.

Nahazal n'est pas encore découragé, il se présente chez son instituteur, l'ami et le soutien de son enfance. Il le surprend occupé à écrire l'éloge funèbre de son élève pour le lire à l'académie, dont l'un et l'autre étaient membres ; mais, en écrivant les phrases académiques, il les accompagnait de réflexions qui allaient se graver d'elles-mêmes avec ces phrases sur un tableau visible seulement pour l'ange et Nahazal. Ce dernier lit que son instituteur faisait aussi peu de cas de sa personne que de ses ouvrages, et il l'entend à l'instant avouer à l'un de ses collègues qui survient, qu'il n'avait jamais cherché à comprendre ses ouvrages et ne les avait même jamais lus.

Nahazal ne peut résister à cette dernière épreuve. Il tombe sur le plancher sans connaissance, puis s'envole vers le séjour qu'il avait quitté avec tant de joie, douze heures auparavant, où son bon ange lui donna une famille désintéressée, une amante fidèle, des amis sincères, et le mit en relation avec des savants qui aiment la vérité pour elle-même et la chérissent dans les autres.

On sent combien une analyse aussi courte et aussi sèche doit affaiblir l'intérêt de ce conte, qui est écrit d'une manière piquante, a le naturel et la simplicité de ceux de Galland, et fournit une nouvelle preuve de la fécondité et de la richesse de l'imagination de l'auteur.

Napoléon et Byron.

Ici, Richer émet quelques réflexions aussi neuves que profondes sur ces deux hommes illustres, et voici les principales considérations qui en sont la base :

Napoléon et Byron ont été portés par leur siècle. C'est au mouvement qui entraînait la foule et que leur génie a si bien secondé, qu'ils doivent leurs succès.

Napoléon a été le chef d'une nouvelle époque, Byron celui d'une nouvelle école. Tous deux ont été outragés par les partisans du passé et ont excité l'enthousiasme et les hommages des novateurs. Si le premier a été parfois un despote et le second un extravagant, c'est aux résistances qu'ils ont voulu vaincre qu'il faut s'en prendre. Les actes despotiques de Napoléon sont provenus des obstacles qu'il a rencontrés dans le grand mouvement qu'il a voulu diriger, et les écarts de Byron, des critiques injustes et amères auxquelles il a été en butte. C'est lorsque tous deux, oubliant l'esprit de leur siècle, ont fait une affaire individuelle d'une opposition qui résultait nécessairement de la nature des circonstances, qu'ils sont arrivés l'un au despotisme et l'autre à l'impiété, les deux choses les plus contraires au besoin de l'époque. Napoléon, contrarié, ne voyant rien de plus grand que lui, s'est cru en droit de mépriser les hommes et de les opprimer. Byron, indigné, s'est abandonné au délire que donne le désir de se venger, et sa verve est devenue de la colère.

Ce parallèle a été reproduit par plusieurs journaux, notamment par la *Gazette de Lyon.*

Voltaire.

Richer était trop religieux pour aimer Voltaire. Cependant, si le jugement qu'il porte sur sa personne et ses écrits est sévère, au moins est-il impartial et ne ressemble-t-il en rien à cette *rage sainte* qui transporte M. de Maistre dans ses soirées de Saint-Pétersbourg, et lui inspire l'idée de faire élever au patriarche de Ferney *une statue par la main du bourreau.* Richer avait trop de bon sens et de tolérance pour ne pas reconnaître que le tort de Voltaire était aussi celui de son siècle, et qu'il ne fit que fortifier l'incrédulité dont les esprits étaient en possession.

Toutefois, attendu qu'un écrivain consciencieux, et qui prétend à une gloire durable, ne doit pas seulement saisir l'esprit de sa nation et de son siècle, et s'y conformer ; que la littérature, avant d'être l'expression de la société, doit être, avant tout, l'expression du cœur humain, du vrai et du beau moral ; c'est à ce point de vue que se place Richer pour juger Voltaire : il se borne à considérer en lui le poëte, l'historien et le philosophe.

Comme poëte tragique, il le loue d'avoir eu le bon esprit d'exploiter la mine, encore vierge jusqu'alors, de notre propre histoire, de nos mœurs et de notre religion ; mais il le blâme fortement de n'avoir pas donné à ses personnages leur véritable caractère, d'avoir méconnu le cœur humain au point d'avoir préféré à un style simple et naturel un style grave et solennel, incompatible avec le langage de la véritable passion ; d'avoir voulu peindre des impressions fortes, plus par

la pompe des mots que par la profondeur des pensées,
et condamné la scène française à une dignité factice, qui
n'appartient pas à la nature humaine.

Sans nier les beautés que renferme *la Henriade*, il
en retrace les défauts, et reproche à son auteur l'omission
de détails précieux qu'il indique, et qui, selon lui, eussent
donné à cette épopée ce qui lui manque le plus, du mouvement et de l'intérêt.

Il trouve que ses poésies légères sont des chefs-
d'œuvre de goût et de facilité, mais en même temps de
pyrrhonisme.

Comme historien, il lui reconnaît le grand mérite d'a-
voir fait entrer dans l'histoire ces détails généraux de
mœurs qui en font la substance, et qu'avant lui on
comptait pour rien, puisqu'on écrivait l'histoire des
princes sans songer à celle des nations; mais il lui reproche d'être plus passionné qu'exact, de n'avoir appuyé
ses récits d'aucunes preuves, d'aucunes dissertations
critiques, et sans pour cela leur avoir donné plus d'intérêt. Dans l'*Essai sur les Mœurs des Nations*, il semble
avoir eu plus à cœur de montrer l'élévation de son esprit et de son impartialité, de paraître au-dessus des
erreurs et des superstitions qu'il retrace, que de produire
des émotions et de donner des leçons de morale.

Comme philosophe, Voltaire, selon lui, s'est trop joué
de tout ce qu'il y a de plus respectable parmi les hommes,
la religion et les mœurs : ses poëmes philosophiques ont
de la clarté et de l'enjouement, mais ils manquent de
profondeur et de logique ; ils sont remplis de contradictions, et les prétendues vérités morales y sont des
lieux communs.

Le génie de Pascal était trop favorable à la révélation pour ne pas encourir les agressions de Voltaire, aussi Richer s'indigne-t-il du commentaire qu'il a opposé à la seconde partie des réflexions du penseur de Port-Royal. Il le trouve plein de remarques banuales, de facéties vulgaires et d'allégations sans preuves.

Après avoir examiné sommairement les écrits de Voltaire, il termine en indiquant le beau rôle qu'il pouvait remplir par un meilleur usage de ses talents. « Embrassant, dit-il, toutes les branches d'une littérature qu'il eût placée dans nos sentiments, et pour ainsi dire régénérée, il les eût considérées dans un nouvel esprit; il eût fait du théâtre une représentation fidèle et une leçon morale tout à la fois, il eût fait de l'histoire un récit animé et consciencieux, sans oublier qu'elle est le dépôt du droit public des nations ; il eût senti que la poésie se rapprocherait de sa destination primitive à mesure qu'elle deviendrait plus recueillie et plus grave, et, surpassant à la fois Lucrèce et Pope, il fût devenu en France le créateur de la véritable poésie philosophique. »

La France Littéraire, dans l'un de ses premiers volumes, a inséré tout entier ce bel et long article sur Voltaire.

Fénélon.

Les mêmes motifs qui inspiraient à Richer de l'éloignement pour Voltaire, devaient nécessairement exciter en lui les plus vives sympathies pour Fénélon. Qui plus que ce prélat illustre fut pénétré de l'esprit évangélique ; qui plus que lui posséda cette âme tendre et religieuse, qui, non-seulement sait aimer les hommes, mais qui sait encore les comprendre , les instruire , compatir à leurs maux et les secourir ?

Richer , après quelques considérations sur la littérature et la philosophie du XVI.ᵉ siècle , sur les hommes de génie qu'elles produisirent , arrive à Fénélon , qu'il range avec Pascal et Descartes parmi les plus grands philosophes, et avec Molière et La Fontaine parmi les plus grands écrivains de ce temps , « les seuls, peut-être, » dit-il , qui aient puisé leur talent dans la nature et » qui eurent une entière originalité. » Selon lui , Fénélon eut sur eux l'avantage que lui donnèrent son ministère auguste et l'ascendant de son éloquence, à la fois si douce et si persuasive. En même temps , inspiré par les devoirs de son état, par l'amour de la patrie et plus encore par l'amour de l'humanité, ses travaux semblent n'avoir eu qu'un but , celui de ramener à la nature l'esprit humain égaré par les préjugés , de le réformer par une éducation plus analogue à ses besoins, de lui faire concevoir la religion avec plus de profondeur, et la littérature avec plus de vérité. Il entreprit cette réforme par son *Traité de l'Éducation des Filles* et par son *Télémaque*. Le premier rappela les femmes aux sentiments naturels et aux mœurs domestiques ; le second, d'une composition si antique et si neuve, offrit, sous le charme des fictions, les préceptes de la philosophie la plus pure et de la politique la plus humaine.

Richer fait, au sujet du *Télémaque*, une remarque qui, je crois, n'avait pas encore été faite, c'est que ce livre fut écrit à l'époque des triomphes de Louis XIV, avant que la fortune eût accablé ce monarque des hu-

miliations qui flétrirent la fin de son règne. « Il n'ap-
» partient qu'au génie, ajoute-t-il, de découvrir les
» germes du malheur dans l'éclat même de la pros-
» périté, et il y avait un courage peu commun à faire
» entendre la vérité au milieu du concert animé des
» adulations. »

Il rappelle ensuite l'écrit intitulé : *Direction pour la
Conscience d'un Roi,* où le prélat proclame des vérités
trop long-temps méconnues, entre autres celle-ci : que
la volonté seule des rois ne constitue pas leurs droits,
que la nation n'est pas eux et que le despotisme est un
attentat aux lois divines et humaines.

Il fait remarquer quel goût exquis domine dans les
dialogues sur l'éloquence et dans la lettre à l'Académie
française ; et, de là, passant à l'examen des ouvrages
philosophiques, il démontre que le *Traité de l'Existence de Dieu* est un livre composé plus d'après les
inspirations du cœur que d'après les règles de l'art,
un livre où le sentiment abonde, dont la métaphysique
et le style animé, la logique lumineuse et pressante ,
appartiennent à Fénélon seul, entraînent, persuadent,
touchent et transportent le lecteur.

On ne s'étonnera pas, sans doute, que l'ouvrage de
Fénélon le moins connu et le moins apprécié, les *Lettres
Spirituelles,* soit précisément celui qu'affectionnait davantage Richer ; c'est qu'en effet, il porte au plus haut
degré l'empreinte de la belle âme de son auteur. C'est là
qu'elle est le plus à découvert, c'est là qu'exposant la
mysticité de son caractère religieux, son génie a plus
d'élévation, sa pensée plus de profondeur , et son style
plus d'onction. Ici, Richer explique ce qu'il faut entendre

par la religion des mystiques, si mal comprise et si mal exposée par Voltaire, et qui, pour les esprits indifférents ou distraits, n'est qu'un raffinement de dévotion dont la source est dans une sensibilité superstitieuse. C'est -en donnant une idée plus juste de cette religion qu'il disculpe Fénélon du reproche de quiétisme, prétexte dont les ennemis de ce prélat se servirent pour flétrir sa pureté.

Richer, en joignant son tribut d'éloges à tant d'hommages rendus, depuis plus d'un siècle, à la mémoire de l'archevêque de Cambray, n'est pas resté au-dessous de son sujet. Cet article, ainsi que tous ceux où il s'est plu à retracer les portraits de quelques-uns de nos grands hommes, sont écrits avec un talent incontestable. Ils furent, lors de leur publication, loués, critiqués, mais lus avec avidité, et ils le seraient infailliblement encore, si, un jour, exhumés du *Lycée Armoricain*, ils étaient réimprimés séparément.

XIV.

Richer continuait d'habiter sa maison de *Sucé*. L'esprit de propriété l'embellissait à ses yeux, et quoique beaucoup moins spacieuse que la *Coutancière*, elle ajoutait un nouveau charme à son goût pour la campagne. Cependant, un petit jardin, un pré sur le bord de l'Erdre, et une pièce de terre entourée d'une haie vive, en formaient les seules dépendances; mais ce jardin et cette terre étaient cultivés sous sa surveillance et pour son usage; ce pré nourrissait la vache qui lui donnait son lait. Aussi, quand ses amis allaient le voir, s'empressait-il de leur faire visiter son domaine, de leur faire remarquer les progrès de la végétation, la beauté et la bonté de ses arbres.

Cette petite campagne lui procurait autant d'agréments qu'une de ces vastes et riches habitations du voisinage qui lui auraient appartenu. Elle suffisait à ses plaisirs et à ses besoins, c'était assez pour lui qui, plus que personne, savait borner ses désirs et jouir de sa vie, sans la comparer à celle d'autrui. D'ailleurs, tous les environs ne lui appartenaient-ils pas ? Lorsqu'il voulait fouler d'autres gazons, se placer à l'ombre d'autres arbres que les siens, n'était-il pas libre de reculer les limites de ses possessions, de parcourir les coteaux, les vallons, les villages et les hameaux d'alentour ?

J'avais été, les années précédentes, passer quelques jours avec lui à *la Coutancière,* il m'invita à aller le voir à *Sucé.* « Venez, m'écrivait-il, tout entiers l'un à l'autre, nous nous livrerons aux doux épanchements de l'amitié. Je vous communiquerai l'important travail qui m'occupe en cet instant et qui a occasionné le silence que j'ai gardé depuis quelque temps dans le *Lycée.* Vous me trouverez entouré des philosophes les plus graves, Platon, Aristote, Cicéron, Sénèque, Plutarque, et, parmi les auteurs de la basse latinité, Jamblique, Proclus, Porphyre, le traducteur d'Hermès Trismégiste. On crie contre le latin, mais on oublie qu'il a été la langue du monde entier pendant près de quinze siècles, et qu'encore, dans le dernier, tous les savants de l'Europe ne se servaient que de cet idiôme. Il faut donc le connaître pour lire ces auteurs, ou s'en rapporter aux traductions; mais tous ne sont pas traduits. Vous verrez de quelle manière je me suis remis à l'étude des langues anciennes, et combien, avec une volonté forte, on peut, à trente-cinq ans, faire plus de progrès en trois mois, qu'on en fait au collége en dix années. »

Je me rendis à son invitation, et je le trouvai aux prises avec tous ces auteurs anciens, occupé d'extraits, d'analyse, de notes de tous genres, destinés à sa *Nouvelle Jérusalem*. Son genre de vie était le même qu'à la Coutancière. Il se levait le matin, en été, d'assez bonne heure, travaillait jusqu'au moment de son déjeuné qui, presque toujours, se composait de lait et de fruits. Il faisait ensuite quelques tours de son jardin orné d'un cadran solaire et de quelques plantes ou arbustes rares, que des amis avaient réussi à lui faire accepter. Puis, il traversait son pré, sa pièce de terre, entrait chez son fermier Bidet, dont le logement attenait à sa maison. Là, il épiait le réveil et le sourire d'un jeune garçon dont il était le parrain, provoquait ses bégaiements, le caressait, aidait la mère de ses conseils dans les premiers soins à donner à l'enfance de son fils, s'entretenait avec le père, s'il était sur les lieux, ou allait le trouver aux champs pour le diriger dans quelques-uns de ses travaux rustiques, et venait ensuite reprendre sa plume jusqu'à l'heure du dîner.

Autant, comme je l'ai dit, il aimait peu les détails de la vie domestique, quand il s'agissait de s'en occuper sérieusement, autant il s'y complaisait avec délices, lorsque, fatigué de ses occupations littéraires, ou de ses excursions au dehors, il avait besoin de repos ; et je l'ai vu plus d'une fois, dans l'enceinte de son foyer, tourner et retourner dans sa marmite le chou ou la laitue qui devait servir à son frugal repas.

Cet esprit chez lequel la solitude et la méditation faisaient naître les idées les plus élevées, retombait par fois jusqu'aux choses les plus simples et même les plus futiles. A ce sujet, il me disait : « La corde d'un arc ne saurait être continuellement tendue. Quand mon esprit l'a été trop long-temps, j'éprouve le besoin d'une réaction qui le relâche, mais en même temps qu'elle distend les ressorts de ma frêle organisation, et qu'elle me rafraîchit le sang, elle me replace quelquefois même au-dessous des esprits ordinaires. C'est alors que j'ai le propos oiseux et que je cherche à me distraire par des niaiseries. »

Après son dîner, il faisait une promenade lointaine, entrait chez quelques bons fermiers, leur adressait des questions, répondait aux leurs, causait avec eux de leurs champs, de leurs récoltes, et les instruisait de tout ce qu'il croyait pouvoir leur être utile. Parfois, il se dirigeait vers quelque chaumière, où, par ses discours bienveillants, il consolait, encourageait le timide indigent, et s'il lui donnait quelques secours, il savait toujours en relever le prix par la manière de les offrir. Ah ! qui mieux que lui ennoblissait un bienfait, connaissait la valeur d'une larme échappée à l'infortune qu'il avait consolée ! Depuis long-temps ne vivait-il pas de cette vie d'amour et de charité dont il a été le modèle jusqu'à son dernier jour !

Quelquefois encore, par le calme d'une belle soirée, il se donnait ce plaisir que J.-J. Rousseau savourait si bien sur les eaux du lac de Bienne. Il avait un petit canot dans lequel il s'abandonnait à la fois au cours de la rivière et à celui de ses rêveries. « Là, m'écrivait-il, mon âme se dérobe à la matière et au temps. Comme l'aigle au milieu des nuages, je me perds dans une multitude d'idées confuses, et j'échappe au monde et à moi-même. Quand je me suis laissé quelque temps ainsi nonchalamment dériver, Bidet vient au-devant de moi, entre dans le canot et m'aide à coups d'avirons à remonter le courant. »

Rien ne lui était plus agréable que la visite de quelqu'un de sa famille. Son neveu, Piter Richer, allait le voir de temps à autre, et ce n'était jamais aussi souvent qu'il l'aurait désiré. « On aime, me mandait-il, les objets muets et inanimés qui rappellent la patrie, combien plus ne doit-on pas chérir les êtres qui ont respiré le même air natal que nous, qui se sont vus entourés des mêmes personnes qui ont soigné notre enfance, et dont les premiers regards ont rencontré les mêmes aspects qui ont frappé les nôtres! D'ailleurs cet enfant est le seul que j'aie connu depuis sa naissance. J'ai retrouvé dans les premiers mots qu'il a commencé à prononcer l'imitation de ceux que j'ai proférés devant lui, et rien n'était plus séduisant pour moi de songer qu'un jour je verrais se développer en lui quelques-unes des pensées que je lui aurais inspirées, de même que ses lèvres répétaient alors les termes qui s'échappaient des miennes. »

MM. Waudouer, Thomine, de Tollenare et quelques autres étaient du nombre des amis qu'il affectionnait davantage et qu'il recevait avec le plus de satisfaction.

Ils venaient rarement plus d'un ou de deux à la fois. Il partageait avec eux son modeste dîner. La journée se passait en promenades, en causeries littéraires et philosophiques, mais sans prétentions. Il n'aimait pas ces entretiens où l'antithèse, le jeu de mots, l'à-propos sont tour-à-tour employés à faire briller l'esprit; s'il les tolérait, il n'y prenait jamais part. « Les jeux de mots, disait-il, sont l'abus de la raison. »

S'il se trouvait parfois obligé de recevoir des personnes qui, le connaissant par ses ouvrages, se croyaient avec lui quelques rapports de goûts et de maximes, il avait pour principe de les accueillir honnêtement, toutefois de manière à ne pas les engager à prolonger ou à renouveler leurs visites. Il gardait avec elles une politesse sans fausseté, mais froide et réservée. Aussi quelques-uns de ces importuns qu'il avait éconduits le prirent-ils pour un misanthrope. S'il l'était, c'est d'une sorte qu'on ne peut blâmer. Malgré le peu de goût qu'il avait pour la société, il n'en conservait pas moins un caractère ouvert et bienveillant. Il était désabusé de certains individus, mais il était loin de désespérer de l'espèce en général, puisqu'il ne semblait vivre et n'avoir d'enthousiasme que pour le bien-être de l'humanité. Toutes ses méditations, toutes ses actions n'avaient d'autre but, et il mettait à s'en rapprocher le même soin que les âmes communes mettent à faire ce qu'on appelle fortune. Le sentiment du beau moral, développé en lui par une grande sensibilité et par une imagination féconde, lui donnait encore parfois une exaltation qui, aux yeux de certains hommes, le faisait considérer comme un être extraordinaire. Il était, en effet, si loin de ceux qui, en toutes choses, ne voient et n'aiment que le positif, qu'ils pouvaient le croire hors de leur nature. « Je les plains, disait-il, car, pour celui qui » vit tout entier dans la réalité, il n'est ni poésie, ni » douces rêveries, ni aucune de ces fêtes de l'imagi-» nation qui enchantent la vie. »

On trouvera peut-être ces détails sur sa vie privée à la campagne d'un bien faible intérêt, mais on ne doit pas oublier ce que j'ai déjà dit : Que les habitudes souffrantes et solitaires d'une vie retirée ne peuvent donner lieu à des incidents variés et propres à émouvoir. Je ne cache rien de tout ce que je sais de mon ami ; d'ailleurs, jamais homme n'a pu moins craindre que son biographe dérogeât à cette loi de bienséance qui mure la vie privée. Tous ceux qui l'ont connu savent comme moi qu'on peut présenter sa personne sous toutes les faces, et qu'il n'en est pas une seule qui ne soit honorable pour lui. Si donc nous voulons le suivre jusqu'à la fin de sa carrière, il faut nous résoudre encore à nous occuper plus de ses ouvrages que des particularités de son existence.

Tandis qu'il consacre la plus grande partie de son temps aux recherches qu'exige *La Nouvelle Jérusalem,* revenons aux articles publiés dans le *Lycée,* en 1827.

XV.

Sans doute, les règles de grammaire et de rhétorique que nous imposent les rhéteurs ; les modèles qu'ils nous mettent sous les yeux, conviennent à notre éducation première ; mais celui qui , dédaignant les leçons des philosophes, ainsi que ces études préalables qui s'appliquent à toutes les situations de la vie, fécondent l'esprit et provoquent la pensée, n'écrira que d'après ces règles et ces modèles, n'aura jamais de manière à soi, il ne sera jamais lui. Toujours sous le joug de l'art, et de ses affections habituelles, son âme impénétrable aux sentiments affectueux restera sans inspiration, et son style ne sera qu'une insipide et servile imitation.

C'est cette vérité littéraire que Richer développe dans cet article. Si sa modestie ne s'y était opposée, il eût pu s'offrir lui-même comme un exemple propre à la confirmer. C'est en recommençant son éducation scolastique , en se livrant à de fortes études philosophiques et en s'abandonnant ensuite aux élans de son cœur qu'il est parvenu à se créer ce style à lui, ce style animé qu'il sait si bien approprier aux divers sujets qu'il traite , à l'aide duquel il dessine si nettement les objets , et les peint si bien avec leurs couleurs naturelles. « Écrivons avec notre âme , dit-il, aidons-nous des règles, mais qu'elles ne soient pas le but de nos efforts. Le charme du style ne consiste pas dans la difficulté vaincue, mais dans l'expression naturelle et vraie des impressions de l'âme. C'est alors seulement que le style est tout l'homme , parce qu'il peint ce qui se passe en nous. »

La Pluie et le Beau Temps.

Richer, toujours tourmenté du besoin de faire l'expérience de la vie morale de l'homme, cherchait continuellement en lui l'homme intérieur, et fouillait chez les autres pour le trouver. Ce petit article se compose de quelques réflexions qui lui furent suggérées par des questions que lui faisaient les paysans qui, d'après sa réputation de savant, le regardaient comme un *Mathieu Lansberg*, et l'interrogeaient sur la pluie et le beau temps.

Habitués à voir du merveilleux partout, à admirer ce qu'ils ne peuvent comprendre, un savant, selon eux, doit connaître la marche des astres, les variations de l'atmosphère, ses phénomènes et leur durée, et s'ils n'avaient de lui que l'opinion qu'il sait composer un livre, ils ne lui accorderaient aucune attention.

Richer reconnaît dans les préjugés de ces bonnes gens une preuve convaincante que l'admiration est instinctive, qu'elle est un besoin de la nature humaine auquel sont soumis l'extrême ignorance, comme l'extrême savoir, et pense que ce n'est qu'en étudiant ces hommes simples et naïfs que l'on peut plus facilement remonter à la source où l'âme puise l'admiration, cet aliment inépuisable qui le modifie sans cesse.

Il a de l'esprit comme un ange.

CONTE ARABE.

Giaffar, le plus instruit des philosophes de la Mecque, transporté d'admiration pour toutes les vérités morales, médite sur quelques-unes des plus importantes. Ce proverbe: *Il a de l'esprit comme un ange*, lui vient à la pensée et lui inspire le désir le plus vif de causer avec un ange. Aussitôt un ange lui apparaît, c'est *Aschi,* le plus subtil et le plus éloquent des habitants des sphères célestes. Il lui annonce qu'il est prêt à le satisfaire.

Giaffar lui fait d'abord des questions sur la sphère armillaire ; mais, à son grand étonnement, l'ange ne connaît ni l'axe du ciel, ni le zodiaque, ni l'équateur. Il lui propose la solution de quelques problêmes de géométrie, Aschi ne lui répond pas un mot. Alors le philosophe réfléchissant sur la cause de ce silence, reconnaît qu'il est absurde de sa part de demander des notions sur la science de l'étendue à un esprit immatériel, puisque le temps et l'espace, qui ne sont que des modes sensibles de notre entendement, ne peuvent se concilier avec l'immatérialité. Cette sage réflexion excite un léger sourire sur les lèvres de l'ange, et Giaffar, encouragé par cette marque d'approbation, continue ses méditations et reconnaît que s'il interroge l'ange sur notre jurisprudence, celui-ci ne manquera pas de lui répondre que ce n'est point une science proprement dite, car elle ne se compose que de conventions, que s'il lui parle d'histoire, il lui objectera qu'il n'est pas sûr de tout ce qu'elle renferme, et que la plupart du temps elle n'est autre chose que des conjectures, des opinions, et des phrases cadencées.

Giaffar est donc forcé de s'avouer qu'il lui est impossible de reconnaître le genre d'esprit d'Aschi, puisqu'il n'existe aucun point de contact entre eux, et il n'en sent que mieux l'inanité des sciences humaines. En même temps, il s'élance vers sa bibliothèque et se prépare à en jeter les volumes au feu. Mais Aschi, le retenant par le bras, le félicite de ce qu'après s'être fait de ces sciences un trésor périssable, il revient à la simplicité du cœur par le découragement, et le jugeant dans une disposition

convenable pour profiter de ses instructions, il lui développe une doctrine qu'on pourrait appeler la doctrine
des anges, et termine en ces termes : « Pour comprendre l'esprit des anges, il faut être humble, n'écouter que
la voix de sa conscience, cette voix qui est la même dans
toutes les langues ; il faut avoir un cœur qui soit touché
des larmes d'un frère, d'une amante ou d'un fils, ces
larmes qui communiquent dans tous les temps la même
impression à tous ceux qui sentent ; enfin, il faut éprouver en tout les attributs de la divinité, l'immortalité sur
une terre où tout se détruit, l'infini dans un séjour où
tout est borné, l'amour dans une société où les sentiments sont des calculs, l'admiration désintéressée au milieu d'hommes qui ne cherchent qu'à en tarir la source,
ou à la détourner pour se faire adorer eux-mêmes.

L'ange disparaît, et, depuis ce jour, Giaffar n'est plus
occupé qu'à écrire contre les sciences qui l'avaient
abusé. Ses confrères le calomnient, parce qu'il ne pense
pas comme eux ; mais il s'en console en songeant que
toutes les opinions humaines ensemble ne sont pas capables de faire pousser un poil de sa barbe.

Tel est le rapide résumé de ce conte qui, comme on le
voit, n'est qu'un cadre ingénieux dont l'auteur s'est servi
pour développer quelques-uns des points de la nouvelle
doctrine qu'il avait adopté.

Charles-Quint dans le couvent de Saint-Just.

Désabusé des grandeurs humaines, délivré du soin du
gouvernement, Charles-Quint vit retiré dans le monas-
tère de Saint-Just, où il observe rigoureusement les

règles de la vie monastique. Il va réveiller avant le jour un jeune moine qui, mécontent de ce qu'il interrompt son sommeil, lui rappelle avec humeur que c'est assez comme empereur d'avoir troublé le repos de l'Europe pendant un demi-siècle sans encore troubler le sien. Cette brusque franchise qui choque d'abord Charles, donne lieu de sa part à un soliloque remarquable par les vérités qu'il renferme.

Ce monarque, autrefois si puissant, et qui s'est volontairement condamné à l'obscurité, juge actuellement les peuples, les rois et leurs adulateurs. Il s'étonne combien il est facile de gouverner les hommes avec des hochets et tout ce qui peut flatter leur amour propre et leur orgueil.

« Otez, dit-il, l'avarice et la vanité du cœur humain, vous ferez de la terre entière une république, mais je ne conçois pas comment un peuple civilisé peut croire sérieusement à la possibilité de se constituer en république ! Ne tirera-t-il pas toujours vanité de faire antichambre chez le chef de cette république, de dîner à sa table, de porter le ruban qu'il aura détaché de son habit ? A tels que vous croyez des républicains endurcis, donnez des titres et de l'or, vous en ferez des sujets soumis. »

» Les philosophes et les législateurs dans leurs prétendus contrats sociaux tiennent compte de tout, excepté des passions naturelles au cœur humain, et pourtant ce sont ces passions qui renversent tout ce qui n'est pas basé sur elles. »

Convenons que ces réflexions sont encore de quelque application au temps actuel.

Des Lieux Communs en Littérature.

Tout le monde sait que les lieux communs en littérature ne sont autre chose que certaines idées générales applicables à un grand nombre de sujets , et qu'on retrouve chez presque tous les auteurs qui, ne sachant rien tirer de leur propre fonds écrivent plus avec leur mémoire qu'avec leur âme.

Richer, qui pensait vivement , employait rarement les idées d'autrui. Aussi lui était-il permis de se déclarer contre les lieux communs. Dans cet article assez court, il développe très-bien ce principe : que l'écrivain qui veut les éviter doit observer la manière qui lui est propre , écrire ce qu'il sent , ce qu'il approuve et non ce que sentent et approuvent les autres.

De l'Inspiration dans les Arts (1).

Richer , chez lequel la pensée de l'immatériel se joignait à tout , devait placer la source du beau et du sublime dans les arts ailleurs qu'où la supposent nos littérateurs et nos métaphysiciens modernes. Voici les

---

(1) Cet écrit fut lu à la Société Académique de Nantes en 1826. Il est aisé d'y reconnaître plusieurs des idées sur le goût et l'inspiration que l'auteur m'avait communiquées dans une de ses lettres datées d'Orvault (*) et qu'il se proposait alors de développer dans sa Poétique générale d'où cet article a été vraisemblablement extrait et non de *l'Histoire des Erreurs et des Progrès de l'Esprit Humain* , comme le dit M. Thomine dans sa note imprimée , page 359 du 10.ᵉ volume du *Lycée*.

(1) Voyez page 78 de ces mémoires.

points principaux de la théorie qu'il expose dans cet article.

Tout en reconnaissant l'utilité de l'analyse pour l'artiste, il insiste sur la nécessité de l'inspiration et lui accorde la prééminence. Il convient que toute poétique possible des arts repose sur le goût, mais il distingue le goût du tact. Le goût est une faculté que l'éducation développe. Le goût compare, disserte, tandis que le tact, qui naît de l'inspiration, est un instinct sûr et rapide, qui admet ou rejette.

Le goût ne doit pas dominer seul dans les arts, il faut dans l'âme de l'artiste quelque chose de spontané et de libre; avec le goût, il ne fait que juger; et, avec le tact, il crée et juge en même temps.

L'attention est le guide de l'homme à l'état ordinaire. Le sentiment dont la sphère est immense, le sentiment seul fait naître l'enthousiasme, et cet état divin, que les poëtes ont désigné sous le nom d'*Extase* : sans lui, on ne produit rien dans les arts.

Les règles exigent une attention qui arrête souvent l'esprit. Pour bien écrire ou peindre, il faut être inspiré. Sans négliger les règles, il ne faut pas se passionner pour elles au point de leur donner la préférence sur tout le reste ; car les écarts de l'imagination sont encore de la vie, tandis que les règles ne sont presque souvent que de la mort.

Pour atteindre le beau et le sublime dans les arts, il faut de l'inspiration ; ce n'est que là où elle se manifeste qu'il y a de la poésie, et il ne peut y avoir de véritable poésie, si l'on n'y met son âme.

Swedenborg et Linnée.

Compatriotes et contemporains, ces deux grands hommes se sont illustrés par des ouvrages d'une grande importance. Swedenborg, par l'amour seul du bien public, en réformant la morale et la religion ; Linnée, en peignant la nature sans avoir la prétention de l'expliquer.

Tandis que de nombreuses sociétés savantes sur tous les points du globe s'honorent du nom de *Sociétés Linnéennes* et célèbrent l'anniversaire de la naissance du naturaliste dans plusieurs des grandes capitales de l'Europe et aux États-Unis, la religion propage le nom et la doctrine du réformateur. Les écrits du premier contiennent la description de l'univers que nous habitons ; ceux du second traitent de tout ce que notre avide curiosité a imaginé de cet autre univers, où nous espérons revivre un jour.

Linnée, par sa nomenclature, rend positive une science jusqu'alors du domaine de l'imagination. Swedenborg, par ses illuminations et son système *des Correspondances*, explique le sens réel des symboles et des fables que nous a transmis l'antiquité et introduit pour ainsi dire un nouveau monde dans l'ancien.

Tous deux enfin, avec des talents distincts comme les deux mondes qu'ils offrent à nos regards, alliaient la science à la religion, à la pratique des vertus, et tendaient au même but, celui de rendre les hommes meilleurs.

Tel est, en raccourci, le tableau dans lequel Richer

s'est plu à réunir ces deux personnages célèbres qu'il aimait et admirait, mais dont il s'est borné à examiner ici l'influence dans les sciences physiques et philosophiques, sans juger les opinions auxquelles leurs écrits peuvent donner lieu.

LIVRE CINQUIÈME.

I.

ICHER, en 1818, pendant son séjour à Or-
vault, avait commencé à tenir par an-
née, par mois et quelquefois jour par
jour un bulletin de sa santé pour servir
à l'étude des modifications éprouvées
par son tempérament. Cet écrit, qu'il m'a légué, forme
un petit cahier in-24 de douze pages, et m'est non-seulement précieux comme souvenir touchant de mon ami,
mais aussi, parce qu'il me sert à initier les lecteurs de
ces mémoires dans les souffrances du corps qu'habitait
une si belle âme. En voici quelques épigraphes :

« La santé n'est qu'une maladie palliée par des
remèdes.

» Nous nous donnons plus de tourments à guérir nos
maladies que nous n'en aurions à les supporter.

» Si la médecine guérit le corps, elle tue le courage,

» Les maux de la nature ne sont rien comparés à ceux de notre imagination.

» Notre vie n'est rien aux yeux de la raison, en laissant notre corps, nous ne faisons que poser un vêtement incommode.

» Recevons les maux de cette vie comme une dette contractée en naissant, et la santé comme une surprise. »

GALLIEN.

« A faulte de mémoire naturelle, j'en forge de papier, et comme quelque nouveau symptôme survient à mon mal, je l'escris, d'où il advient que asture, estant quasi passé par toutes sortes d'exemples, si quelque estonnement me menace, feuilletant ces petits brevets décousus, comme des feuilles sybillines, je ne faux plus de trouver où me consoler de quelque prognostique favorable en mon expérience passée. »

MONTAIGNE, *Essais* liv. 3, chap. 13.

En 1827, sa santé eut plus à souffrir que les années précédentes. Il eut de nombreuses attaques d'hémophtysie. Les médecins les attribuèrent à la trop grande humidité de sa maison placée trop près du bord de la rivière. Ils le déterminèrent à la quitter ; et, dès ce moment, à son grand regret, il prit la résolution de la vendre.

En attendant, il alla habiter le *Tertre*, cette même maison de campagne de M. Thomine qu'il avait déjà occupée plusieurs mois en 1823, et dont la situation élevée lui était moins défavorable.

Il y fut atteint d'une fistule dont il fut opéré à l'Hôtel-Dieu de Nantes, sous la surveillance de son ami le docteur Fouré, médecin en chef de cet hôpital, qui l'avait pressé de s'y rendre, afin d'y recevoir journellement de lui des soins qu'il n'aurait pu lui donner à la campagne.

Aussitôt sa guérison, il loua une petite maison, rue Bel-Air, et se fixa à Nantes, qu'il ne quitta plus, jusqu'en 1830, que pour aller passer quelques beaux jours soit au *Tertre*, soit à la *Coutancière*.

C'est là qu'environné de ses amis, je dirai même de ses disciples pour qui ses entretiens étaient un bien-fait continuel, il prodiguait son excessive abondance de sève et de vie intellectuelle ; c'est là qu'il développait la doctrine de la nouvelle Eglise, et comme elle a l'avantage de s'appliquer à tout, elle devenait dans sa bouche un système complet de croyances religieuses, morales et politiques.

Je le répète, bien que sans doute en secret, il rêvait quelques espérances que son zèle religieux ne serait point inutile et encore moins tout-à-fait oublié, il ne songeait nullement à faire des prosélytes ; mais un certain nombre d'hommes, préoccupés comme lui de philosophie religieuse, attirés par sa réputation et ses écrits vinrent solliciter ses enseignements. Ceux qui lui parurent réelle-ment animés du désir de conformer leur vie à la sienne, furent bien accueillis ; alors les visites qu'ils recevaient devinrent plus nombreuses et plus fréquentes. Quelqu'un s'en étonna devant lui, il répondit à ce sujet « j'aime » les vérités religieuses, elles sont pour moi la vie de » l'âme comme l'air est la vie du corps ; mais je ne dois » pas les aimer pour moi seul et quelques amis seule-» ment. Je ne vois pas de plus noble emploi de mon » temps que de les répandre et de les faire germer dans

» le cœur des autres. Je ne vais au-devant de personne ;
» mais autant je suis de glace pour les âmes froides
» et bornées, autant lorsqu'un *homme de désir* se pré-
» sente, je me fais un devoir de lui indiquer la voie qui
» peut le conduire à la régénération et au bonheur. »

Parfois son zèle devenait extrême et lui faisait même
oublier le soin de sa santé. Je l'ai vu plus d'une fois, le
lendemain d'une attaque d'hémopthysie, au lit et entouré
de sept à huit personnes, se redresser tout-à-coup sur
son séant, et, l'œil brillant, animé, prendre part à la conversation. Quelqu'un avait-il l'imprévoyance d'agiter une
question propre à échauffer son cœur, aussitôt son
imagination s'allumait, son esprit s'élançait au-delà de
l'espace et du temps, et, aux risques de voir sa poitrine
se rouvrir, des flots de sang étouffer sa voix, et peut-
être même éteindre sa vie, il fallait qu'il donnât un libre
cours aux grandes idées qui l'obsédaient. Une puissance
invisible semblait le dominer et doubler ses forces. Dans
cet état d'exaltation, il était d'une éloquence tellement
remarquable, qu'on aurait voulu pouvoir se dispenser de
l'interrompre et de le rappeler au silence, si l'on n'avait
pas su combien ces sortes d'improvisations pouvaient
lui devenir funestes ; mais, quoiqu'il le sût fort bien
lui-même par expérience, il n'était pas toujours facile
d'obtenir qu'il se tût. « Qu'est-ce qu'un peu d'épuise-
» ment et de fatigue, disait-il, comparé au plaisir d'être
» utile et surtout à l'ivresse dont je me sens transporté,
» lorsque je remarque que la conviction qui m'anime
» passe dans le cœur de ceux qui m'écoutent ? »

Presque tous les soirs il y avait chez lui de petites

réunions : la parole était à tous., car si Richer était propre à communiquer les plus nobles impressions , les sentiments les plus généreux, il n'en était pas moins disposé à les recevoir de la part des autres ; trop judicieux d'ailleurs pour ignorer que l'homme le plus instruit ne sait pas assez pour tout affirmer, et qu'il est des points difficiles qu'il ne peut résoudre ; jamais, quelque puissante que fût sa conviction, il ne décidait rien d'une manière absolue. Il interrogeait ceux qui avaient, comme lui étudié la matière, leur soumettait ses doutes, leur faisait ses objections ; alors on se livrait à l'examen, à la controverse même de certaines questions ; mais les discussions étaient toujours modérées par un esprit de bienveillance et de tolérance dont on ne s'écartait jamais. On finissait toujours par s'entendre et par revenir aux points fondamentaux de la doctrine.

Quoique l'on cherchât moins à s'amuser qu'à s'instruire et à se convaincre, que le plus souvent l'on n'employât que le raisonnement et les citations qui faisaient autorité, parfois on tempérait l'aridité des sujets par des exemples historiques, des anecdotes relatives aux coutumes, aux usages des peuples ; car si l'on désirait voir l'édifice religieux assis sur de nouvelles bases, c'était toujours dans le but de l'approprier aux mœurs, aux progrès et aux tendances du siècle. En approfondissant un point de morale ou de religion, on s'arrêtait aux notions utiles et consolantes, et il y avait toujours quelques vues avantageuses pour quelqu'un en particulier ou pour tous en général.

Telles furent les conférences de *Belair*, que Richer,

avec sa haute et religieuse intelligence, son amour pour le vrai et pour le beau, rendait à la fois si intéressantes et si édifiantes. Ceux de ses amis qui vivent encore en conservent un précieux souvenir ; et moi, si je n'ai pu m'y trouver que fort rarement, puisque la mer m'en séparait, je n'en ai éprouvé que plus vivement le regret de ne pouvoir y assister tous les jours.

II.

Quoique Richer ne s'occupât plus pour ainsi dire que de travaux relatifs à son grand ouvrage sur la Nouvelle Jérusalem, il n'avait pas encore dit un dernier adieu à la littérature, et voici les articles qu'il publia dans le *Lycée* en 1828.

Jean-Jacques Rousseau.

Richer avait l'âme aimante et rêveuse, l'esprit méditatif et fécond de Jean-Jacques. Comme lui il cherchait la vérité pour elle-même, pensait d'après soi, faisait son unique étude de l'homme et des moyens de le rappeler aux mœurs et à la vertu. Comme lui, indépendant et sincère, il écrivait avec cette chaleur éloquente que donnent la conviction et l'amour de l'humanité. Toutefois il en différait en ce qu'il aurait pu faire ses *confessions*, se placer sous le jour éternel de la vérité, sans avoir peut-être à rougir d'aucune des actions de sa vie.

Dans cet écrit, Richer ne s'est proposé d'examiner ni le mérite ni les défauts des ouvrages du philosophe de Genève : il le considère simplement comme un moraliste ; comme un réformateur dont il a étudié l'influence. Il reconnaît d'abord en lui un poëte par sentiment et un philosophe par enthousiasme. Il le loue d'avoir rappelé les hommes à la nature, d'avoir substitué à la philosophie acquise dans les livres, une philosophie puisée dans les émotions de l'âme.

Il attribue à ses écrits de grandes améliorations dans la condition des hommes, son *Emile* a réformé plus d'une éducation, encouragé l'industrie, en démontrant qu'elle seule procure l'aisance, la santé et le bonheur, et dispose les femmes à remplir les devoirs de la maternité, en leur présentant ces devoirs comme la source des plaisirs les plus doux.

Son contrat social a amené des modifications avantageuses dans l'organisation des sociétés modernes, et tous nos meilleurs publicites reconnaissent dans ses écrits politiques des principes qui, sans être toujours incontestables, n'en ont pas moins détruit quelques-unes de ces fausses théories qu'invoquent les gouvernements absolus contre la liberté des peuples.

L'histoire naturelle a été pour lui une science d'observation et non un amas de faits à l'appui d'un système.

Sa philosophie signale les faits de la conscience. Bien différente de celle de Loke et de Condillac, elle rend à la religion son empire et à la morale son influence.

Sa métaphysique est la seule qui soit vraie, parce qu'elle est celle du sentiment. Il en a fait une science rigoureusement exacte, en donnant l'exemple de réduire en principes les notions philosophiques.

La profession de foi du vicaire Savoyard, où le spiritualisme est si bien établi sur ses véritables bases, a fait avec raison l'admiration de tous les hommes éclairés.

Le roman, qui n'était avant lui qu'une peinture de mœurs conventionnelles, sous sa plume devient l'art d'exprimer les sentiments secrets du cœur.

Ses rêveries ont également eu une influence marquée sur l'esprit et le caractère de son siècle et du nôtre, et si elles ont produit beaucoup de fades ouvrages et de faux enthousiasmes, elles ont été une nouvelle source de poësie, qui a vivifié la littérature moderne.

Enfin, ses écrits ont modifié le monde politique et le monde littéraire : ils y ont même introduit ce qu'on appelle aujourd'hui le libéralisme et le romantique, en détachant les esprits d'injustes conventions sociales et des préjugés de l'école.

A la suite de ces considérations, Richer distingue dans Rousseau l'homme privé de l'écrivain réformateur, il démontre que c'est à tort qu'on applique au second les torts du premier, puisque l'homme de génie ne peut être un ange, que ce qu'on reproche à Jean-Jacques on peut le reprocher à tous les hommes, et que d'ailleurs il s'agit moins de savoir s'il a rempli les devoirs qu'il a enseignés, que si les principes qu'il a publiés sont vrais.

Il le disculpe aussi d'avoir été un homme bizarre, d'avoir soutenu le pour et le contre, dans l'intention de se faire un nom. Il croit que Rousseau écrivait d'après ses convictions, que, combattre la chose même qu'on a le mieux aimée, lorsqu'on en est désabusé, c'est apprendre à se détacher de soi-même, et que cette science, vue d'une certaine hauteur, est à la fois de la religion et de la philosophie.

Il termine par quelques réflexions propres à jeter un nouveau jour sur le caractère et les écrits de Rousseau. Né avec du génie et le sentiment de sa supériorité, il avait lieu d'espérer de la gloire et du bonheur; mais, au lieu de cela, il fut en quelque sorte repoussé de la société, et n'y recueillit que le mépris et l'injustice. C'est sans doute à ce mécompte qu'il dut sa verve, les blessures de son cœur devinrent la source principale de son éloquence et de ses défauts.

Malgré sa devise, il ne fut pas toujours assez calme pour être vrai sans partialité. Les amertumes dont il fut abreuvé, le disposèrent à certaines exagérations qui, encore fortifiées par l'extrême indépendance de son caractère et sa situation sociale, déparent ses écrits; surtout l'*Emile*, où il oublie trop que la société n'est pas une œuvre à refaire sur de nouveaux fondements, mais un édifice défectueux qu'il vaut mieux réparer tant bien que mal, que jeter à terre pour le reconstruire.

Cet article, qui manque ici de tous ses développements, est, comme ceux sur Buffon, Voltaire et Fénélon, au nombre des meilleurs qui soient sortis de la plume de Richer.

Discours pour prouver que l'éducation devrait être regardée comme une partie principale de la législation, envoyé au concours proposé par la Société Royale d'Arras, pour 1836.

Dans ce discours, qui n'est qu'une plaisanterie, et que, comme on peut le croire, Mériadec n'a point envoyé à son adresse, on retrouve toute l'originalité piquante, et la philosophie railleuse qui dominent dans les *Lettres d'un Armorique.*

L'auteur a voulu signaler les abus, les vices et les dangers de notre éducation publique ; mais trop bien convaincu que, pour les faire disparaître, il faudrait entièrement changer l'état actuel des sociétés, il n'a pas jugé devoir traiter son sujet sérieusement.

Voici la base sur laquelle il appuie ses raisonnements : « L'homme possédait primitivement comme les animaux cet instinct admirable qui ne les trompe jamais, et dont les inspirations sont bien au-dessus des subterfuges d'une raison captieuse. Pourquoi y a-t-il renoncé ? Qu'est-ce que l'éducation qui le remplace ? Est-ce autre chose que le premier préjugé de la société, l'art d'apprendre aux hommes à détruire en eux l'ouvrage de la nature, pour y substituer celui de la société, et à se modeler les uns sur les autres ?

Il est certain qu'en admettant cette base, on serait forcé de convenir que les conséquences qu'en tire Mériadec sont parfaitement justes ; mais lui-même était loin de la regarder comme un de ces principes qu'on ne peut révoquer en doute. Il savait très-bien que, si l'éducation était un préjugé, encore faudrait-il, avant de se prononcer contre elle, examiner si la vie sociale ne convient pas davantage à l'homme que cet état de nature qui n'a jamais été bien défini ; et si, comme l'expérience le prouve, l'instinct sans l'éducation ne fait pas de l'homme l'être le plus grossier et le plus misérable.

Mériadec continue la plaisanterie, fait intervenir un savant et un philosophe qui, semblables à ces augures qui ne pouvaient se regarder sans rire, s'amusent de leurs propres ouvrages auxquels ils n'ont aucune foi, et avouent que leurs lecteurs sont bien dupes de croire que leurs livres contiennent la vérité.

Il établit ensuite que ce que nous appelons perfection de l'esprit humain, n'est qu'un changement de formes ; que toute éducation publique d'abord est moralement ridicule, puisqu'il n'y a que l'amour qui instruise l'amour. Les père et mère doivent seuls instruire leurs enfants, et le père qui laisse à un régent le soin de former l'âme de son fils, est aussi sot qu'un oiseau qui laisserait à un autre le soin de couver ses œufs. Il ajoute qu'elle est injuste, parce que la nature accorde indistinctement et libéralement à tous les êtres les sens et l'intelligence, tandis que la société n'accorde d'éducation qu'à ceux qui ont de l'argent.

Après avoir accumulé des preuves de ces deux assertions, il énumère tous les inconvénients de l'éducation publique, démontre combien elle est nuisible, puisqu'elle ne forme que des consciences factices, qu'elle n'apprend rien de la science de l'âme, ni de celle de la nature.

Railleries à part, on est forcé de convenir que, parmi

les raisons qu'il allègue pour prouver les inconvénients de notre éducation publique, il en est plusieurs qui sont fondées, et que toutes sont au moins habilement présentées.

« Enfin, dit-il, en terminant, Descartes n'a été à l'école
» que pour nous recommander d'oublier ce qu'on y ap-
» prend ; et Voltaire n'en est sorti que pour jeter du
» ridicule sur tout ce qu'on lui avait dit de respecter. »

Bernardin de St.-Pierre et Mme de Staël.

Après avoir vu Richer exprimer ses opinions sur quelques-uns de nos grands hommes qu'il admirait davantage, on eût été sans doute fort étonné qu'il eût gardé le silence sur Bernardin de St.-Pierre et sur Mme de Staël, dont les écrits avaient éveillé en lui tant de vives sympathies et de douces émotions ; mais il semble n'avoir réservé ce bel article pour le dernier de ce genre, qu'afin de le méditer plus long-temps, et de le rendre plus digne de ces deux écrivains, qu'il affectionnait particulièrement.

Il commence par quelques considérations tirées de l'expérience des siècles, et desquelles il résulte qu'en littérature, et même dans les sciences, la lassitude si prompte à nous saisir en tout genre, l'amour de la nouveauté et le besoin d'admiration, ne laissent aux théories qu'une durée fort courte ; elles sont abandonnées par cela même, qu'elles semblent vouloir commander, à ce qu'il y a de plus libre, la pensée ; et on les abjure pour de nouvelles qui passeront à leur tour. Aussi, Bernardin de St.-Pierre et Mme de Staël ne durent-ils pas seulement leur succès à leur beau talent, mais encore aux circonstances, et parce que l'un et l'autre se mirent à la tête de l'opposition qui luttait contre l'opinion dominante, la métaphysique des sensations.

Bernardin ramena les hommes au goût de la nature et de la solitude, et Mme de Staël à celui des idées morales et sentimentales.

L'Histoire Naturelle, avant Bernardin, n'était qu'une sèche nomenclature. Il lui rendit cette méditation délicieuse, qui tient plus à l'admiration qu'à l'analyse; ses études de la nature apparurent comme un phénomène; les esprits charmés d'y trouver les principes et l'éloquence de J.-J. Rousseau, s'abandonnèrent aux illusions enchanteresses et aux douces consolations que leur offraient les pages entraînantes de cet excellent livre.

Aux systèmes géologiques et aux lois de la dynamique, Bernardin substitua des tableaux tour-à-tour sublimes et touchants, où l'homme n'est pas dédaigné et où la philosophie morale a ce charme attrayant dont l'avait dépouillée la langue abstraite de la métaphysique.

Richer partage ses idées sur l'éducation; et, toujours préoccupé de ce qui pouvait fortifier le spiritualisme, il lui sait gré d'avoir indiqué, en parlant des songes et des pressentiments, ce mode primitif de perception, cette seconde vue qui dément d'une manière si formelle l'incomplète idéologie appuyée seulement sur les cinq sens.

Il ne nie pas que, comme physicien, Bernardin ne soit exposé à de justes reproches; mais, comme coloriste et comme moraliste, sa gloire est intacte. Quel chef-d'œuvre que *Paul et Virginie* ! Quelle création neuve ! Avec quelles couleurs poétiques et brillantes il peint ce luxe prodigieux et sauvage que la nature étale sous les tropiques.

A cette époque, la science de l'homme et de ses passions n'était qu'une espèce de théorie mécanique. Mme de Staël opposa au sensualisme de Locke et de Condillac la philosophie idéaliste des Allemands ; en publiant l'*Allemagne* et *Corinne*, elle fit succéder à cette philosophie desséchante qui rapportait tout à l'intérêt personnel, qui dépouillait le cœur humain de ses plus chères espérances une philosophie consolante, fécondée par tout ce que le sentiment a de verve et de poésie, replaça la morale dans le domaine de la religion, et en fit un culte dont la base sont le désintéressement, l'amour et la vertu.

Après l'examen des divers ouvrages de ces deux illustres écrivains, Richer indique quelques similitudes intéressantes qui existent entre eux ; une des plus remarquables est celle-ci :

« Tous deux ont écrit sur la politique ; et leurs ouvrages en ce genre n'ont en rien influé sur les affaires générales ; ce n'est point en entrant dans les idées de la foule qu'ils ont eu l'honneur de la guider, c'est en la faisant entrer dans les leurs. »

L'un est le modèle inimitable des peintres qui veulent se rapprocher de la nature, l'autre sert d'exemple aux poëtes qui cherchent à ranimer l'imagination engourdie des hommes blasés sur les jouissances sociales. Tous deux ont marché au même but par des voies différentes, et ont régénéré la morale avilie, en ramenant les hommes à l'étude de leur propre cœur, et en substituant la poësie de l'âme à celle des mots.

Entre autres pensées fortes et bien exprimées que contient ce morceau littéraire, je citerai celle-ci:

« L'empire des idées n'appartient à personne exclusivement. Celui qui règne aujourd'hui en despote, demain sera dépossédé. Il n'y a de légitimité dans les choses morales qu'avec une intime et complète liberté. Une idée vraie est plus forte que tous ceux qui refusent de la recevoir. Tôt ou tard elle se fera jour. »

III.

Ce fut en septembre 1828, que Mme de Saint-Amour vint à Nantes, précédée par la réputation que lui donnaient les guérisons qu'elle avait le don d'opérer.

On ne peut nier qu'elle n'ait produit des effets d'imagination très-diversifiés sur plusieurs des personnes que l'espérance de recouvrer la santé disposait à recourir à elle; mais, tour-à-tour en butte aux importunités de ceux qui ajoutaient foi à la réalité de ses cures, exposée aux sarcasmes de ceux qui en doutaient ou n'y croyaient pas, dans l'intérêt de son repos, elle se vit bientôt obligée de se dérober aux empressements et aux persécutions du public.

Cette dame était Swedenborgiste. Elle se présenta chez Richer, où j'eus occasion de la voir. Le caractère de sa figure me parut noble et l'indice d'une âme forte et élerée. Comme femme du monde, je la jugeai fort aimable, d'une conversation enjouée et spirituelle ; et, lorsque l'entretien tomba sur ses cures merveilleuses, en voyant ses yeux noirs et perçants s'animer et étinceler, en l'entendant parler avec sa facilité d'élocution si remarquable, je compris aussitôt qu'elle devait exercer une action très-vive sur les malades qui venaient implorer son assistance.

Les guérisons opérées par Mme de Saint-Amour donnèrent lieu à diverses opinions et à des conjectures plus ou moins extravagantes. A entendre ses partisans et ses détracteurs, elle était à la fois une sainte et une sorcière. Tant d'assertions ridicules et malveillantes déterminèrent Richer à publier une brochure in-8.º, intitulée : *Des Guérisons opérées par Mme de Saint-Amour.*

Cet ouvrage, écrit de verve, sous l'inspiration du moment, est le fruit de la plus sincère conviction de l'auteur. Fermement persuadé que la véritable action spirituelle de l'homme est la prière, que c'est par elle seule qu'il se met en rapport avec Dieu et qu'il peut même en certains cas en exercer l'action toute puissante ; il attribue ces guérisons à l'efficacité des prières de cette dame. Cette opinion, qui fut entièrement partagée par M. de Tollenare, ne satisfit pas les esprits, et Richer developpa plus en détail sa théorie sur ce sujet dans un article inséré peu après dans le *Lycée* sous le titre de *Médecine Spirituelle.* Il y démontra les propositions suivantes :

1.º Il y a influence du moral sur le physique, ou autrement de l'âme sur le corps ;

2.° Il y a influence d'une âme sur une autre âme ;

3.° L'âme humaine n'a pas en elle cette puissance : elle la puise dans son principe, qui est Dieu ;

4.° Le moyen de communication établi entre l'homme et Dieu, est l'abnégation et la prière.

« Si l'on ne peut nier, dit-il, ces propositions sans nier les principes sur lesquels s'appuient toute philosophie et toute religion ; une fois adoptées, elles conduisent à cette conséquence qu'il peut y avoir des guérisons opérées par la prière. »

Mais le public, qui ne conçoit la prière que comme un acte du culte auquel on se conforme par devoir, était généralement trop peu instruit dans les matières de haute philosophie, connaissait trop peu la science de l'homme moral et les rapports de celui-ci avec la Divinité, pour se rendre à l'opinion de l'auteur. Quel moyen, en effet, de faire comprendre à ce public que, si la prière est un devoir, elle est aussi à la religion ce que l'enthousiasme est à l'étude des beaux-arts, qu'elle peut devenir une passion, vivifier l'homme, exalter son âme, le transformer en un autre être, et lui donner une puissance surnaturelle.

Il n'en fut pas ainsi du jugement que portèrent sur ces guérisons plusieurs savants et philosophes distingués.

Dans un article inséré dans le n.° 3 du tome VIII du journal *le Globe*, à la date du 9 janvier 1830, M. B. D. M. (le docteur Bertrand), traite ce sujet, et s'exprime ainsi : « Concluons, d'après le témoignage de MM. de Tolle-
» nare et Richer, deux hommes de talents dont on ne

» pourrait sans folie soupçonner la bonne foi, qu'on ne
» peut vraisemblablement douter qu'il ne soit résulté
» des prières Swedenborgistes des effets curatifs ,
» peu durables, il est vrai, ne ressemblant en rien
» à ce qui pourrait mériter le nom de miracles,
» mais supérieurs à tout ce qu'on aurait pu se pro-
» mettre, dans les mêmes circonstances, de l'emploi des
» moyens curatifs plus efficaces. »

M. B. D. M. rattache comme Richer ces guérisons à
la médecine mentale, et à cette occasion cite les cures
du même genre, opérées par Geatrix, Gasner et le
prince de Hohenloe. Son opinion, cependant, diffère de
celle de MM. Richer et de Tollenare en ce que, suivant
lui, les guérisons opérées par Mme de Saint-Amour, ne
doivent pas être attribuées à une influence surnaturelle
accordée à ses prières, mais à l'impression morale qu'elle
produit sur ses malades par ses manières simples et
pleines d'onction, par les émotions à la fois douces et
fortes qui résultent de leur confiance en un pouvoir
puissant et mystérieux dont ils invoquent l'assistance
avec foi.

M. Chardel, dans son *Essai de Psycologie Physiolo-
gique*, page 159, dit à ce sujet:

« Il y a quelques années, les prières de Mme de Saint-
» Amour produisirent à Nantes des cures extraordinaires,
» que MM. de Tollenare et Richer attribuèrent à *l'in-*
» *tervention immédiate de la puissance divine.* D'un
» côté on cria au miracle, de l'autre à l'imposture. Ce-
» pendant les guérisons étaient réelles, mais elles fu-
» rent de courte durée, et alors les adversaires du mer-

» veilleux crurent les expliquer en les attribuant à l'i-
» magination, comme si la production des phénomènes
» devait être plus facile à concevoir, quand ils ne sont
» qu'éphémères. Ils ne virent pas que quand l'énergie
» morale devient extrême, elle dispose avec une telle
» puissance de la modification vitale soumise à son em-
» pire qu'elle produit quelquefois des résultats qui
» semblent dépasser les bornes du possible; mais ces
» effets ne pouvant être que passagers, les choses ren-
» trent bientôt dans l'ordre accoutumé. »

J'ajouterai, pour terminer sur cette matière, que, quel
que soit le dédain décourageant avec lequel on accueille
l'examen des phénomènes de cette sorte, qu'aujourd'hui
les savants qui leur donnent leur attention ne sont
point dupes de leurs illusions, que les effets sont bien
réels, et que s'ils ne peuvent être expliqués, c'est
que l'homme ne peut apprécier toutes les lois de la nature et encore moins assigner les bornes du possible.

IV.

En 1829, Richer éprouva un de ces chagrins de la
vie qui sont toujours les plus déchirants pour ceux qui
sentent tout le prix d'une franche et cordiale amitié.

Des jeunes gens avec lesquels il avait eu occasion
de se lier à Nantes, celui pour lequel il s'était senti le plus
de penchant, était Antoine Le Ray qu'il avait connu, en
1817, à l'époque où celui-ci était premier clerc de Fran-
cheteau aîné. Le Ray avait recherché Richer autant par
sympathie que par l'admiration que lui inspiraient ses
talents. Bientôt les mêmes goûts, les mêmes sentiments,

les mêmes espérances, les rapprochèrent plus étroitement. Le Ray, versé dans la jurisprudence, lui donnait ses conseils et ses soins pour la direction de ses affaires, et Richer le guidait dans le choix de ses études et l'instruisait dans sa philosophie religieuse. Cette amitié dont la source était si pure, était devenue pour tous deux un sentiment plein de charmes ; il répandait la lumière sur les jours les plus sombres de Richer, et faisait son bonheur. Malheureusement Le Ray précéda Richer au tombeau, et celui-ci en demeura inconsolable. Il parlait souvent de son ami, se plaisait à rappeler aux autres son instruction, ses vertus, et à manifester hautement les regrets douloureux que lui laissait son souvenir.

Il avait conservé et m'a remis quelques mois avant sa mort, deux des lettres de Le Ray : la première et la dernière. Dans la première, en date du 10 juillet 1827, Le Ray lui témoigne combien il est touché de la confiance qu'il lui accorde. « Moi, votre ami, lui dit-il, ce titre que j'ambitionnais depuis si long-temps, me serait enfin acquis ! Ah ! de tous ceux qui l'envient bien peu savent l'apprécier comme moi. La plupart, en s'attachant à vous, ne songent qu'à l'éclat que peut faire rejaillir sur eux leur liaison avec M. Richer, *auteur ;* bien différents de moi, c'est moins au cœur qu'à l'esprit qu'ils adressent leurs hommages, etc., etc. »

Dans la dernière, du 21 juin 1829, peu de jours avant qu'il expirât, il lui dit : « Ma mère a fait et ne cesse de faire pour moi tous les sacrifices possibles. M. Chesneau m'accable de preuves d'amitié et de dévouement ; d'autres personnes, qui ne me sont pas moins attachées, m'entourent des soins les plus affectueux...... Mais aucun ne m'a rendu le service important inappréciable d'inculquer dans mon âme les principes de la religion sublime que vous m'avez fait connaître. Jugez, si vous devez m'être cher! Je n'élève pas une fois mon âme à Dieu, sans qu'un sentiment de reconnaissance vienne vous rendre, pour ainsi dire, présent à ma pensée. Je vous estime, je vous aime à bien d'autres titres ; mais c'est à celui-là que je vous chéris davantage. »

Le Ray avait à Nantes de nombreux amis, qui s'empressèrent d'ériger à sa mémoire un monument funéraire. L'un d'eux, M. Mellinet, a écrit sur ce bon et estimable jeune homme une notice biographique.

Dans cette même année 1829, il ne parut de Richer, dans le *Lycée* que son article *Médecine spirituelle*, et un examen critique des tomes 1.er et 2 de l'Histoire des Rois et des Ducs de Bretagne, par M. Roujoux, ancien préfet.

Dans les deux articles, l'un sur l'histoire des Ducs de Bourgogne, par M. de Barante ; et l'autre sur les romans de Walter-Scott ; il avait donné son opinion sur le genre nouveau en littérature, consistant à dépouiller l'histoire de ses dissertations scientifiques, pour n'en faire qu'un récit animé et pittoresque qui lui ôte, il est vrai, sa sécheresse, mais la prive de son utilité. Dans ce nouvel écrit sur cette matière, il porte la critique dans les faits. M. Royou a écrit son Histoire d'après la théorie du genre adopté par M. de Barante. Non-seulement Richer prouve que les faits dont s'appuie le nouvel historien ne sont pas du nombre de ceux qui sont suffisamment établis, mais au contraire, ceux qui ont été dédaignés par ses devanciers, comme suspects, comme faux ou décrédités.

Il compare la narration de l'auteur avec les preuves authentiques qui ont servi à tous les historiens, et de cette manière démontre ses inexactitudes , les défauts, et le vice d'un système historique qui ne tend qu'à détruire les bonnes études, et à nous replonger dans les ténèbres d'où l'érudition du XVII.ᵉ siècle nous avait si heureusement tirés.

V.

Depuis 1825, la vie de Richer n'avait plus été, pour ainsi dire, qu'une lutte pénible et douloureuse contre la funeste maladie dont il était atteint. Dans le cours des deux années qui précédèrent 1830 , il eut encore plusieurs attaques d'hémopthysie ; et , désespérant tout-à-fait de sa santé, quelque lieu qu'il habitât, il prit la résolution de revenir à Noirmoutier. « Le moment est enfin venu, m'écrivit-il alors, où le sacrifice que je faisais de mon pays est inutile. Air doux, air vif, rien ne pourra plus désormais rétablir ma frêle machine. Mais avant de m'en dépouiller pour entrer dans un meilleur monde, je veux à loisir et sans trouble recueillir les dernières sensations de celui-ci. Je vais quitter de nombreux amis parmi lesquels quelques-uns me sont tout dévoués. J'abandonne une ville où j'ai acquis quelques droits à la considération publique. Je renonce à tout ce qui a le plus de prix aux yeux de tant d'autres, mais dans la nouvelle solitude que je vais habiter, j'aurai une jouissance bien grande, c'est la pensée qu'au moment de rendre le dernier soupir, mes lèvres exhaleront l'air natal, et fut-il de feu, il n'en peut être un plus doux pour moi. A l'instant de fermer les yeux à la lumière, mes regards rencontreront encore les objets qui m'ont donné les premières notions de la vie, les premières impressions de plaisir, et de cette rêverie mélancolique qui a toujours été mon élément.

» Entre Dieu et moi, désormais, je ne veux plus personne. Les distractions m'énervent au lieu de me donner de la force. Je sens de plus en plus que je touche à ma fin, mais la mort n'est pas pour moi l'anéantissement, c'est l'entrée en possession de la vie réelle, c'est la jouissance sans mélange de tous les sentiments extatiques qui ont charmé ma vie. Cette mort, je veux la recevoir avec enthousiasme où mes inspirations ont commencé. Plus de livres! Un seul me suffira, la nature, cette nature qui a souri à mon enfance, qui a accueilli ma jeunesse de mille sensations ravissantes, et dont j'ai si long-temps et si cruellement été privé dans l'âge mûr.

» Au moment de consommer le sacrifice, il m'est pénible, cependant, de me séparer de mes coreligionnaires dont les témoignages d'amitié et de regrets ébranleraient ma résolution, si les motifs n'en étaient pas aussi puissants; mais, en restant à Nantes, puis-je espérer d'y prolonger mes jours? Je n'ai que trop bien la conviction de ma fin prochaine, et si bien, que cette conviction est en moi un sentiment permanent.

» J'ai craint un moment de me tromper ; s'il était possible, me disais-je, que je m'exagérasse les périls de ma situation, que les inflammations prochaines qui me menacent pussent être sans danger à Nantes et devenir mortelles à Noirmoutier, n'aurais-je pas des reproches à me faire ? Je suis allé prendre mon congé de départ chez Fouré, à qui je voulais d'abord cacher ma résolution, parce que l'ayant déjà combattue vingt fois, je prévoyais qu'il s'y opposerait encore. Quelle a été ma surprise, quand je l'ai entendu m'affirmer que l'état de ma santé était tel aujourd'hui que l'air de la mer, contraire aux poumons délicats, ne pouvait plus que m'être profitable, en ce qu'aidant chez moi les digestions, il soulagerait mon estomac plus malade encore que ma poitrine ! En effet, mon régime alimentaire est entièrement changé. Je ne digère plus ni fruits, ni légumes, ni laitage. Les consommés, les viandes, les aliments sucrés, salés et épicés passent seuls et facilement. Enfin, Fouré m'assure que, dans des cas semblables à celui où je me trouve, des médecins éclairés ont recommandé l'air de la mer à des malades jugés même phthysiques, que mon régime étant le même qu'à Noirmoutier, j'y prolongerais ma carrière autant et peut-être plus qu'à Nantes. De deux choses l'une, ou Fouré en me donnant ce conseil, croit ce qu'il affirme, ou il me traite comme un malade dont on désespère et qu'on laisse maître absolu de faire tout ce qu'il désire. Dans le premier cas, je serais bien dupe de ne pas suivre son avis, puisque je puis concilier le soin de ma santé avec ma passion favorite, l'amour de mon pays ; dans le second cas, il me juge comme je me juge moi-même, l'autorisation qu'il me donne est une condamnation qui justifie celle que je porte sur moi, et je n'ai point à me reprocher d'abréger, par mon imprévoyance, la durée de mon existence. Ma domestique, malgré mes instances, persiste à m'accompagner. Ses services donneront au moins quelque prix à ma solitude. Je vous le répète, à ma solitude, car je tiens à vivre en reclus, et pour cela, j'ai choisi l'ancienne Abbaye-Blanche, où j'espère que vous viendrez me voir. »

Toujours impatient d'exécuter une résolution presque aussitôt qu'il l'avait prise, il n'attendit pas le retour de la belle saison pour quitter Nantes ; et, dès le mois de mars, il avait revu notre ile et ses rivages.

Un retour dans son pays était pour lui un retour vers le passé, et s'il se souvenait des jours de paix et de plaisirs, il n'avait pas plus oublié ceux de douleurs et de deuil. Sa première pensée fut pour sa mère. Le soir même de son arrivée, vers la nuit, il courut se prosterner sur la pierre qui recouvre ses restes, et lui payer un nouveau tribut de piété filiale. Deux heures s'étaient écoulées depuis son départ. M.me Richer, sa belle-sœur, inquiète de ne pas le voir revenir, et informée qu'il avait pris le chemin du cimetière, envoya quelqu'un le presser de rentrer. On le trouva encore sur la tombe et dans un état absolu d'insensibilité physique. Son existence semblait s'y être confondue avec les précieux débris qu'elle renfermait. On ne l'en arracha qu'avec peine.

Le lendemain matin, il alla s'établir à la Blanche, dans un assez bel appartement que M. de Vatimenil, propriétaire de cette ancienne abbaye, avait consenti à lui louer, et ce ne fut pas sans une vive satisfaction qu'il se vit enfin dans des lieux si désirés, et qui lui rappelaient quelques-uns des plus beaux instants de sa vie, surtout ceux où, transporté d'amour, d'enthousiasme et de poésie, il avait jeté l'ébauche de son poëme de *Victor et Amélie*. Mais il n'y retrouva plus les mêmes émotions, encore moins ces sensations printannières qui nous assaillent à l'entrée de la vie : elles étaient remplacées par les hautes pensées d'une philosophie transcendante, ainsi que par celles qu'inspirent les perspectives de la vie future. Toutefois, il n'en était pas moins heureux ; car dans aucun temps il ne conçut le bonheur hors des impressions morales, et pour lui la perte de quelques instants d'un bien-être physique, était une faible compensation de la perte des moindres émotions du cœur.

Les secousses du voyage l'avaient un peu fatigué, il eut deux attaques successives d'hémophtysie, mais elles furent légères, et bientôt il put jouir de tout ce que sa nouvelle retraite lui offrait d'agréable. Ainsi se trouva encore une fois réuni ce trio d'amis que vingt ans auparavant nos insulaires se plaisaient à désigner sous le nom d'*académie ambulante*.

Impost possédait une petite campagne voisine de l'Abbaye ; nous eûmes le plaisir de nous voir deux ou trois fois par semaine, soit à la *Blanche*, soit à la *Linière*. Là, nos journées s'écoulaient comme autrefois, en promenades, en conversations et en lectures. Le temps et les événements avaient bien modifié notre existence morale. C'était encore, à la vérité, la même confiance, la même cordialité, mais ce n'étaient plus les

mêmes épanchements , les mêmes entretiens qui charmaient notre intimité dans ces temps de bonheur et de
douces illusions où notre ami , jeune , plein de vie et
de santé , nous prodiguait gaiement les trésors de sa
vive imagination ! Hélas ! ces illusions , il les avait échan-
gées comme nous pour de tristes réalités , et le déla-
brement de sa santé , ajoutant à sa mélancolie naturelle , c'était bien rarement que quelques expressions de
badine et maligne sagesse se faisaient jour à travers
ses discours presque toujours graves , par fois austères
même , et auxquels nous étions obligés de conformer
les nôtres. Pouvions - nous , d'ailleurs , oublier que la
Blanche était le dernier port dont il avait fait choix
pour attendre le terme d'une vie qui ne tenait pour ainsi
dire plus qu'à un fil léger , qu'il n'était revenu parmi
nous que pour nous dire un dernier adieu , et rapprocher sa tombe de celle de sa mère. Malgré sa tranquillité
d'âme et sa résignation , l'idée d'une mort prochaine
mêlait son amertume au plaisir que nous ressentions de
sa présence , et lorsqu'il se trouvait plus faible , plus
accablé que de coutume , témoins de ses souffrances ,
notre position devenait pénible , et ressemblait presque à celle des amis de Socrate , lorsqu'il est prêt à boire
la ciguë.

Toutefois, à la Blanche comme ailleurs , sa mauvaise
santé avait ses vicissitudes ; et, quoique l'activité de son
esprit se trouvât sans cesse en opposition avec le calme
qu'elle exigeait , aussitôt qu'il était plusieurs jours sans
qu'elle lui donnât de l'inquiétude , il reprenait ses habitudes et ses travaux.

L'emploi de son temps était à peu près le même qu'à la *Coutancière* et à *Sucé*. Après son déjeuner, si le temps était convenable, il se promenait sur les dunes ou dans le bois, allait s'asseoir sur les bancs de gazon d'un bosquet qu'avait fait construire sa mère ; mais si l'Océan avait cessé de recouvrir la plage et laissé à découvert les rescifs et les écueils qui bordent la côte, en face de l'Abbaye, il prenait plaisir à les parcourir. Souvent nous le surprenions à une très-grande distance du rivage, assis sur un rocher, se saturant de ce même air humide et salin qu'autrefois on avait dit être mortel pour lui, et qu'alors il aspirait avec une sorte de délice, comme pour s'indemniser d'en avoir été si long-temps privé. « Là, disait-il, j'oublie tout, excepté Dieu. Le bruit lointain des agitations des hommes n'arrive jusqu'à moi que comme celui de la vague expirante à mes pieds, je n'y prête pas plus d'attention. »

Quelquefois il s'étendait sur le sable. « La dune à demi-éboulée, disait-il encore, formait au-dessus de ma tête une sorte de grotte qui me cachait à tous les yeux. Des *carex*, dont les racines étaient le jouet des vents, me servaient d'oreiller, mes yeux erraient sur un tapis de verdure formé par l'humble *arèmaire* qui s'avançait jusqu'à l'endroit où la vague venait déployer ses longues volutes d'écume sur un lit de cailloux. Une vue monotone, un bruit plus monotone encore, une solitude absolue qui me laissait à moi-même, l'odeur pénétrante qui s'exhalait de l'éternelle jaune dont était couverte la butte voisine, les vapeurs qui rampaient aux bornes indécises de l'horizon, enfin un temps couvert qui ne permettait à l'Océan de réfléchir qu'un ciel grisâtre, tout portait dans mes sens l'impression la plus propre à favoriser le doux rêver d'une meilleure vie. » (Soliloque inédit.)

Après la promenade du matin, il rentrait pour prendre la plume ou un livre, et, après le dîner, il retournait encore s'asseoir et méditer dans ces mêmes lieux qu'il affectionnait, ou bien il allait visiter quelques bons paysans, anciens colons de sa mère, qui, sachant apprécier ses vertus, lui montraient l'attachement le plus sincère.

Cette activité morale, cette activité énergique à laquelle il suffisait de vouloir pour exécuter, était si loin de se ralentir en lui, qu'une seule idée qui s'emparait de son imagination, surtout si elle se rapportait à sa philosophie religieuse, suffisait pour y allumer une série de pensées qu'il s'empressait de confier à des feuilles volantes. Il les classait ensuite par ordre des chapitres auxquelles elles se rapportaient dans sa *Nouvelle Jérusalem*, et c'est ainsi que, dans six mois de séjour à la Blanche, il y ajouta cinq cents nouvelles pages.

A cela près de quelques mauvais jours qui paralysaient ses forces physiques, son état à la Blanche n'était pas plus alarmant qu'il ne l'était lorsqu'il avait quitté Nantes, et nous eûmes lieu d'espérer que son existence pourrait se prolonger, sinon long-temps, au moins encore plusieurs années.

Ses amis et ses co-religionnaires lui écrivaient fréquemment ; aux témoignages d'intérêt pour sa personne, aux regrets d'en être séparés, ils ne cessaient de joindre les plus vives instances pour l'engager à revenir au milieu d'eux, et ils obtinrent de lui qu'à l'avenir il

passerait six mois à la Blanche, et six mois à Nantes.
Il partit de Noirmoutier vers le mois de septembre,
séjourna tantôt à Nantes, tantôt à la *Coutancière*, et
ajouta encore cinq cents autres pages à son ouvrage
de prédilection.

VI.

Nous le revîmes au mois d'avril suivant, et son retour
à la *Blanche* fut un jour de fête pour lui et pour nous.
Sa santé, que le trajet par mer avait un peu ébranlée,
se rétablit promptement et se soutint assez bien tout le
temps qu'il passa à l'Abbaye. Nous continuâmes de
nous voir le plus souvent qu'il nous fût possible, et
dans nos réunions et nos promenades, se renouvelèrent
ces communications intimes qui en faisaient le charme.

Jusqu'alors Richer n'avait encore rien écrit sur la
politique dont il se souciait d'autant moins, qu'il ne
lisait jamais les journaux qui s'y rapportent. Il en
trouvait les intérêts trop variables, trop passagers,
et la laissait à ceux qui, par goût et par état, en font
leur carrière ou leur occupation habituelle. Il pensait
comme je ne sais quel ecrivain spirituel que, lorsque
tout le monde s'en mêle, c'est une pharmacie au pil-
lage, où les brigands trouvent plus de poisons que
de remèdes, et répétait ce qu'il a dit dans le recueil
de ses pensées; « qu'en politique, c'est en vain que
» la sagesse règle, ordonne ou délibère, ce sont tou-
» jours les passions qui se chargent d'exécuter. »

Un jour, cependant, à l'époque où les suites de la
révolution de juillet agitaient tous les esprits et où

il était difficile de garder un silence absolu sur les affaires publiques, nous lui témoignâmes le désir de connaître son opinion politique. « Eh bien ! je vous » la donnerai, nous dit-il, mais ce ne sera probable- » ment celle de personne. Elle ne conviendra ni au » siècle actuel, ni à ses mœurs. »

Le surlendemain, à la promenade, nous le vîmes déployer un cahier, c'était le manuscrit de l'opuscule intitulé : *Opinion politique de M. Guillaume,* inséré dans le 18.ᵉ volume du *Lycée Armoricain.* Il s'y est peint lui-même avec tant de franchise et de vérité, que je ne puis me dispenser, ce me semble, de reproduire ici une partie de ce qu'il y dit de sa personne.

« M. Guillaume était un homme de lettres qui avait joui de quelque considération dans une de nos petites villes de l'Ouest. Ce qui le distinguait princi- palement, c'étaient des principes religieux profondé- ment gravés dans son cœur et dont il avait tâché de ne jamais s'écarter dans sa conduite ; ses actions pou- vaient n'avoir pas été toujours celles de la vertu la plus pure, mais ses discours annonçaient du moins la conviction chrétienne la plus entière ; les curés du voisinage avaient eux-mêmes trouvé de l'instruction dans sa conversation, et on eût dit, à l'entendre, qu'il avait fait ses premières études dans un séminaire.

» M. Guillaume habitait un vieil édifice sur les bords de l'Océan. Le spectacle inspirant de la mer, l'étude de la nature, l'enthousiasme que fait naître dans le cœur de l'homme, la conscience éclairée cherchant un refuge au sein de la divinité, seul, toutes ces jouissances

morales remplissaient les journées de M. Guillaume.
Il était alors dans son été, son printemps n'avait pas
été tranquille, il est vrai ; mais, désabusé maintenant
des passions qui agitent la société, s'il ne vivait plus
du mouvement général, du moins il assistait à la vie.

» M. Guillaume s'apercevait-il que quelque chose
devenait l'objet de sa prédilection, de peur de s'en-
chaîner lui-même, il en faisait aussitôt le sacrifice. Il
n'avait jamais poursuivi non plus les distinctions sociales,
mais ici ce n'était pas modération de sa part, c'était
orgueil. Il avait conçu autrefois une idée si exagérée
de lui-même qu'il aurait rougi de s'assimiler aux
autres. Il se croyait trop au-dessus de sa petite société
pour s'honorer d'une distinction qui lui aurait été commune avec d'autres membres de cette même société.
En acceptant, disait-il, du gouvernement un titre ou
un ruban, l'homme consent à recevoir par là même
l'expression de sa valeur morale. M. Guillaume donc,
qui croyait valoir autant qu'un dignitaire de l'ordre du
Saint-Esprit, aurait été presque humilié de ne recevoir
de son prince que le cordon noir de l'ordre de Saint-
Michel.

» Avec de tels défauts, avec une existence aussi
solitaire, M. Guillaume aurait été l'homme le plus inutile de la terre, s'il n'avait pas mûri le projet de tra-
vailler sans relâche à l'amélioration de l'espèce humaine.
Il croyait la société arrivée à une de ces époques
providentielles, où tout le passé s'anéantit, où un
nouvel état de choses exige de nouvelles lumières dans
tous les genres ; ses idées, ses recherches consignées

sur de petites feuilles volantes, étaient adressées à un ami qui devait les publier un jour comme une œuvre posthume. De cette manière, M. Guillaume assistait sans répugnance à ses funérailles ; il comparait ses papiers décousus, aux feuilles dont se couvre le chêne chaque printems et qu'il jette autour de lui chaque automne. De cette manière son ouvrage devait durer autant que sa vie, et il n'en précipitait pas plus la rédaction qu'il ne pressait le terme de ses jours, et chaque jour pour lui avec ses impressions était une page avec ses pensées. »

Quant à l'opinion politique de M. Guillaume, elle ne pouvait être qu'une belle et spirituelle utopie. Il définit avec justesse le vrai libéralisme, prouve qu'il a commencé en même temps que le christianisme, qu'il se concilie parfaitement avec lui, et que par lui seul, il peut faire le tour du monde.

Le libéralisme de M. Guillaume, dégagé des préjugés humains, est le gouvernement des lois ; mais comme celles-ci ne sont que l'expression de la justice, que toute justice vient de Dieu, c'est directement de Dieu que vient cette forme de gouvernement. A la vérité, pour M. Guillaume, le libéralisme devient le synonyme de république ; mais il le conçoit si vaste, si tolérant, si religieux, qu'on est forcé de convenir qu'un pareil ordre de choses serait digne d'envie ; que si les essais de république, faits jusqu'à ce jour, n'ont été que des déceptions, celle qu'il propose, s'il était possible de l'établir, ferait le bonheur des hommes et placerait réellement le ciel sur la terre,

Cette opinion de M. Guillaume prouve la bonté et la candeur de sa belle âme ; mais elle rappelle aussi ce mot appliqué au projet de paix perpétuelle de l'abbé de Saint-Pierre : « C'est le rêve d'un homme » de bien qui ne peut se réaliser. »

VII.

Quand vint le mois de septembre, Richer retourna à Nantes, emportant, avec ce petit ouvrage si rapidement composé, un grand nombre de feuilles volantes, ajoutées, comme l'année précédente, à la *Nouvelle Jérusalem.*

Cette même année 1831, il rédigea à la *Coutancière, la Religion du Bon Sens,* in-8.°, imprimé en 1832, pour servir d'exposé préliminaire à la doctrine de la *Nouvelle Jérusalem.*

Je le répète, je n'ai pas une connaissance assez approfondie de cette doctrine pour me permettre d'en parler. Elle m'a toujours inspiré du respect et de l'intérêt ; mais, pour la juger, la sympathie ne suffit pas. C'est à M. de Tollenare, celui de tous les amis de Richer qui l'a étudiée, méditée avec le plus d'intelligence et de succès ; à celui, enfin, à qui l'auteur a légué tous ses manuscrits sur cette matière, qu'il appartient de la faire apprécier. Toutefois, Richer m'aimait trop pour ne pas avoir singulièrement à cœur de me la faire comprendre.

Dans l'une de nos dernières entrevues à la Blanche, pendant le cours de l'été 1833, et quelques jours avant d'en partir, malheureusement pour n'y plus revenir ; il me dit : « Je vais encore vous quitter , et peut-être pour toujours. Celui qui ne flatte personne , qui ne recherche ni la recommandation des journalistes , ni celle des hommes en crédit , qui n'est d'aucun parti ni en politique ni en littérature , dont les opinions religieuses ne sont que celles d'un petit nombre d'amis , ne peut guère espérer , en France , le moindre succès de ses ouvrages. La seule pensée consolante que je puisse emporter au tombeau , c'est que les vérités éternelles et universelles se recommandent , en tout temps et en tout lieu , d'elles-mêmes , que tôt ou tard on préfère ce qui est vrai à ce qui n'est que d'une convenance ou d'une utilité passagère ; mais d'ici long-temps je n'ai que trop de raison de craindre que dans nos contrées surtout , on ne m'épargnera pas les épithètes de fou , de fanatique , peut-être même de visionnaire. Que sera-ce si ceux de mes amis qui me survivront ne sont pas en état de défendre ma mémoire ! Je veux donc encore , mon cher Monsieur , vous expliquer clairement et succinctement mes théories , principalement celle sur l'extase qui présente le plus de difficulté , et qui, pour être bien saisie , exige le plus d'attention. »

Je lui accordai toute la mienne, et s'il me semble que dans aucun temps , il ne m'avait développé de vive voix , avec plus de clarté et de logique , les théories fondamentales de sa philosophie religieuse , jamais aussi je n'en avais été aussi fortement frappé. Le soir de ce même jour, j'écrivis ce que j'en avais retenu, et je vais le rapporter ici :

« Devons-nous secouer entièrement le joug des traditions du genre humain? Doivent-elles être toutes anéan-
ties? N'en est-il pas une seule qui soit véritable, et ne
peut-on la rétablir dans toute sa pureté? Telles sont les
questions qui, réunies à mes études philosophiques, m'ont
conduit à l'examen du christianisme. Je n'ai pu passer
à côté de ce grand fait historique et moral sans lui accorder l'attention qu'il mérite. Quand le christianisme
serait une imposture, convenons qu'un mensonge aussi
extraordinaire vaut bien la peine d'être examiné. Pour
moi, je n'ai pu m'empêcher de le reconnaître comme un
fait universel dont les éléments se trouvent consignés
dans les cosmogonies de tous les peuples. La chute et
la rédemption de l'homme m'ont paru figurées dans tous les
symboles de l'antiquité, et tous les monuments qui s'y rapportent sont tous sans exception des emblèmes. Il est naturel d'en conclure que la Bible elle-même est un emblême.
Tous les pères de l'Eglise, tous les philosophes l'ont jugée
ainsi.

» En conséquence, considérer la bible comme un grand
symbole, comme une allégorie qui offre aux initiés un
sens différent de la lettre, c'est de toutes les tentatives la
plus excusable et même la plus légitime: car s'il faut
prendre l'Ecriture Sainte à la lettre, elle n'offre, d'un bout
à l'autre, que des absurdités qui révoltent la raison la
moins exigeante. C'est donc faire preuve d'une haute raison que de recourir à un sens figuré qui satisfait à la fois
l'esprit et le cœur, et rien dans cette œuvre de philosophie religieuse ne mérite le dédain et la moquerie qu'on
pourrait au contraire, selon moi, déverser à plus juste

titre sur ces légers penseurs de l'école voltairienne qui ne voient dans le christianisme que des choses absurdes, sans daigner se mettre en peine de l'interprétation qui puisse les concilier avec le bon sens.

» Ceci posé, il n'y a plus qu'à connaître ma théorie explicative. L'homme est doué de modes accidentels de perception qui, pour n'être pas entrés dans l'étude logique de nos facultés, n'en sont pas moins réels. Toute l'antiquité fait foi de certains états maladifs ou nerveux, soit naturels, soit provoqués, dans lesquels la machine humaine reçoit des modifications telles que les organes des sens en éprouvent des déplacements notables. Alors se manifeste la double vue, phénomène constaté par la science moderne elle-même ; la médecine l'a remarqué dans la catalepsie et dans l'exquise sensibilité des mourants. Le magnétisme animal la développe chaque jour chez certains individus. Indiquer et faire observer ce mode inusité de perception n'est certainement point l'ouvrage d'un fanatique, c'est bien plutôt celui d'un philosophe qui a étudié la nature sous des rapports inconnus au vulgaire. C'est ce que je crois avoir reconnu en physiologiste et prouvé en érudit.

» Toutes les nations de l'antiquité étaient loin d'ignorer ce mode de perception. Il a été pratiqué de tout temps chez les brames. Nous avons des statues égyptiennes dans l'attitude de personnes magnétisantes et magnétisées. Quand les néoplatoniciens recueillirent à Alexandrie le dépôt des connaissances de l'antique Orient, ils firent connaître ces états accidentels de l'homme. On peut consulter sur ce sujet Jamblique, Porphyre, Proclus, Hermès Trismégiste. Pour qui sait lire avec fruit, il n'y a pas de fait plus généralement attesté. Les livres saints sont des témoins irrécusables du rôle immense que joue ce mode de perception auquel appartiennent la divination, les prophéties, les oracles, et que je désigne sous le nom général d'extase.

» Voir dans l'extase la clef des hyéroglyphes sacrés de tous les peuples, rien, selon moi, de plus vraisemblable et qui doive moins m'attirer les reproches des esprits frivoles; car je suis bien loin de leur dire de se mettre à genoux devant les extatiques, de les regarder comme des interprètes des volontés divines, je préviens au contraire qu'on doit se défier d'eux, qu'un grand nombre ne sont que des fous, et ce témoignage, parfaitement d'accord avec l'écriture, qui établit des faux comme des vrais prophètes, ne combat en aucune manière l'opinion parfaitement plausible que ce mode de perception, quoique sujet à l'erreur, a été celui qui a servi de base à toutes les religions antiques. »

Ici je me permis quelques allégations. Comment, lui dis-je, admettre une voie dans laquelle tous les écarts sont possibles? Comment discerner le bien du mal dans les rapports fournis par les extatiques ?

« Les extatiques, me répondit-il, par la double vue dont ils jouissent, sortant de l'espace et du temps ; entrent dans le monde immatériel, et cette assertion ne peut être contredite de bonne foi. Ce monde immatériel est peuplé d'êtres bons et mauvais. La croyance universelle du genre humain confirme cette seconde assertion, qui n'est au fond que le dogme de l'immortalité de l'âme. En effet, si l'âme survit au corps, elle habite un monde où il n'y a ni espace ni temps, monde qui doit offrir le bien et le vrai, mais aussi le mal et le faux. C'est cette idée si simple qui a donné lieu à la croyance d'un ciel et d'un enfer, croyance aussi universelle que la précédente ; les extatiques qui pénètrent dans la sphère de l'immatériel, y sont donc en rapport avec le bien ou le mal. Ici la théorie entre dans de profonds détails sur l'essence des choses et soumet les faits extatiques à des principes qui me paraissent incontestables.

» S'il y a bien et mal dans la sphère immatérielle, c'est qu'il y a le principe de l'un et de l'autre ; en d'autres termes, c'est qu'il y a Dieu et Démon. La question se réduit donc à savoir, pour emprunter le langage populaire, quelles sont les communications qui viennent de Dieu et celles qui viennent du Démon. Dieu est l'amour même ; c'est là son essence ; aucune religion, aucune philosophie ne contredit cette assertion. De l'amour divin il ne peut sortir que l'amour universel, celui-là seul qui est Créateur. L'amour opposé ne peut au contraire produire que l'amour individuel, cet amour qui s'oppose à la création en isolant les hommes les uns des autres. Toute communication immatérielle qui a l'amour de tous pour objet, est pure ; elle est fondée sur le dévouement, caractère du véritable amour. Elle est directement divine, tandis que toute communication qui a le moi exclusif pour objet, est mauvaise, puisqu'elle a pour base l'égoïsme, principe de tout mal moral.

» Vous devez vous rappeler que j'ai développé ces

idées dans le livre de l'*Homme de Bien*, et de tous mes principes religieux ce sont ceux qui me paraissent les moins controversibles, je les regarde comme le *criterium* véritable des visions, des prophéties de tout genre qui font la base de tous les livres sacrés des nations, depuis les *védas* jusqu'aux Evangiles, depuis le *zendavesta* jusqu'à l'alcoran. »

Comment donc, lui dis-je, les auteurs des religions ont-ils choisi pour amener les hommes à la vérité le langage le plus contraire à la simplicité naturelle ? Pourquoi leurs récits sont-ils si souvent pleins de faits impossibles, et pourquoi ne voient-ils dans l'immatériel que des objets hors nature ?

« La réponse à ces questions, me répliqua-t-il, demande une attention soutenue; elle fait partie d'une philosophie neuve dont j'ai esquissé les bases dans l'opuscule intitulé la *Visite de Gustave*. Là j'établis que l'esprit humain n'enfante pas des idées *nues*. Celles-ci sont le fruit de l'analyse et de la réflexion. Les abstractions sont d'une date récente dans l'histoire de l'entendement humain. L'esprit de l'homme voit comme les organes corporels, il veut des formes et des substances; car les idées sont de véritables êtres, ainsi que l'atteste la philosophie spiritualiste de tous les siècles. Toute pensée est donc saisie par l'esprit sous la forme d'une image. L'extatique pense, et aussitôt il voit ce qu'il a pensé. Il ne pense pas sans réaliser ses idées, cela lui est impossible. Pense-t-il le vrai ? Aussitôt les images pures, harmoniques, l'environnent. Pense-t-il le mal et le faux ? à l'instant les images difformes se présentent et l'obsédent. La succession rapide de ces scènes n'étonne pas quand on songe qu'elles se passent hors du temps et de l'espace. Leurs formes insolites ne surprennent pas davantage, quand on réfléchit que ces formes sont l'envelope nécessaire de toute qualité morale.

» Tout cela, j'en conviens, est un peu au-dessus de la portée des esprits vulgaires; puis d'ailleurs une des prétentions les plus générales de notre siècle de lumière est son éloignement pour tout ce qui tient aux choses surnaturelles : c'est là son bouclier contre toute croyance. On ne manquera pas de me reprocher d'avoir suivi les errements d'un visionnaire évidemment reconnu pour tel, d'avoir regardé les visions de Swedenborg comme l'expression des volontés divines, d'avoir cru que Swedenborg a vu les habitants des planètes, a causé avec Sixte-Quint, s'est entretenu avec Louis XIV, etc. J'ai répondu, ajouta-t-il avec une certaine vivacité, à ces objections de l'ignorance. C'est comme extatique que Swedenborg a droit d'expliquer ce qu'ont vu et dit avant lui d'autres extatiques. Je lui donne, il est vrai, ma confiance, mais cette confiance n'est pas de nature à entraîner l'assentiment de l'esprit pour tout ce qui tient aux sensations du visionnaire. C'est précisément parce qu'il était visionnaire que Swedenborg a dû voir Sixte-Quint et Louis XIV, quand son esprit a été frappé de la pensée de ces deux hommes. Il a dû voir dans l'immatériel tout ce que sa pensée lui retraçait sur la terre. Moi qui n'ai jamais eu de visions, je ne sais de quelle nature seraient les miennes, et je ne m'en inquiète nullement. Sans doute dans l'autre monde, *je verrai*. Par cela seul j'aurai des sentiments et des pensées ; mais ce que je verrai sera très-certainement aussi différent de ce qu'a vu Swedenborg, que mon esprit est différent de celui de ce grand homme. Les sensations de l'homme appartiennent à l'homme, et personne n'est obligé d'y conformer ses opinions ; ce serait perdre sans fruit son individualité. Les principes du philosophe sont , au contraire, de nature à être le propre de tout, et ce sont ces principes sur lesquels j'ai invariablement fixé mes opinions littéraires et scientifiques, aussi bien que ma croyance religieuse et morale.

» Je ne suppose pas que ces principes, nettement posés et bien compris, soient susceptibles de m'attirer le blâme des doctes ou des honnêtes gens. Loin de là , je pense qu'ils sont d'une immense fécondité sous le rapport des sciences nouvelles qu'ils établissent et d'une application fructueuse dans la pratique de la vie civile et do-mestique. »

Telles sont les théories fondamentales de la *Nouvelle Jérusalem*. Richer, je le répète, a adopté les principes de cette communion chrétienne, parce que c'est elle seule qui lui a offert l'exégèse la plus raisonnable de l'Écriture Sainte. S'il s'est trompé , ses erreurs ne seraient pas les siennes. Ce qu'il aurait regardé comme la vérité dans les traditions et dans les ouvrages de Swedenborg, l'aurait séduit et entraîné ; mais il est plus facile de le dire que de le démontrer, et pour l'entre-prendre, au moins faudrait-il la même étendue d'intel-ligence et la même bonne foi qu'il a déployée dans l'explication qu'il a donnée de ces doctrines.

La *Nouvelle Jérusalem* est une œuvre de conscience (1); elle mérite que justice lui soit rendue, ne serait-ce même qu'en raison du but que s'est proposé l'auteur de ramener les esprits au christianisme et de contribuer au bien-être de ses semblables.

La publication du premier volume de *la Nouvelle-Jérusalem* fut suivie de celle de deux opuscules intitulés : l'un, *le Livre de l'Homme de Bien* ; l'autre, *la Visite de Gustave*, formant ensemble une brochure in-8.°, et en quelque sorte un second prospectus de *la Nouvelle Jérusalem*.

Le *Livre de l'Homme de Bien* est le tableau de la morale que renferme ce volumineux ouvrage. Richer y

---

(1) L'anecdote suivante, dont je garantis l'authenticité, prouverait seule que cet ouvrage n'a pas été écrit pour se faire un nom. Lors de la publication du premier volume, M. Broussais, frère du célèbre médecin de ce nom, lui-même médecin, et de plus, Swedenborgiste, écrivit à Richer en mai 1833, pour le détourner de continuer l'impression de la *Nouvelle Jérusalem*. Il se fondait sur cette opinion « Qu'il n'est donné à aucun *oza* de soutenir l'Arche » Sainte en l'étayant de son propre ; qu'il était plus avantageux » de se borner à la prédication, afin d'éviter dans nos jours de » délire de contrariantes analogies. » Il se pouvait que M. Broussais, qui avait sans doute le talent de la prédication, eût eu la pensée de revêtir un sacerdoce spécial, les amis de Richer ne partagèrent pas cet avis ; mais lui, à la lecture de cette lettre, ne dit autre chose que les paroles suivantes : « Frappé d'admiration » pour quelques-unes des vérités émises par Swedenborg, je me » suis proposé de les prouver, ce dont lui-même ne s'embarrasse » guère. Telle a été l'origine de mon livre. On croit qu'il pourra » nuire à l'*œuvre*, eh bien! laissons-le donc là. »

démontre qu'avec l'amour de soi pour *but*, l'homme tombe dans le mal, et qu'avec le même amour comme *moyen*, il est conduit au bien ; que, conséquemment, toute notre tâche consiste à remarquer le point où le *moyen* devient un *but*. L'auteur trouvait ce petit traité écrit d'une manière un peu traînante ; il était plus satisfait de *la Visite de Gustave*, qu'il considérait comme le système interprétatif de *la Nouvelle Jérusalem*. Il y a, disait-il, plus de verve que dans *le Livre de l'Homme de Bien* ; mais la conclusion n'en est pas assez développée.

Il vint encore passer à la Blanche l'été de 1833. Ce fut le dernier, et nous ne devions plus nous revoir. Dès le mois d'octobre, la décadence de sa santé se manifesta d'une manière plus sensible. Un état de souffrance presque continuel le rendait à charge à lui-même et le privait du plaisir si doux de s'occuper des autres, surtout de l'éducation de son jeune filleul Bidet, qu'il avait entreprise. Parler haut et long-temps le fatiguait trop, et son existence ne se composait plus que d'heures de repos, de distractions ou de douleurs qui le forçaient de laisser tout inachevé. « On doit, disait-il dans sa dernière lettre, me regarder comme la créature la plus insipide et la plus inutile qu'il y ait sur la terre ; je souffre de l'embarras que je donne à ceux qui m'entourent. Je me résigne, il est vrai, à ce triste état ; mais je me résigne pour ce qui me concerne, et je ne puis consentir à faire partager à autrui le fardeau de ma débile existence. Je suis désormais si indifférent sur mon sort, que je n'ai pas même le courage de prendre une résolution. Tantôt je veux retourner à Noirmoutier, où j'espère me trouver mieux ; tantôt les fatigues du voyage m'épouvantent, et je me décide à rester ici. Les souffrances physiques ont tellement paralysé mon pauvre esprit, qu'il n'est plus susceptible de la moindre énergie, pas même de celle nécessaire pour faire un choix. »

Il dépérissait, en effet, de plus en plus, et chaque jour le préparait davantage à la mort. Enfin, son estomac cessa ses fonctions, ses forces s'épuisèrent, et le 21 janvier 1834, sur les cinq heures du matin, après une longue et douloureuse agonie, son âme, libre de sa dépouille, prit son vol vers une patrie plus digne d'elle.

Privés de lui pour jamais, nous n'eûmes plus que des larmes à répandre sur sa tombe et de précieux souvenirs à conserver. Il expira entouré des soins empressés des pieuses et délicates attentions de M. et de M.ᵐᵉ de Tollenare, d'Impost et de quelques autres de ses amis qui, plus heureux que moi, reçurent ses derniers adieux et ont pu recueillir ce qui s'est dit et passé à son lit de mort.

Impost n'avait pas oublié que son vœu le plus ardent était que ses cendres pussent reposer près de celles de sa mère. Trop affaibli, Richer n'avait pu en renouveler l'expression de vive voix ; mais lorsque Impost lui en parla, un serrement de main, un regard attendri témoignèrent aussitôt que cette consolante pensée n'avait rien perdu de sa force et qu'il n'avait rien de plus à cœur que d'être fidèle à ce rendez-vous du tombeau.

Impost lui rendit les devoirs les plus douloureux. Il

fit renfermer son corps dans un cercueil de plomb, ne le quitta pas un seul instant dans le trajet de Nantes à Noirmoutier, et, l'accompagnant partout avec ce recueillement triste et religieux qu'inspire nécessairement la perte d'un ami qui nous est cher, il ne s'en sépara que lorsque la terre eut recouvert ses restes.

Rien ne prouva mieux l'estime dont Richer jouissait dans son pays, et les regrets dont il était l'objet, que la grande affluence des personnes qui, de tous les points de l'île, étaient venues à ses obsèques. Espérons que son nom y sera long-temps honoré et n'éprouvera que fort tard cette influence oublieuse du temps qui efface tous les souvenirs.

Maintenant, si nous essayons de résumer tout ce qui se rapporte à la personne et aux écrits de Richer, nous le voyons d'abord vif, indocile, opiniâtre, ennemi des colléges et de tout travail qui lui était prescrit, jaloux de sa liberté, et ne se montrant accessible qu'aux seules instances de sa mère.

Bientôt libre, abandonné à lui-même, il commence ses études suivant ses goûts, puise la vie intellectuelle aux sources les plus pures. Sa jeune âme s'ouvre à toutes les nobles pensées, à toutes les émotions sublimes. Plus il s'instruit, plus il devient avide et curieux de connaître. Son existence ne se compose plus que de travaux entrepris avec amour, avec enthousiasme. Il en abandonne, il est vrai, quelques-uns par lassitude ou par dégoût, mais pour en embrasser d'autres qui ont plus d'attraits pour lui. Il est à cet âge où une ardente énergie dévore celui qui en est doué. Tout entier à la nature et aux sciences qui s'y rapportent, à la poésie qu'elle inspire, il y plonge avec délices comme dans la seule atmosphère où il puisse respirer et développer ses heureuses dispositions.

Toutefois, bien qu'il soit aussi chaste dans sa conduite que dans sa pensée, son exaltation ne se borne pas aux seuls plaisirs de l'intelligence ; il ne peut rester insensible au charme de la beauté et devient amoureux ; mais il est peu susceptible d'amour par cela même qu'il porte aussi l'enthousiasme dans cette passion et que, ne pouvant chérir que le simulacre de son imagination, il ne peut rencontrer l'être idéal dont il s'enchante.

Après la mort de sa mère, le besoin de distraction le détermine à voyager. Son émulation s'accroît par la bonté avec laquelle l'accueillent quelques savants distingués, ainsi que par les encouragements qu'ils lui donnent. Il revient à Noirmoutier avec le projet de s'y fixer, mais cet espoir flatteur est promptement déçu. Né avec cette délicatesse d'organes qui accompagne souvent le génie, la funeste maladie qui l'a conduit au tombeau se déclare, le condamne à l'exil et l'oblige à chercher une autre patrie.

Il se réfugie à Nantes, son âme vierge y apporte de la pureté et de la candeur ; pour lui le goût de l'honnête est une habitude, la pudeur un instinct ; plein de confiance et d'abandon, le sentiment s'exprime quelquefois chez lui d'une manière épigrammatique. Simple et naturel il parle de lui-même avec complaisance, néglige les petits devoirs de société, ne voit que les objets qu'il aime, pousse parfois la sincérité jusqu'à l'imprudence.

Une sensibilité profonde et vraie lui faisant éprouver vivement les répugnances et les sympathies morales ; si, d'un côté, il a rencontré quelques amis dévoués, de l'autre il se trouve bientôt aussi en contact avec l'égoïsme, l'hypocrisie et les mauvaises passions. Cette expérience précoce du monde l'en dégoûte ; il y renonce pour s'en créer un tout-à-fait idéal ; il recherche la solitude, se complaît dans la contemplation des merveilles de la création et dans la méditation des sujets les plus graves. Enfin, à vingt-deux ans, c'est un homme fait, c'est un poëte, un philosophe et un moraliste.

En même temps qu'un besoin sans bornes d'émotions et de pensées donne à son esprit cette activité prodigieuse qui en use de plus en plus les ressorts chaque jour il voit ses illusions se dissiper, ses espérances se flétrir ; il s'abandonne parfois à une mélancolie un peu sombre.

Il est encore dans le naturalisme; il revient au christianisme, et, loin d'imiter ces philosophes qui ne le recherchent à son berceau que pour le surprendre dans sa faiblesse, il veut en écrire l'histoire et démontrer combien à sa naissance il était pur et désintéressé ; mais, à cette époque de sa vie, il esquisse beaucoup et finit rarement. S'il est constant dans ses goûts pour l'étude, pour la campagne et la solitude, il ne l'est pas dans ses idées. Il entreprend son voyage pittoresque, bientôt après son *Histoire de Bretagne*, et publie successivement tous les ouvrages qui ont marqué sa carrière littéraire.

Depuis 1822, Richer consacre, en grande partie, son existence à la religion. C'est là que se concentrent sa plus grande activité et toutes ses pensées ; c'est là qu'est la poésie de son cœur, tout son amour et sa vie. L'idée religieuse le domine, le fait agir, aiguillonne son talent comme écrivain et comme poëte. Il est l'un et l'autre, parce qu'il a en vue ce qu'il y a de plus grand, Dieu, l'univers et l'homme.

Toutefois, la vigueur de son esprit est loin d'être en harmonie avec son tempérament. On lui commande le repos, il y aspire lui-même et ne peut s'y résoudre. Il est tantôt à la ville, tantôt à la campagne ; il cherche partout le bien-être et ne le trouve nulle part. Au surplus, doit-il s'en occuper, quand il a devant lui un long développement d'idées et de travaux utiles ? Ne se doit-il pas à ses semblables ? S'il a trouvé des consolations dans ces doctrines nouvelles qu'il vient d'adopter avec l'effusion d'un cœur si bien disposé à croire ce que sa raison lui a démontré, n'est-ce pas un devoir pour lui de les enseigner et de les propager, quand ses amis, quand des hommes de désir viendront réclamer ses enseignements ? La tâche est difficile, pénible ! N'importe, il doit l'accomplir. Sa vie de retraite et de recueillement est donc entièrement dévouée à des études, à des recherches, à des investigations sans nombre dont le but est de répandre les préceptes de la morale la plus pure, la plus conforme à l'ordre et au bonheur social. C'est alors qu'il conçoit son ouvrage intitulé *la Nouvelle Jérusalem*, qui est en quelque sorte l'histoire des idées religieuses modernes liées à celles de l'antiquité.

Richer n'a pas seulement pour lui la consécration d'une destinée laborieuse et souffrante. Animé des sentiments les plus nobles et les plus généreux, la religion, en l'exaltant, l'agrandit; il joint la pratique à la théorie; il réussit à corriger ses défauts naturels, acquiert des vertus bien rares de nos jours, et l'amour du vrai, du bien et du beau s'exhale de ses écrits comme le parfum des fleurs.

Cependant il sait que, faire du mysticisme et de la religion, c'est en quelque sorte se dévouer à la haine et aux sarcasmes. Il n'en persiste pas moins à combattre l'égoïsme et le matérialisme du siècle; il ne voit que le but; aussi ardent à repousser le faux, quand il se présente qu'à affirmer le vrai, quand il est dans sa conviction, il aimerait mieux dresser de ses mains un bûcher pour y brûler tous ses ouvrages que d'en effacer une seule ligne qui lui semblerait une vérité utile.

Je sais qu'en poésie, il ne peut être placé parmi les poëtes d'un ordre supérieur. *Victor et Amélie* est un petit poëme tout palpitant des premières et des plus vives émotions de sa jeunesse, de ses rêveries et de son admiration à la vue des rivages de son pays; mais en vain a-t-il voulu, dans sa dernière publication, le refondre presque entièrement; il lui a été impossible de revenir sur l'invention première de la fable, et malgré des passages étincelants de poésie, il est resté médiocre. Ses odes, ses épîtres et tous les morceaux épars dans le *Lycée* sont toutefois des preuves incontestables d'une imagination poétique, et personne ne niera que si Richer se fût exclusivement adonné à la poésie, il n'y eût excellé; mais il semble avoir été plus occupé d'obéir à ses inspirations qu'à se préparer des titres de gloire.

Comme prosateur, il était doué d'un talent remarquable, et il est difficile de refuser des éloges à la plupart de ses écrits où dominent presque toujours la finesse, le tact et le jugement, et dont le style animé, élégant, est sans cesse l'expression naturelle du sujet.

Il y a de l'élévation dans sa métaphysique, peut-être un peu plus de poésie que n'en comporte ordinairement cette matière; mais, chose rare, l'auteur est clair, intelligible, et se distingue à la fois par la noblesse et la profondeur de la pensée.

Sa philosophie et les théories qui en découlent seront sans doute lues et comprises par un bien petit nombre de personnes; mais au moins ne doit-on pas les juger et les condamner sans les avoir étudiées. S'il s'y trouve des choses qui sortent de l'ordre des idées communes, on ne doit pas oublier que chaque jour nous démontre la réalité de ce qui d'abord nous semblait incroyable, et que l'ignorance qui rejette tout n'est pas moins déplorable que celle qui croit tout.

Si, d'après ces mémoires, on a pu se faire une idée du mérite de Richer comme poète, comme philosophe et comme érudit, on sera curieux sans doute de connaître comment, sous ces rapports, il se jugeait lui-même. Je vais transcrire ici un passage d'une lettre que je reçus de lui en août 1833; on y verra que si l'opinion qu'il avait de lui comme auteur n'est pas exacte, au moins ne manque-t-elle pas de modestie.

« Comme poète, je crois avoir fait preuve de sentiment et de quelque peu de goût; mais aucune de mes poésies n'a de beautés remarquables, aucune n'est assez saillante même pour m'attirer la moindre réputation. Comme philosophe et moraliste j'avoue que j'ai été plus souvent inspiré par les autres que par moi-même; cependant, quoique mes écrits ne soient que les reflets d'ouvrages plus répandus que les miens, je ne les considère pas moins comme des études qui m'ont été précieuses, qui peuvent l'être pour mes amis et même pour l'instruction de ceux qui voudront les lire.

» Comme érudit, les livres m'ont manqué; de plus, étranger à la philologie, et ne pouvant m'aider de la connaissance des langues anciennes que j'avais négligées, j'ai fait quelques rapprochements de peu d'importance; mais je n'ai pu produire un système neuf et fécond en applications.

» L'étude de l'histoire naturelle a été pour moi un délassement plus qu'une science. Je ne dois donc occuper qu'un rang très-secondaire parmi les littérateurs et les savants. Si la nature m'avait doué d'un meilleur tempérament, j'aurais été inexcusable d'avoir repoussé le titre d'époux, de père et de citoyen utile, pour me livrer à des travaux pour lesquels je n'avais ni le génie, ni la science nécessaires; mais si l'on considère la situation dans laquelle m'a continuellement placé ma débile santé, on me pardonnera d'avoir cherché des distractions et du soulagement dans l'étude. Au surplus, si la vanité a guidé ma plume Dieu me jugera, et si les hommes retirent quelques plaisirs ou quelques avantages de ce que j'ai fait, c'en est assez pour qu'ils ne me condamnent pas trop sévèrement. »

Richer ne voulut jamais ni places, ni fortune. Les

savants et les littérateurs, parmi lesquels il avait droit
de se classer, n'ont pas eu de peine à l'éclipser; car,
bien qu'avant qu'il se fût entièrement détaché de toutes
les vanités et de tous les intérêts de ce monde, il aimât
la gloire littéraire, il se montra toujours indifférent sur
les moyens de l'acquérir. Néanmoins la Société Académique de Nantes l'avait reçu au nombre de ses membres,
sous le titre de naturaliste. Ce même titre est celui sous
lequel la Société Linnéenne de Paris l'avait admis, comme
un de ses membres-correspondants. En 1831, la Société
des Antiquaires de Normandie lui avait adressé un di-
plôme d'associé; d'autres sociétés savantes lui avaient
proposé de l'admettre dans leur sein; mais il ne voulut
pas s'engager à acquitter la dette que de nouveaux titres
auraient exigée de lui, et il avait refusé l'honneur de
leur appartenir.

Il avait en 1814 échangé quelques lettres sur l'entomologie avec le célèbre *Latreille*, et en 1824 avec
M. Daru, sur l'histoire de Bretagne; mais l'état précaire de sa santé et les travaux qu'il s'était imposés, le
déterminèrent à refuser toutes les autres correspondances
qui lui furent proposées.

C'était, en effet, un de ces hommes qu'on ne pouvait
s'empêcher d'estimer et de rechercher, quand on l'avait
connu; mais une fois dans son intimité, on ne l'aimait
plus qu'en tremblant de le perdre; on craignait sans
cesse que la noble flamme qui le dévorait en l'épuisant,
ne disparût tout à coup, que son âme si candide et si
pure ne vînt à s'échapper de son enveloppe pour ne
laisser qu'un cercueil,

Hélas, ce funeste événement ne s'est que trop tôt réalisé ! Elle s'est éteinte cette vie qu'il s'est plu à cacher, cette vie de contraste, tantôt active, animée, pleine d'illusions, de rêves enthousiastes ; tantôt en proie aux tristes réalités, aux déceptions, aux souffrances ; mais presque toujours calme, résignée, toujours soutenue par le désir d'être utile aux hommes en ce monde et par les plus douces espérances en l'autre.

Enfin, si, assujetti à cette loi de l'humanité qui condamne le mérite à rester plus ou moins long-temps dans l'obscurité, celui de Richer contre toute attente ne peut obtenir un jour l'hommage tardif qui lui est dû, espérons au moins que dans ce pays qui lui fut si cher, l'indifférence et l'oubli ne viendront pas s'asseoir sur sa tombe solitaire, et que sa cendre recevra les larmes de ceux qu'il a aimés et les regrets des infortunés qu'il a secourus.

LETTRE

DE L'ABBÉ DE MELLERAY

SUR LE *MOT DE L'ÉNIGME.*

Monsieur,

Je vous renvoie votre intéressant manuscrit. Je l'ai lu avec attention et plaisir. Je vous avoue avec ma franchise accoutumée que je n'en adopte pas toutes les réflexions, que je ne traiterais pas cette matière de la même manière, mais un homme du monde est éloigné de la sévérité d'un religieux et de l'exactitude d'un théologien. Votre digression aussi est un peu étendue et formera la plus grande partie de l'ouvrage. Vous alliez ensemble des textes de l'Écriture et des passages d'auteurs dont l'orthodoxie est plus que problématique. Je sens bien votre motif ; mais, dans la stricte rigueur, c'est un peu allier de l'or avec de la boue. Il y a des choses annoncées comme principes qui ne paraîtront nullement démonstratives, par exemple : « L'a-
» théisme ou la religion sont des états de l'âme, comme
» la santé ou la maladie sont des états du corps ; ils
» proviennent l'un et l'autre d'une vie qui a son germe

» et son développement, et notre raison n'y est pour
» rien. Cette vérité est importante, on ne doit jamais
» la perdre de vue. » Ailleurs, ce mot de Rousseau :
« La conscience est la voix de l'âme, les passions sont
» la voix du corps », est un paradoxe; l'orgueil, l'envie,
la jalousie, sont des passions qui maîtrisent les hommes,
et elles appartiennent bien plus à leurs âmes qu'à leurs
corps. C'est l'orgueil qui a fait tomber les mauvais anges;
cependant ils n'ont pas de corps. On pourrait encore
dire, Monsieur, que vos réflexions tendent à prouver
que le désordre des passions et les jouissances de la
terre ne peuvent rendre l'homme heureux; mais il y a
loin de là à conclure qu'il doive se soumettre à une vie
sévère et à une règle austère. Quant au bonheur de cet
état qui effraie tant les gens du monde, ne le prouve-t-
on pas par un raisonnement aussi simple que court. Personne sur la terre n'est content de sa position; l'heureux
du siècle désire encore une position plus élevée que
celle qu'il a long-temps ambitionnée. On est rassasié, dès
qu'on possède. C'est là le propre des biens de la terre.
S'il est dans le monde une classe d'hommes qui, en
ressentant les infirmités, la misère, ne veuille cependant changer sa position pour aucune autre, ces philosophes chrétiens seront assurément les plus contents et
les plus heureux de tous les hommes, et je vous assure, par l'expérience et l'intime conviction que j'en ai,
que, sur cent religieux de la Trappe, quatre-vingt-dix-
neuf ne quitteraient pas leur austère régime pour un
empire. A ces légères réflexions près, auxquelles je n'attache, Monsieur, aucune importance; je ne doute pas

que votre ouvrage ne soit très-goûté par bien des gens, surtout par ceux qui veulent qu'on ne leur annonce qu'a-vec ménagement des vérités sévères, et qu'on frotte de miel le bord de la coupe qui contient une potion amère. Je vous renouvelle en particulier mes remerciements du ton général d'intérêt et de la teinte d'obligeance pour nous que porte tout cet ouvrage, qui, avec de nouvelles additions, sera accueilli du public comme tout ce qui sort de votre plume.

J'ai l'honneur d'être, Monsieur, etc., etc.,

F. ANTOINE, Abbé de Melleray.

Melleray, 2 janvier 1825.

ANALYSE

DES DOUZE LETTRES ÉCRITES A RICHER

PAR M. DARU.

Par la première, en date du 26 mars 1824, il le remercie de la note qu'il lui a transmise sur la résistance patriotique des deux députés nantais qui, aux Etats de 1532 voulurent défendre l'indépendance de la Bretagne. « J'aurais dû, lui dit-il, m'adresser à vous plus tôt » pour connaître leurs noms ; car je ne pouvais ignorer » que vous étiez un des hommes les plus instruits dans » l'histoire de votre province. Les articles que vous » avez insérés dans le *Lycée Armoricain*, votre précis » historique, prouvent une érudition profonde dont l'em- » ploi est dirigé par le jugement et le goût le plus sûr. » Je vous dois déjà de la reconnaissance pour le plaisir » que j'ai trouvé dans la lecture de vos ouvrages. Ils » rentrent dans le cercle des études auxquelles je me » suis livré depuis quelques années, et qui m'ont con- » duit à écrire une *Histoire de Bretagne*. Elle aurait » dû être publiée, il y a près de deux ans, si je ne » m'étais fait un devoir de la rendre aussi complète et

» en même temps aussi concise qu'il m'est possible.
» Outre beaucoup d'avantages que votre talent vous
» donne sur moi, vous avez la priorité, et peut-être
» aussi êtes-vous mieux placé pour recueillir quelques
» notions qui peuvent avoir échappé aux savants bé-
» nédictins nos prédécesseurs. Je ne puis que glaner
» après eux et après vous, etc., etc. »

Il termine en le priant de permettre qu'il lui sou-
mette quelquefois ses doutes, et en l'assurant que c'est
dans l'intérêt de la vérité et non dans celui de son amour
propre qu'il le prie de vouloir bien l'éclairer de ses
observations.

Dans la deuxième, il l'entretient de ses recherches
sur l'*Histoire de Bretagne*, lui dit qu'aussitôt qu'il aura
revu ses manuscrits, il les soumettra à sa critique, le
priera de lui faire copier un petit nombre de pièces
dont il a besoin, et qui se trouvent dans les archives
de Nantes.

Dans la troisième, il lui mande avoir depuis huit
mois perdu totalement de vue son *Histoire de Bretagne*
qu'il prévoit que lorsqu'il voudra revenir à ses manuscrits toutes les illusions de la paternité seront dissi-
pées, et qu'il éprouvera des remords de conscience tels
qu'il lui faudra sans doute se décider à faire subir à
l'ouvrage une refonte générale. Il retrace toutes les
difficultés de l'entreprise, et ajoute que s'il ne brûle
pas ses cahiers, il ne les fera pas imprimer sans les lui
avoir adressés.

Dans la quatrième du 20 novembre 1825, il le remercie de l'envoi du volume intitulé *Mes Pensées*, et

le félicite de s'occuper de la publication d'une nouvelle *Histoire de Bretagne*, dont son précis donne une idée si avantageuse. « Votre travail, lui dit-il , rend celui
» que j'ai entrepris fort inutile. Voilà la quatrième fois
» que je le recommence sur nouveaux frais. Si vous
» avez assez de loisir et de patience pour corriger une
» partie des fautes qui me sont échappées et qui vous
» sauteront aux yeux, ayez la bonté de me dire fran-
» chement si l'envoi que je vous ferai ne sera pas une
» indiscrétion de ma part. Il appartient à un homme
» de lettres qui pense aussi noblement qu'il écrit de
» corriger l'ouvrage d'un autre sur un sujet qu'il a
» traité lui-même. »

Par la cinquième du 9 décembre 1825 , il le prévient qu'il lui adresse le premier cahier de son *Histoire de Bretagne* , le prie de lui exprimer avec franchise l'effet que la lecture en aura produit sur lui, et de lui indiquer les fautes qu'il y aura remarquées.

Par la sixième du 2 janvier 1826 , il lui témoigne le désir de recevoir ses observations au fur et à mesure de l'envoi de chaque cahier.

Par la septième , il lui mande avoir reçu le premier livre de son *Histoire de Bretagne* dont il lui a fait le renvoi et attendre avec autant d'impatience que de reconnaissance les observations critiques qu'il lui annonce et qu'il le prie instamment de continuer sur les livres suivants.

La huitième, du 13 février 1826 , commence ainsi :
« J'ai reçu aujourd'hui le second livre de mon ma-
» nuscrit et les excellentes observations dont vous

» avez eu la bonté de l'honorer. Vous avez beau dire,
» elles me seront extrêmement profitables, et vous verrez
» bien que je ferai justice de mes péchés. » Il entre
ensuite dans quelques détails relatifs à ces observations,
annonce l'envoi des livres suivants, et lui réitère l'as-
surance qu'il continuera de lui prouver, en corrigeant
au moins une partie de ses fautes, tout le prix qu'il
attache à ses remarques.

Dans la neuvième, nouveaux remerciements des observations faites par Richer et nouvelles protestations
qu'il le jugera digne de sa critique par ses efforts pour
en profiter.

Dans la dixième, du 15 juin 1826, il lui accuse
réception de celles sur le livre cinquième : « Je les ai
» toutes méditées avec la plus grande attention, lui dit-
» il, et, grâce à vous, il y aura quelques omissions
» réparées dans cet ouvrage. Vous m'avez indiqué
» un grand nombre de fautes qui, pour la plupart,
» seront corrigées, mais je serai obligé de vous de-
» mander grâce pour tout ce qui peut être relatif aux
» antiquités, soit historiques, soit monumentales du
» pays. Je sais bien que l'amour propre national attache
» beaucoup d'importance à soutenir l'antiquité et la re-
» cherche de l'origine, les traditions sur l'indépendance,
» sur les colonies, sur les conquêtes, l'ancienne langue
» elle-même, sont des objets sur lesquels il ne faut pas
» trop contrarier les nationaux; mais je ne me sens pas
» de force à traiter tous ces sujets. C'eût été sans doute
» un devoir de s'en instruire, s'ils avaient été suffi-
» samment éclaircis pour entrer dans le domaine de

» l'histoire ; mais vous m'avouerez que toutes les re-
» cherches se sont réduites jusqu'à présent à produire
» des systêmes plus ou moins ingénieux et fort divers. »

Il termine en déclarant qu'il a mis le comble à ses
bontés, en descendant jusqu'aux observations de détails
et en corrigeant quelquefois jusqu'à une citation.

Dans la onzième, il regrette que, pendant un voyage
qu'il a fait dans le Midi, on ait imprimé les derniers
cahiers de son histoire, sans qu'ils eussent passé sous les
yeux de Richer.

Dans la douzième, du 22 décembre 1826, il engage
Richer à ne pas renoncer à la publication d'une histoire
de Bretagne, et lui donne, à cet égard, les encouragements les plus flatteurs. Il lui cite le dégoût que lui-
même a éprouvé. « J'ai cru, ajoute-t-il, qu'il y avait du
» courage à recommencer mon ouvrage, peut-être
» n'était-ce que de l'entêtement ; mais personne ne conçoit
» mieux les difficultés du sujet. J'aurais été bien flatté
» de vous avoir pour juge ; vous vous en défendez,
» parce que je vous ai exprimé la reconnaissance que
» je vous devais : cela peut être bon dans un tribunal
» où un magistrat ne peut pas fournir des pièces aux
» parties ; mais, entre gens de lettres, quand ils sont
» dignes de ce nom, on doit désirer d'avoir pour juge
» ceux qu'on s'honore d'avoir pour rivaux. Vous m'avez
» aidé de vos observations, éclairez-moi par votre criti-
» que, et surtout croyez bien que vous rendrez justice
» à mes sentiments, en ne doutant pas du plaisir que
» j'aurai à m'instruire dans une nouvelle édition de votre
» ouvrage. »

TABLE.

FIN DE LA TABLE.

Nantes , Imprimerie de Mellinet.